TEAM 1

Arbeitsbuch für den Politikunterricht

Herausgegeben von:

Wolfgang Mattes

Erarbeitet von:

Karin Herzig, Wolfgang Mattes, Andreas Müller, Edwin Stiller und Andrea Temme

Best.-Nr. 23664 4

Umschlaggestaltung: Peter und Veronika Wypior

Fotos: Verlagsarchiv Ferdinand Schöningh/Volker Kipp (l.); Medien@gentur Paderborn (r.)

© 2002 Verlag Ferdinand Schöningh, Paderborn
(Verlag Ferdinand Schöningh, Jühenplatz 1, D-33098 Paderborn)

Alle Rechte vorbehalten. Dieses Werk sowie einzelne Teile desselben sind urheberrechtlich geschützt. Jede Verwertung in anderen als den gesetzlich zugelassenen Fällen ist ohne vorherige schriftliche Zustimmung des Verlages nicht zulässig.

Printed in Germany. Gesamtherstellung Ferdinand Schöningh, Paderborn.

Druck 5 4 3 2 1   Jahr 06 05 04 03 02

ISBN 3-506-23664-4

Dieses Werk folgt der reformierten Rechtschreibung und Zeichensetzung.

Website
www.schoeningh.de
E-Mail
info@schoeningh.de

Gedruckt auf umweltfreundlichem, chlorfrei gebleichtem Papier.

Inhaltsverzeichnis

Warum heißt ein Politikbuch TEAM? 6

Meine Klasse und ich 9

1. Die anderen und ich
   Wir stellen uns vor und interviewen uns gegenseitig 10
2. Wie werden wir ein gutes Team?
   Wir erarbeiten Klassenregeln mithilfe eines Spiels 14
3. Streit friedlich zu Ende führen: Wie geht das?
   Wir planen Lösungen für Streitfälle in Gruppen 21

Leben und Lernen in der Schule 27

1. Was ist am wichtigsten in der Schule?
   Wir entwerfen Pläne für eine Schule zum Wohlfühlen 28
2. Wer hat das Zeug zur Klassensprecherin oder zum Klassensprecher
   Wir ermitteln die wichtigsten Eigenschaften 36
3. Schülerinnen und Schüler entscheiden mit
   Wir veranschaulichen die Rolle der SV 40

Freizeit – da kann ich machen, was ich will!? 45

1. Freizeit – Was ist das eigentlich?
   Wir führen eine Befragung durch und werten sie aus 46
2. Freizeit – Geld spielt (k)eine Rolle?!
   Wir untersuchen Freizeitaktivitäten mit Blick auf den Kostenfaktor 53
3. Freizeit vor Ort
   Wir untersuchen ein Freizeitangebot und entwerfen einen
   Stadtplan für Kinder 60

Inhaltsverzeichnis

Mit Unterschieden leben lernen 65

1. Gemeinsamkeiten und Unterschiede: Wie gehen wir damit um?
   Wir versuchen gerecht zu entscheiden 66

2. Behinderte sind keine Sorgenkinder!
   Wir untersuchen unterschiedliche Formen der Beeinträchtigung 72

3. Inländer – Ausländer?
   Wir überlegen uns Maßnahmen gegen Fremdenhass 78

Welche Bedeutung hat die Familie? 87

1. Wie sehen Familien heute aus?
   Wir ermitteln Gemeinsamkeiten und Unterschiede 88

2. Frauensache – Männersache: Wie soll die Arbeit in der Familie verteilt werden?
   Wir erstellen einen Plan zur Verteilung der Aufgaben in der Familie 96

3. Brauchen Familien mit Kindern mehr Geld?
   Wir spielen einen Konflikt im Rollenspiel 101

Umgang mit Medien – Wir machen uns fit 107

1. Fotos lügen nicht!?
   Wir untersuchen die Wirkung von Bildern 108

2. Wie kommt die Welt ins Fernsehen?
   Wir blicken hinter die Kulissen von Nachrichtensendungen 113

3. Was bringt uns die Computerwelt?
   Wir untersuchen Spiel-, Lern- und Informationsmöglichkeiten 119

Inhaltsverzeichnis

Wie können wir die Umwelt schützen? 129

1. Unser Handeln hat Folgen
   Wir untersuchen, wie wir mit unserem Müll umgehen 130

2. Was passiert eigentlich mit unserem Müll?
   Wir informieren uns und erarbeiten schwierige Texte 136

3. Die Hauptkrankheiten unserer Erde und was wir gegen sie tun
   Wir erstellen ein Lernquiz zu einem Text 144

Menschen müssen wirtschaften – aber wie? 149

1. Sind unsere Bedürfnisse grenzenlos?
   Wir finden heraus, was Menschen zum Leben brauchen 150

2. Welche Rolle spielt das Geld?
   Wir führen ein Interview 154

3. Wer wirtschaftet, muss planen können
   Wir erstellen einen Einkaufsplan 164

Politik in der Gemeinde – „Wir reden mit!" 169

1. Können Kinder mitmachen in der Politik?
   Wir üben unsere Interessen zu vertreten 170

2. Politik in der Gemeinde – „Was hab ich damit zu tun?"
   Wir erkunden die Arbeit in einem Rathaus 176

3. Park oder Kino?
   Was soll mit dem Grundstück der Stadt geschehen?
   Wir führen ein Planspiel durch 182

Inhaltsverzeichnis

**Kinder in aller Welt –
Wie viele müssen in Armut und Not leben?** 187

1. Wie leben Kinder in den Armutsländern dieser Erde?
   Wir diskutieren über Kinderarbeit und treffen Entscheidungen 188
2. Kannst du dich in die Lage eines Straßenkindes in einer großen Stadt in Südamerika versetzen?
   Wir verfassen eine Theaterszene 194
3. „Gegen die Not in der Welt kann man nichts tun." – Oder doch?
   Wir entwickeln Vorschläge für sinnvolle Hilfsmaßnahmen 201

Glossar 211
Register 215
Bildquellen 216

Verzeichnis der Methodenkarten

Nr.	Inhalt	Thema	Seite
1	Gruppenarbeit erfolgreich durchführen	Streitgeschichten	25
2	Das Lernen lernen	Zu Hause lernen	30 f.
3	Befragungen durchführen und auswerten	Freizeit	51
4	Rollenspiel	Taschengeld	105
5	Informationen suchen im Internet	Gezielte Recherche	124 f.
6	Schwierige Texte erarbeiten	Müll	137
7	Ein Interview durchführen	Berufsalltag	163
8	Eine Erkundung starten	Das örtliche Rathaus	177
9	Arbeitsergebnisse wirkungsvoll präsentieren	Straßenkinder	198
10	Projekt planen	Kinder in aller Welt	209

Warum heißt ein Politikbuch TEAM?

Wir haben diesem Buch den Namen TEAM gegeben, weil Schülerinnen und Schüler damit lernen sollen, als Team gut zusammenzuarbeiten. Das hat auch viel mit Politik zu tun. In der Politik geht es immer darum, Probleme zu lösen, die für das Zusammenleben der Menschen wichtig sind. Nie schafft das jemand alleine. Immer braucht man dazu starke Teams.

In einem guten Team
- fühlen sich alle wohl. Darum ist eine gute Klassengemeinschaft ganz besonders wichtig.
- lernt man Regeln zu beachten. Man geht fair miteinander um. Das heißt nicht, dass man immer einer Meinung sein muss. Man darf auch streiten, aber nie mit Gewalt, immer nur mit Worten.
- erfährt man, dass das Lernen leichter geht, wenn man es gemeinsam tut und sich gegenseitig dabei hilft.
- teilt man die Arbeit manchmal untereinander auf. Es müssen nicht immer alle dasselbe machen. Schließlich braucht jedes gute Team seine Spezialisten.
- wird niemand von der Mitarbeit ausgeschlossen. Alle bemühen sich darum, gut zusammenzuarbeiten. Dabei ist es egal, ob man rote, blonde, braune oder schwarze Haare hat, ob man aus einem anderen Land kommt oder einer anderen Religion angehört.
- strengt man sich an, um ein gutes Lernergebnis zu erzielen. Ohne Anstrengung funktioniert Lernen nicht. Die Bereitschaft Neues lernen zu wollen, ist das, was jeder von euch für das neue Fach mitbringen sollte.

Die Menschen haben viele Aufgaben und Probleme. Um Lösungen zu finden braucht man starke Teams. Darum geht es in der Politik. Darum geht es auch im Politikunterricht. TEAM will euch dabei helfen, dass der Unterricht lehrreich ist und Freude macht.

Zum Umgang mit TEAM

In diesem Buch gibt es eine Reihe von Elementen, die immer wieder vorkommen. Zwei davon wollen wir euch vorstellen.

Die Trainingsplätze

Ganz wichtig sind die Seiten, die mit diesem Logo und dem Zusatz *Trainingsplatz* versehen sind. Sie sind Trainingsplätze für selbstständiges Lernen. Sie enthalten ganz verschiedenartige Aufgabenstellungen, sollen aber immer – so gut es geht – von euch eigenverantwortlich bearbeitet werden, also möglichst ohne fremde Hilfe. Häufig wird für die Bearbeitung Gruppenarbeit empfohlen, manchmal auch Einzel- oder Partnerarbeit. Oft ist es notwendig, vorangehende Seiten aus der Einheit zu behandeln, bevor ihr an die Lösung der Trainingsplatzaufgaben geht.

Die Methodenkarten

Wer gut lernen will, muss Methoden kennen. Dazu sind die Methodenkarten in diesem Buch da. Ihr solltet sie aufmerksam durchlesen. In einem zweiten Schritt könnt ihr versuchen, den Inhalt in wenigen Stichworten zusammenzufassen. Die Zusammenfassungen können als Plakate in der Klasse aufgehängt werden. Insgesamt findet ihr zehn Methodenkarten in diesem Buch. In TEAM 2 und 3 werdet ihr weitere Methoden kennen lernen.

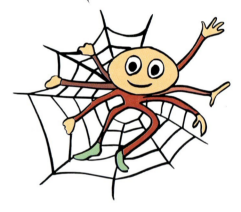

„Ich bin Schwups, die Lernspinne. Ich spinne mein Netz aus klugen Ideen und Taten. Ich will mit euch durch das Buch wandern und euch ab und zu Tipps geben für vieles, was ihr tun könnt. Ich bin Schwups und gebe euch von Zeit zu Zeit einen Schubs."

5 Regeln für Gruppenarbeit

- Jeder macht mit.
- Alle fangen sofort mit der Arbeit an.
- Alle machen sich Notizen.
- Die Gruppen benehmen sich fair.
- Sie bemühen sich um gute Ergebnisse.

1 Meine Klasse und ich

Am meisten wünsche ich mir in meiner Klasse, dass
A ich viele Freunde habe.
B ich nicht von den anderen geärgert werde.
C wir eine gute Klassengemeinschaft werden.
D noch etwas ganz anderes, nämlich ...

Schülerinnen und Schüler haben sich zum Klassenfrühstück getroffen. Sie wollen eine gute Klassengemeinschaft werden.
In eurem neuen Fach Politik wird es häufig darum gehen, wie Menschen in Gruppen gut miteinander zusammenleben können, eine davon ist die Schulklasse. Weil sie für jede Schülerin und für jeden Schüler eine wichtige Gruppe ist, beginnt dieses Buch mit diesem Thema. Wie lernen wir uns besser kennen? Welche Regeln brauchen wir? Wie werden wir zu einer guten Klassengemeinschaft?

 Das sind einige der Fragen, um die es in den folgenden Stunden geht. Eure wichtigsten Wünsche für die Klassengemeinschaft könnt ihr auf Karten schreiben, an einer Pinnwand befestigen und dann darüber reden, wie man sie verwirklichen kann.

Detektivaufgabe für das ganze Kapitel:
Wie oft ist die Schatztruhe in diesem Kapitel insgesamt abgebildet?
(A) 16-mal
(B) 20-mal
(C) 37-mal

1. Die anderen und ich
Wir stellen uns vor und interviewen uns gegenseitig

Ein eigenes Erkennungswappen gestalten

Viele Firmen haben ein Erkennungszeichen. Man nennt es Firmenlogo. Manche Sendungen haben eine bekannte Fernsehfigur als Erkennungszeichen, wie z. B. die Sendung mit der Maus. Mit der Maus verbindet man Lach- und Sachgeschichten.
Schon in der Zeit der Ritter und der Burgen im Mittelalter hatten auch die Menschen Bilder und Zeichen, an denen man sie sofort erkennen konnte. Sie nannten diese Zeichen Wappen. Damals war es niemandem außer dem Eigentümer selbst erlaubt, dieses Wappen zu tragen. Wie wäre es, wenn ihr selbst euer ganz persönliches Wappen gestaltet? Zusammen mit allen anderen könnt ihr sie dann in der Klasse als eure Erkennungszeichen aufhängen.
Du benötigst ein größeres Blatt Papier, farbige Stifte und eine Schere zum Ausschneiden. Dein Wappen sollte einige gemalte Dinge enthalten, die für dich eine ganz besondere Bedeutung haben, zum Beispiel dein Lieblingstier, dein Lieblingsspielzeug, dein Lieblingsessen, deinen Lieblingsstar … Du kannst mehrere Dinge in dein Wappen hineinmalen. Du kannst dich auch für nur ein Bildelement in der Form eines Logos entscheiden, wie man es zum Beispiel oft auf T-Shirts findet.

1. Entwirf ein Erkennungsbild für dich selbst.
2. Suche dir eine Partnerin oder einen Partner, betrachtet und erklärt euch gegenseitig eure Bilder.
3. Stellt nun das Wappen oder das Logo eurer Partnerin oder eures Partners in der Klasse vor und erklärt dabei, was die einzelnen Bildelemente für eine Bedeutung haben.

Wer bin ich?

Einen Steckbrief schreiben

In einem guten Team kennen sich die Leute. Damit ihr zu einer guten Klassengemeinschaft werdet, solltet ihr euch so gut wie möglich miteinander bekannt machen.

Wie wäre es, wenn ihr – wie die Schülerin Natalie – euren persönlichen Steckbrief auf ein großes Blatt Papier schreibt. Ihr könnt auch ein Foto von euch darauf kleben und euer gemaltes Wappen oder euer Logo hinzufügen. So verfügen dann alle über ein schönes Dokument für ihre eigene Bekanntmachung in der Klasse.

Gut funktioniert auch folgendes Spiel: Jeder nimmt sich den Steckbrief und das Erkennungswappen einer Mitschülerin oder eines Mitschülers und stellt die andere Person der Klasse vor, ohne den Namen zu nennen.

Die Klasse muss dann erraten, wer gemeint ist. Wer die richtige Person gefunden hat, stellt dann eine weitere Mitschülerin oder einen weiteren Mitschüler vor usw. Diese Übung funktioniert am besten, wenn ihr die Möbel so umstellt, dass ihr euch alle anschauen könnt. Besonders gut geeignet ist ein Sitzkreis.

Mein Steckbrief 
Name: Zitzer
Vorname: Natalie
Alter: 13 Jahre
Geschwister: Ich habe eine Schwester und sie heißt Alla.?
Hobbys: Fahrrad fahren / zeichnen
Lieblingsfächer: Mathe / Sport / Englisch
Lieblingsstar: No Angels
Lieblingssendung: Gute Zeiten Schlechte Zeiten
Was ich nicht mag: Streit / Hausaufgaben
Was ich mag: Freundschaft und schönes Wetter / gute Bücher
Lieblingstag: Freitag
Lieblingstier: Hund und Katze

Möbel umstellen – Wie macht man das schnell, leise und rücksichtsvoll?

Wenn die Tische und Stühle zum Sitzkreis umgestellt werden, wenden Experten die folgenden Regeln an:

1. Alle sind ganz leise. Während der Umstellung wird nicht gesprochen.
2. Stühle und Tische werden nicht geschoben, sondern angehoben.
3. Bevor die Umstellung beginnt, wird eine Zeitdauer dafür vereinbart. Alle versuchen, die Umstellung in dieser Zeit zu schaffen (zum Beispiel in weniger als zwei Minuten).

Lieber alleine, oder besser gemeinsam?

Hier seht ihr zwei hungrige Esel, die am Ende der Bildergeschichte ganz unglücklich sind. Sie haben ihren Schatz noch nicht gefunden. Allerdings haben sie auch noch nicht richtig nachgedacht, wie das bei Eseln manchmal der Fall ist.

Überlegt gemeinsam, was die Esel gerne möchten und wie sie am klügsten zum Ziel kommen können. Sucht euch eine Partnerin oder einen Partner, mit der oder dem ihr das zu zweit erledigen könnt. Am besten fotokopiert ihr das Puzzle. Schneidet dann die Teile auseinander, ordnet sie neu und klebt sie in neuer Reihenfolge auf ein Blatt Papier. Schreibt dann eure Geschichte von den beiden Eseln auf. Zeigt eure Bilder und lest eure Geschichten vor.

Was die Partner noch beachten sollten:

1. Wie könnte der „Schatz" heißen, der als Lehre in dieser Geschichte versteckt ist. Formuliert die Lehre in einem Satz und vergleicht eure „Schätze" miteinander.
2. Was könnten die gefundenen Lehren mit euch und eurer Klassengemeinschaft zu tun haben?
3. Wer kann zu der Bildergeschichte eine wahre Geschichte erzählen?

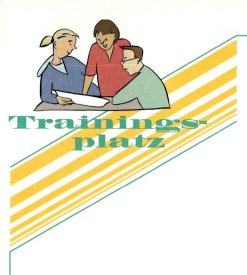

Trainingsplatz

Wir führen Partnerinterviews durch

In einem Interview befragen Reporterinnen oder Reporter andere Menschen – meist sind es berühmte Personen – über deren Leben oder zu einem bestimmten Thema. Interviews werden gemacht, um nach dem Gespräch veröffentlicht zu werden, zum Beispiel im Fernsehen oder in einer Zeitschrift. Hier könnt ihr selbst Interviews durchführen, die später in der Klasse vorgestellt werden. Bildet dazu Partnerschaften, wobei einer von beiden in die Rolle des Interviewers schlüpft und die oder der andere sich befragen lässt. Nachher dreht ihr die Rollen um. Die Reporterinnen und Reporter müssen sich Notizen machen, damit sie später die von ihnen befragte Person den anderen vorstellen können.

REGELN

Wenn ihr mit den Interviews fertig seid, könnt ihr mit der Vorstellung beginnen. Das geht am besten in einem Sitzkreis. Auf jeden Fall solltet ihr euch dabei an die folgenden Regeln halten:

- Es spricht immer nur einer und die anderen hören zu.
- Zwei Schülerinnen oder Schüler beginnen mit der Vorstellung ihres Interviewpartners, wobei jeder den anderen vorstellt.
- Dann wird ein neues Paar aufgerufen und so geht es weiter.
- Am Ende der Vorstellungsrunde sammelt ihr gemeinsam:
    → Was wir alle in unserer Klasse lieben und gerne mögen: …
    → Unsere Wünsche für eine gute Klassengemeinschaft: …
    → Unsere Beiträge, damit die gute Klassengemeinschaft gelingt: …

Wonach du als Reporterin oder Reporter fragen kannst:

1. Vor- und Zunamen des Gesprächspartners
2. Größe und Mitglieder der Familie
3. Welche Schulen (oder welche Schule) früher besucht wurden
4. Was die Lieblingssportart ist
5. Was man gerne in der Freizeit macht
6. Was man gerne in den Unterrichtspausen macht
7. Was einem Freude in der Schule macht
8. Was einen ärgert
9. Was der größte Wunsch für die Klassengemeinschaft ist
10. Was man selbst zu einer guten Klassengemeinschaft beitragen will
11. Und andere Fragen???

Wie werden wir ein gutes Team?
Wir erarbeiten Klassenregeln mithilfe eines Spiels

Ein wilder Haufen …

Saskia und Rehan besuchen seit drei Wochen eine neue Schule. Leider fühlen sich die beiden in ihrer neuen Klassengemeinschaft überhaupt nicht wohl. Könnt ihr herausfinden, woran das liegt?

Es ist Freitag und die ersten drei Wochen des neuen Schuljahres sind fast vorüber.
28 Mädchen und Jungen der 5a gehen lärmend zu ihrem Klassenraum. An der Tür gibt es ein wildes Gerangel. Peter muss mal wieder der Erste sein und schubst Manuel weg. Der fällt gegen Martina – und die gibt ihm postwendend eine Ohrfeige. Manuel ist sauer und schreit Martina an: „Du blöde Gans!"
Irgendwann gelangen dann alle in den Klassenraum hinein.
Auf Heikos Platz liegt das Mäppchen von Irene. Er wirft es quer durch die Klasse und es landet vor der Tafel auf dem Boden, wo es unbeachtet liegen bleibt.
Sonja isst noch schnell ihr Butterbrot und steckt das Papier achtlos unter die Bank, von wo es auf den Boden fällt.
Serena spitzt schon mal vorsichtshalber ihren Bleistift. In dem Moment pustet Katrin über den Tisch. Der ganze Bleistiftabfall weht auf Helgas Platz. Wütend fährt diese Katrin an, sie soll die Schweinerei wegmachen. Katrin hat überhaupt keine Lust dazu – und schon fangen die beiden an sich lautstark zu zanken.
Ben und Mischa sind schon wieder in einem Handgemenge, sie können einander einfach nicht ausstehen. Hendrik will die beiden auseinander halten und bekommt einen Fußtritt ab.
Angela und Natascha tuscheln über Heike, die beide grässlich finden, weil sie ständig losheult, wenn sie etwas nicht weiß oder kann. Heike, die das alles mithört, sitzt unterdessen still am Tisch und lässt den Kopf hängen.
Da betritt Frau Schümke, die Klassenlehrerin, den Raum.
Sie versucht sofort die Kämpfenden auseinander zu halten, doch diese wollen keine Ruhe geben.
Jede Partei versucht sich zu rechtfertigen und benutzt dabei die schlimmsten Ausdrücke. Insgesamt zehn Minuten vergehen, bis die Klasse endlich leise ist. Der Unterricht beginnt. Mehr als die Hälfte der Klasse passt heute nicht auf und gibt sich auch keine Mühe beim Lernen. Viele beginnen erst leise – dann immer lauter – Privatgespräche. Als dann Mehmed noch eine falsche Antwort gibt und die Klasse laut darüber lacht, ist Frau Schümke am Ende ihrer Nerven: „Was soll ich bloß machen mit euch? So werdet ihr nie ein gutes Team – ihr seid eher ein wilder Haufen …!"

1. Saskia und Rehan fühlen sich in dieser 5a nicht wohl, weil …
   Führt diesen Satz zu Ende und sammelt gemeinsam eure Antworten.
2. Frau Schümke möchte, dass ihre 5a von einem wilden Haufen zu einem guten Team wird. Könnt ihr dabei helfen und Verbesserungsvorschläge machen?

Mit dem folgenden Spiel „Schatzkiste" könnt ihr für eure Klasse Teamregeln finden.

Bei diesem Würfelspiel geht es einmal nicht nur darum, dass man als Erster das Ziel erreicht. Hier kann die gesamte Gruppe Sieger sein und zwar diejenige, welche die meisten Karteikarten ausfüllt und dabei viele und gute Vorschläge für vernünftige Klassenregeln erarbeitet.

Nach dem Spiel

- Die Karteikarten der verschiedenen Gruppen werden vorgelesen und so in der Klasse präsentiert, dass alle sie sehen können.
- Einigt euch darauf, welche Lösungen auch für eure Klasse zutreffen können.
- Benennt die Regeln, die ab nun auch in eurer Klasse gelten sollen.
- Schreibt eure Klassenregeln auf ein Plakat, das in der Klasse aufgehängt wird.

Schatzkiste: Würfelspiel einmal anders

Vorbereitung

Für dieses Spiel braucht ihr eine Spielfigur pro Person, einen Würfel pro Gruppe, mehrere Karteikarten (oder vorbereitete Zettel) und etwas zum Schreiben.

1. Zuerst werden die Gruppen gebildet. Eine Gruppe sollte aus mindestens drei und höchstens fünf Personen bestehen.
2. Die Materialien werden auf den Tischen ausgebreitet und die Karteikarten aufeinander gestapelt. Dann sollte erst einmal Ruhe eintreten.
3. Auf ein vereinbartes Zeichen hin beginnen die Gruppen zu spielen. Anfangen kann zum Beispiel, wer in einer ersten Runde die höchste Punktzahl gewürfelt hat.

Spielverlauf

Der Reihe nach wird gewürfelt und auf dem Spielfeld gewandert, bis jemand auf ein besonderes Feld kommt.

Wenn du auf ein Schatzfeld kommst ...

- Schau unter der Nummer nach und lies die Aufgabe laut vor.
- Überlege, welche Antwort du wählen möchtest. Wenn dir keine Antwort gefällt, finde (unter D) eine eigene.
- Diskutiert in der Gruppe, ob alle mit deiner Antwort einverstanden sind.
  Wenn nicht, einigt euch auf eine Antwort, die allen gefällt oder findet eine eigene. (Ihr könnt die vorhandenen Antworten auch verändern). Aber: Alle sollten mit der gefundenen Lösung einverstanden sein.
- Schreibt zum Stichwort der Schatzkiste die gefundene Regel auf eine Karteikarte.

So sehen die „Freud-und-Leid-Felder" aus:

- Je nachdem, was gefragt ist, schreibe auf, was dir Freude in der Klasse macht oder was dich ärgert und zeige es dann den anderen. Sammelt die Freud- und Leidkarten auf einem Extrastapel.

Wenn eine Spielerin oder ein Spieler auf ein schon gelöstes Schatzfeld kommt, darf sie oder er noch einmal würfeln.

Das Spiel ist beendet, wenn alle Spielerinnen und Spieler der Gruppe am Ziel sind.

Gewinner ist die Gruppe mit den meisten ausgefüllten Karten!

Schatzfelder

Wenn die Klasse zu laut ist ...

Eine Schülerin meldet sich zu Beginn der Stunde um ihre Hausaufgaben vorzutragen. Die Klasse ist sehr laut.

A Die Schülerin liest ihre Hausaufgaben trotzdem vor. Hauptsache der Lehrer hört zu.
B Wir einigen uns auf ein „Stille-Zeichen", z. B. indem der, der sich gestört fühlt, die Hand hebt.
C Wir vereinbaren, dass wir immer dann still werden, wenn der Lehrer laut für Ruhe sorgt.
D ?

Bevor etwas kaputt geht ...

Ihr habt die Klasse sehr schön eingerichtet und habt Angst, dass jemand etwas kaputtmacht.

A Jeder in der Klasse ist für einen Bereich des Raumes verantwortlich.
B Wer etwas kaputtmacht, wird bestraft.
C Wir schließen alle zerbrechlichen Dinge in einen Schrank.
D ?

Bei zu viel Unordnung ...

Immer wieder liegt eine Menge Abfall in der Klasse herum. Keiner will es dann gewesen sein.

A Die ganze Klasse muss aufräumen.
B Diejenigen, die Unordnung machen, werden ermittelt und müssen aufräumen.
C Abwechselnd sind einige Schüler verantwortlich für die Ordnung in der Klasse.
D ?

Gefährliche Gegenstände ...

Zwei Jungen der Klasse bringen öfter gefährliche Gegenstände (Messer, Schlagringe usw.) mit in die Schule, geben damit an und bedrohen andere manchmal „zum Spaß".

A Wir bitten den Klassenlehrer mit denjenigen, die gefährliche Gegenstände dabeihaben, zu sprechen.
B Wir machen einen Klassenvertrag: Alle gefährlichen und spitzen Gegenstände, die verletzen können, bleiben zu Hause.
C Wir beachten Schüler mit gefährlichen Gegenständen nicht.
D ?

Bei Besserwissern ...

Eine Schülerin weiß ständig alles besser. Sobald ein anderer etwas sagt, unterbricht und korrigiert sie ihn.

A Wer ständig unterbricht, erhält einen Klassenbucheintrag.
B Es stört uns nicht, wenn wir von anderen unterbrochen werden.
C Wir vereinbaren: Wir hören uns die Meinung eines anderen ohne Unterbrechung an und sagen dann, was wir dazu denken.
D ?

Schatz-felder

Der Umgangston ...

Ein Schüler der Klasse ist immer sehr vorlaut. Sowohl den Lehrern als auch den Mitschülern gegenüber ist er frech und benutzt unfeine Ausdrücke.
A Wir schließen alle, die frech und vorlaut sind, von der Gemeinschaft aus.
B Wir beschweren uns beim Klassenlehrer über freche und vorlaute Schüler.
C Wir vereinbaren: Wenn jemand immer wieder den Umgangston verletzt, machen wir eine Klassenkonferenz und sprechen mit ihm darüber.
D ?

Wenn jemand schwächer ist ...

Ein kleines zierliches Mädchen der Klasse ist sehr ängstlich und weint häufig. Einige lachen sie deswegen aus und sie hat kaum Freunde.
A Wir können nichts tun, wenn jemand dauernd Angst vor allem hat.
B Wir lachen nicht, wenn jemand Angst hat.
C Wir überlegen, wie wir jemandem, der schwächer ist, helfen können.
D ?

Bei Streitereien ...

Zwei Schüler aus der Klasse haben einen dicken Streit auf dem Pausenhof. Plötzlich fangen sie an, sich zu schlagen.
A Wir ergreifen Partei und helfen dem Schwächeren beim Streiten.
B Wir überlegen in der Klasse, wie man einen Streit mit Worten beenden kann.
C Wir melden die Streitenden der Aufsicht.
D ?

Wenn Gegenstände fliegen ...

Immer wieder werden in der Klasse Gegenstände umhergeworfen. Manches ist dabei schon kaputtgegangen.
A Es ist uns egal, wenn Gegenstände fliegen. Die Schuldigen müssen den Schaden sowieso bezahlen.
B Wir beschließen: Wir werfen nicht mit Gegenständen. Wer es dennoch tut, muss etwas Gutes für die Klasse tun.
C Die Schüler, die mit Gegenständen werfen, werden bestraft.
D ?

Bevor wir sprechen ...

Ein paar Schüler in der Klasse rufen immer wieder in die Klasse hinein ohne sich zu melden. Dadurch sind andere benachteiligt.
A Wer etwas sagen will, muss sich melden.
B Wir vereinbaren: Am Ende jeder Woche erhalten alle Schüler, die die Melderegel beachtet haben und die nicht durch Schwätzen aufgefallen sind, einen grünen Punkt. Diese Punkte werden bis zum Halbjahreszeugnis gesammelt und die Klasse denkt sich eine Belohnung aus.
C Wir stellen die Schüler in der Pause zur Rede.
D ?

Wozu braucht man Regeln?

Eine Regel ist eine Vorschrift, an die sich alle Mitglieder einer Gemeinschaft halten müssen. Die Menschen brauchen Regeln, weil sonst ihr Zusammenleben nicht funktionieren kann.

Je nach Art der Gemeinschaft, in der wir uns befinden, können die Regeln unterschiedlich sein. Zum Beispiel gelten in einer Familie andere Regeln als in einer Schulklasse oder in einem Sportverein. Gemeinsam ist allen Regeln, dass sie den Menschen in einer Gruppe ein geordnetes Zusammenleben ermöglichen sollen. Sie vermitteln ein Gefühl von Sicherheit, da man durch sie weiß, was man darf und was man nicht darf. Regeln geben auch Schutz, denn das einzelne Gruppenmitglied kann davon ausgehen, dass sich alle in gleicher Weise an die Vorschriften halten müssen.

In einer Gruppe, in der es keine Regeln gibt, reagieren die Menschen mit Verunsicherung oder sogar mit Angst. Sie müssen ja immer davon ausgehen, dass der Mächtigere oder der Stärkere sich durchsetzt.

Was sind gute, was sind schlechte Regeln?

Wahrscheinlich habt ihr schon einmal die Regel gehört „Der Chef hat immer Recht". Eine solche Regel passt nicht mehr in die heutige Zeit, denn sie führt dazu, dass einer oder ein kleiner Teil einer Gruppe alles bestimmen kann und viele andere unter dieser Macht leiden müssen. Gute Regeln machen keinen Unterschied zwischen Mädchen und Jungen, Starken und Schwachen usw. Sie orientieren sich an wünschenswerten Eigenschaften des Zusammenlebens wie zum Beispiel gegenseitige Rücksichtnahme, fairer Umgang, Verzicht auf Gewalt. Solche wünschenswerten Eigenschaften nennt man *Werte des Zusammenlebens*.

Wie können Regeln eingehalten werden?

Regeln werden dann am besten eingehalten, wenn man sie gemeinsam erarbeitet und darüber abgestimmt hat. Schlimm ist ein Zustand, in dem sich niemand an die vereinbarten Regeln hält oder in dem Einzelne sich das Recht nehmen, die Regeln immer wieder zu verletzen.

Es muss daher Maßnahmen geben, welche die Mitglieder einer Gruppe dazu veranlassen, sich an die Regeln zu halten. Das können Belohnungen sein für gutes Verhalten, das können aber auch Strafen sein, die den Regelverletzern klar machen, dass ihr Verhalten nicht geduldet werden kann.

In einem Staat sind die Regeln die Gesetze. Wer sie verletzt, kann von einem Gericht dafür bestraft werden.

Befrage dich selbst: Wie gut kannst du dich an Regeln halten?

Geht die Liste einzeln durch und notiert ins Heft: Was fällt mir leicht? Was fällt mir schwer? Welche Regel will ich in Zukunft besser einhalten?
Sucht euch dazu ein Ziel aus. Notiert es und stellt euch diese Auswahl gegenseitig vor.

1. Rücksicht auf andere nehmen
2. andere nicht unterbrechen oder ihnen ins Wort fallen
3. anderen nichts wegnehmen oder deren Sachen zerstören
4. über andere nicht lachen, wenn sie einen Fehler machen
5. nicht angeben mit tollen Klamotten oder Spielsachen
6. einen Streit mit friedlichen Mitteln beenden
7. Aufgaben sorgfältig erledigen
8. sich in eine Gruppe einordnen können
9. gutes Benehmen zeigen, nicht frech und unhöflich sein

| fällt mir leicht | fällt mir schwer | will ich lernen |

---

1. Wahrscheinlich habt ihr euch schon über die Regeln für eure Klassengemeinschaft verständigt. Überlegt nun die notwendigen Maßnahmen, die alle dazu veranlassen, sich an die vereinbarten Regeln zu halten.
2. Zwei Meinungen zur Diskussion:
   A Regeln sind eine prima Sache, weil sie ein Gefühl von Sicherheit und Geborgenheit vermitteln.
   B Regeln sind unangenehm, weil man durch sie eingeschränkt ist.

3. Streit friedlich zu Ende führen: Wie geht das?
Wir planen Lösungen für Streitfälle in Gruppen

Warum weint Tobias?

„Schreibt das Tafelbild in euer Heft ab!", sagt die Lehrerin zur Klasse. Linda öffnet ihr neues Heft. Tobias, der neben ihr sitzt, will in diesem Moment eine neue Patrone in seinen Füller stecken. Dabei fuchtelt er ungeschickt mit der geöffneten Patrone in der Luft herum. Sie rutscht ihm aus der Hand und landet auf Lindas Heft. Die aufgeschlagene Seite ist nun voller Tintenflecken. Sofort packt Linda der Zorn. „Du blöder Spasti!", schnauzt sie Tobias an und rammt ihm den Ellenbogen mit Wucht in die Seite. Der Füller fliegt Tobias aus der Hand auf die Hose. Nun ist auch sie voller Flecken. „Blöde Kuh!", faucht Tobias zurück und wird daraufhin von der Lehrerin ermahnt. In der Stunde geschieht nichts mehr. In der folgenden großen Pause sagt Tobias zu Linda: „Was soll ich jetzt machen? Die Hose ist voller Flecken und dabei ist sie noch neu. Meine Mutter wird schimpfen."

„Das ist mir doch egal. Du hast doch angefangen und dann noch „blöde Kuh" zu mir gesagt. Hau bloß ab und lass dich nicht mehr in meiner Clique blicken." Tobias hört noch, wie Linda zu ihren Freundinnen Tamira und Anna sagt: „Dieser blöde Tobias ist für uns erledigt. Mit dem reden wir ab jetzt nicht mehr." Dann geht Tobias weg, weil er anfangen muss zu weinen …

1. Wie ist deine Meinung. War dieser Streit vermeidbar oder nicht?
2. Wer wird mehr unter den Folgen dieses Streites zu leiden haben: Tobias oder Linda?
3. Könnt ihr Vorschläge entwickeln, wie man diesen Streit friedlich wieder beenden kann?
   Lest dazu auch die nächste und die übernächste Seite.

STICHWORT Konflikte

Lest den Text und betrachtet das Schaubild aufmerksam. Beantwortet dann die Fragen schriftlich.

1. Welche Ursachen können Konflikte haben?
2. Warum darf Gewalt keine Lösung sein?
3. Welche Merkmale gehören zu einer guten Konfliktlösung?

Konflikte und Streit

Das Wort Konflikt bedeutet „Zusammenstoß". Zum Beispiel können zwischen zwei Personen zwei verschiedene Meinungen so heftig „zusammenstoßen", dass man darüber in Streit gerät. Konflikte können viele Ursachen haben. Es gibt sie zwischen Personen und Personengruppen.
Eine besondere Form des Konfliktes ist der Streit. Im Streit treffen die Konfliktgegner direkt aufeinander. Wenn ein Streit ausbricht, besteht immer die Gefahr, dass es zur Gewalt kommt. Niemand kann davon ausgehen, dass Konflikte und Streit für alle Zeiten beseitigt werden können. Manchmal sind Konflikte unvermeidlich und manchmal geraten die Menschen eben auch in Streit miteinander. Wichtig ist, dass man lernt, friedliche Lösungen für Konflikte und für Streit zu finden.

Schlechte Konfliktlösungen

Gewalt ist eine schlechte Konfliktlösung. Wenn Gewalt angewendet wird, gibt es immer Opfer, die leiden müssen. Dabei können Menschen körperlich und seelisch verletzt werden. Oft ist dann Hilfe notwendig. Es werden zusätzliche Personen in den Konflikt hineingezogen, die dann ebenfalls traurig und verzweifelt sind. Zum Beispiel geht es Eltern so, wenn ihr Kind in der Schule geschlagen und verletzt wird.
Der häufigste Fehler von Konfliktparteien ist, dass sie nur noch ihre eigenen Ziele wahrnehmen können. Sie versteifen sich total auf ihre eigene Sichtweise und möchten den Gegner am liebsten fertig machen. Im schlimmsten Fall ist dann als Konfliktausgang eine *Verlierer/Verlierer-Lösung*, in der alle Beteiligten Schaden nehmen.
Nicht viel besser ist die *Gewinner/Verlierer-Lösung*. Hier gibt es Sieger und Besiegte und der Konflikt kann nur beigelegt werden, weil einer der Beteiligten klein beigibt.

Gute Konfliktlösungen

Wenn es zum Streit kommt, sollten die Streitenden nach der ersten Wut eine Verschnaufpause einlegen, in der sie darüber nachdenken können, wie es weitergehen soll. Deswegen ist es oft gut, wenn man sich zunächst einmal aus dem Weg geht. Danach sollte das Gespräch gesucht werden. Darin sollten die Streitenden ihre Sicht der Dinge sagen können und dann gemeinsam darüber beraten, wie der Konflikt versöhnlich beendet werden kann. Hilfreich ist es immer, wenn ein so genannter Streitschlichter, also eine neutrale Person, im Konfliktgespräch anwesend ist um zwischen den Streitenden zu vermitteln.

Als gute Konfliktlösung sollte eine *Gewinner/Gewinner-Lösung* angestrebt werden. Sie bedeutet, dass alle Beteiligten mit der Lösung einverstanden sind und mit einem guten Gefühl auseinander gehen.

Häufige Konfliktursachen zwischen Schülern und Lösungsmöglichkeiten (Befragungsergebnis)

Konfliktauslöser	Lösungen
• jemanden gemein behandeln • etwas kaputt machen, was einem anderen gehört • jemandem etwas wegnehmen • etwas „nur im Spaß" machen, was einen anderen verletzt • jemanden in einer Rauferei verletzen	• Fehler ehrlich zugeben • sich entschuldigen • Wiedergutmachung anbieten • jemanden nach Hause bringen oder ihm einen Brief schreiben • wieder mit jemandem spielen oder etwas gemeinsam unternehmen

Kann der Streit zwischen Linda und Tobias friedlich beendet werden?

Wir kehren noch einmal zum Streit zwischen Linda und Tobias zurück. Linda will nichts mehr mit Tobias zu tun haben, worauf Tobias weggeht und zu weinen beginnt. Das ist sicherlich ein trauriges Streitende. Aber die Geschichte geht weiter. Die Klassensprecherin Kathrin und ihr Stellvertreter Steffen nehmen sich der Sache an. Einen Tag nach dem Vorfall treffen sie sich mit Linda und Tobias zu einem Gespräch.

KATHRIN: (*zu Tobias*) Warum hast du geheult?
TOBIAS: Linda und ihre Freundinnen sind unheimlich gemein zu mir. Das ärgert mich total, weil ich überhaupt keinen Streit anfangen wollte.
STEFFEN: (*zu Linda*) Wie siehst du die Sache?
LINDA: Tobias benimmt sich immer so blöd. Er hat mir mit seinem Füller das neue Heft versaut.
TOBIAS: (*zu Linda*) Dafür ist meine neue Hose jetzt voller Tintenflecke. Das ist doch viel schlimmer.
KATHRIN: Moment mal, beruhigt euch. Das klären wir gleich.
STEFFEN: (*zu Tobias*) Was möchtest du gerne erreichen?
TOBIAS: Ich will, dass die Mädchen wieder ganz normal mit mir reden – ohne Streit.

KATHRIN: Bist du bereit, dafür etwas zu tun?
TOBIAS: Ja, ich kann für Linda ein neues Heft kaufen. Meine Hose werde ich in die Reinigung bringen. War ja irgendwie mein Fehler – die Sache mit der Füllerpatrone.
KATHRIN: (*zu Linda*) Kannst du den Vorschlag von Tobias annehmen?
LINDA: Ja, mit dem Heft, das ist o.k. Eigentlich ist Tobias ja auch o.k.
STEFFEN: (*zu Linda*) Bist du bereit den Streit zu beenden?
LINDA: Ja klar, Tobias soll wieder in unserer Clique sein. Aber er muss auf die Sachen von anderen besser aufpassen. Das ist die Bedingung!

KATHRIN: (*zu Tobias*) Kannst du die Bedingung annehmen?
TOBIAS: Na klar, das mache ich. Ich gehe in Zukunft vorsichtiger mit Schulsachen um.
STEFFEN: Gut, fassen wir die Vorschläge in einem schriftlichen Abkommen zusammen. (*Kathrin und Steffen notieren die Vorschläge.*)
KATHRIN: Ist das in Ordnung so?
TOBIAS: Ja.
LINDA: Ja.
STEFFEN: So, dann unterschreibt beide und gebt euch die Hand.

1. Schreibt das schriftliche Abkommen zwischen Linda und Tobias auf und lest dann die Geschichte vollständig vor.
2. Wie bewertet ihr die Lösung (auch aus der Sicht von Linda und Tobias)?
3. Kathrin und Steffen wählen eine ganz bestimmte Vorgehensweise, um zu helfen, diesen Streit friedlich zu beenden. Sammelt die einzelnen Schritte, nach denen die beiden Klassensprecher vorgehen.
4. Was kann man aus dem Verhalten der Beteiligten in diesem Streit lernen?

Konflikte in der 5c: Wie kann man sie schlichten?

Von den folgenden Konflikten haben Schülerinnen und Schüler aus einer fünften Klasse erzählt. Sie hatten große Schwierigkeiten, in diesen Streitfällen zu einer Lösung zu finden. Könnt ihr ihnen vorspielen, wie man das macht? Bearbeitet dazu die Fälle in kleinen Gruppen.

1. Lest beide Fälle und entscheidet euch für einen, den ihr bearbeiten wollt.
2. Schreibt die Gründe für den Streit auf und verteilt die Rollen für ein Streitlösungsgespräch.
3. Plant ein Streitschlichtungsgespräch in der Gruppe nach folgendem Ablaufplan: (A) Alle Streitenden sagen, worin sie den Grund für den Streit sehen. (B) Die Streitschlichter fragen, was die Streitenden machen wollen. (C) Die Streitenden äußern sich dazu. (D) Die Streitschlichter vermitteln. (E) Lösungsvorschläge werden gemacht und besprochen. (F) Ein Abkommen beendet den Streit.
4. Spielt eure Gespräche vor der Klasse vor und besprecht sie gemeinsam.

Fall 1: Kaputtes Mäppchen

Sascha und Jens aus der 5c sind dicke Freunde. Wenn sie etwas ärgert, passiert es schon mal, dass einer von beiden oder sogar beide Schulmäppchen von Mitschülern gegen die Wand werfen. Dieses Mal war es das Mäppchen von Tatjana, das plötzlich in hohem Bogen durch die Klasse flog. Dabei ist Tatjanas Füller zerbrochen. Sie will, dass einer der beiden den Schaden wieder gutmacht. Sie will auch, dass Jens und Sascha endlich damit aufhören.
Sascha sagt, Tatjana hätte vorher extra gegen seine Schultasche getreten und gegen die von Jens. Sie hätte daher zuerst Schaden angerichtet.

Beteiligte am Streitlösungsgespräch sind: Sascha, Jens, Tatjana, ein Streitschlichter (vielleicht noch eine Freundin von Tatjana).

Fall 2: Blutige Nase

Isabel und Ali haben in der großen Pause zusammengestanden. Da kam Kai hinzu und hat Ali offensichtlich geärgert, indem er diesem die Kappe vom Kopf schlug. Daraufhin boxte Ali ihn ohne Vorwarnung auf die Nase. Sie blutete heftig. „Ich habe nur Spaß machen wollen und der Ali hat brutal reagiert", beschwert sich Kai. „Du hast mich angegriffen. Da musste ich mich wehren", sagt Ali.

Mitspieler sind: Isabel, Ali, Kai, eine Streitschlichterin und ein Streitschlichter

5. Nach folgenden Merkmalen könnt ihr die Rollenspiele besprechen:
   – Haben die Mitspieler ihre Rollen glaubwürdig gespielt?
   – Ist der Streit fair oder unfair verlaufen?

   Ihr könnt euch auch selbst Streitszenen ausdenken, zu denen ihr Rollenspiele vorbereitet.

METHODEN-KARTE 1

Gruppenarbeit erfolgreich durchführen

Thema:
Streitgeschichten

Warum ist Gruppenarbeit eine wichtige Methode?

Wenn man in einer Gruppe lernt, ist man nicht alleine. Viele Aufgabenstellungen lassen sich besser lösen, wenn man es gemeinsam tut. Das sind zwei der Gründe, warum Gruppenarbeit zu den beliebtesten Unterrichtsmethoden zählt. Vielleicht habt ihr schon öfter einmal Gruppenarbeit im Unterricht gemacht. Dann wisst ihr, dass diese Methode am besten funktioniert, wenn alle Beteiligten bestimmte Regeln einhalten. Haltet euch während einer Gruppenarbeit möglichst gut an die folgenden fünf Regeln.

Fünf Regeln für erfolgreiche Gruppenarbeit

1. Alle Gruppenmitglieder sind gleichberechtigt.

In einer guten Gruppe arbeiten alle Gruppenmitglieder gleichberechtigt mit. Niemand wird ausgeschlossen, niemand bestimmt andauernd über die anderen.

2. Jede Gruppe beginnt zügig mit der Arbeit.

Nach dem Beginn legen alle Gruppenmitglieder ihre Arbeitsmaterialien zurecht. Die Zeit wird nicht vertrödelt. Am Anfang solltet ihr besprechen, wie ihr vorgehen wollt und wer welche Aufgabe übernimmt.

3. Alle Gruppenmitglieder notieren die wichtigen Arbeitsergebnisse.

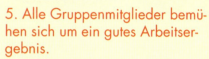

In schlecht funktionierenden Gruppen notiert nur ein Gruppenmitglied die notwendigen Ergebnisse und die anderen schauen zu. Die Gruppe steht dann hilflos da, wenn erst in der nächsten Stunde die Ergebnisse präsentiert werden sollen und das Gruppenmitglied fehlt, das alles aufgeschrieben hat. Es ist daher gut, wenn alle Gruppenmitglieder sich Notizen machen.

4. Alle Gruppen im Raum gehen rücksichtsvoll mit den anderen Gruppen um.

Wenn die Gruppen sich gegenseitig anschreien, macht die Arbeit keinen Spaß. Seid auch in den Gruppen nicht zu laut. Lasst jeden ausreden. Benutzt das vereinbarte Stillezeichen in den Gruppen, falls es doch einmal zu laut werden sollte.

5. Alle Gruppenmitglieder bemühen sich um ein gutes Arbeitsergebnis.

Gemeinsam kommt man dann zu einem besseren Ergebnis als alleine, wenn man sich um Teamarbeit bemüht. Dazu gehört, dass man sich anstrengt und etwas leisten will. Arbeitsgruppen, die sich die Arbeit möglichst einfach machen wollen, bringen selten ein gutes Ergebnis zustande.

Worauf solltet ihr besonders achten?

Wenn eine Gruppe ihr Ergebnis vorstellt, in diesem Falle (S. 24) also ihr Rollenspiel vorspielt, hören und schauen die übrigen Gruppen aufmerksam zu. Sie kümmern sich jetzt nicht mehr um ihre eigenen Sachen, sondern widmen den anderen Gruppen ihre Aufmerksamkeit.

Memory-stationen

Meine Klasse und ich

STATION 1 — Die anderen und ich

Eine Fabel erfinden

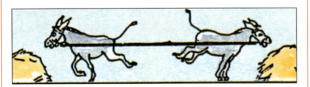

Eine Fabel ist eine Geschichte, in der die Tiere sprechen und aus der die Menschen etwas lernen können.
Erfinde eine Fabel, in der zwei Esel miteinander sprechen und in der sie einen Schatz entdecken, der sogar etwas mit deiner Schulklasse zu tun hat.

STATION 2 — Wie werden wir ein gutes Team?

Gute Regeln entwickeln

Die Klasse 5d hat mit ihrer Lehrerin, Frau Lange, beschlossen, am nächsten Wandertag mit einem gemieteten Bus in einen großen Freizeitpark zu fahren. Frau Lange macht sich Sorgen, dass auf dem Klassenausflug etwas passieren könnte. Schließlich gilt ihre Klasse als ziemlich wilder Haufen.
Sie überlegt, welche Regeln sie den 27 Mädchen und Jungen mitgeben soll, damit auf dem Ausflug nichts passiert. Kannst du ihr dabei helfen?

- Fünf gute Regeln für das Verhalten auf einem Klassenausflug solltest du finden und notieren.

STATION 3 — Streit friedlich zu Ende führen

„Ich bin das *Vertragt-euch-wieder-Tier*. Ich fühle mich am wohlsten, wenn mein Körper aus einer Kette möglichst vieler Ideen zur Beendung von Streitsituationen besteht. Zeichne mich auf ein Blatt und mache meinen Körper so lang wie möglich."

2 Leben und Lernen in der Schule

Oft habe ich Bauchweh, wenn ich morgens in die Schule gehe.

Mich nervt das Lernen in der Schule. Ich bin froh, wenn ich davon nichts höre und sehe.

Das Wichtigste an der Schule ist für mich, dass ich da meine Freunde treffe.

Ich finde Schule eigentlich schön. Nach den Ferien freue ich mich immer, dass die Schule wieder anfängt.

Klar bin ich manchmal sauer auf die Schule, aber ohne sie wäre das Leben langweilig.

- Was gefällt euch, was stört euch an der Schule?
- Was ist für euch das Wichtigste daran?

Wie wäre es, wenn ihr dazu eure Meinungen aufschreibt (zum Beispiel auf Blätter oder Karten). Ihr könnt sie in der Klasse aufhängen und über die Fragen und die Meinungen der anderen Kinder auf dieser Seite miteinander sprechen. Vielleicht fallen euch auch Dinge ein, die man verbessern könnte an der Schule.

Detektivaufgabe für das ganze Kapitel: Finde heraus, warum Kevin sauer auf Julia ist.

Was ist am wichtigsten in der Schule?
Wir entwerfen Pläne für eine Schule zum Wohlfühlen

Scharf auf Schule?

Die Schulforscherin Renate Valtin gab der Wochenzeitschrift DER SPIEGEL ein Interview über die Einstellung von Schülerinnen und Schülern zur Schule.

> 1. Lest das Interview mit verteilten Rollen und haltet fest, was die Schulforscherin über Einstellungen, beliebteste Fächer, Mädchen und Jungen in Erfahrung gebracht hat.
> 2. Sprecht dann darüber, ob diese Ansichten mit euren eigenen Einstellungen übereinstimmen oder nicht.

Einschulungsfeier in Bremen

SPIEGEL: Frau Valtin, warum gehen Kinder, wie ihre Studie belegt, so gerne in die Schule?
VALTIN: Das liegt weniger an den Fächern. Die Schule ist nicht nur ein Lern-, sondern ein wichtiger Lebensort. Unter den Bänken und in den Pausen passiert viel mehr, als die Lehrer sich so vorstellen. Erstaunlich allerdings, dass die Freude an der Schule auch bis zur siebten Klasse nicht großartig abnimmt.
SPIEGEL: Keine Rede von einer Generation von Schulmuffeln?
VALTIN: Das sind Einzelfälle. Höchstens drei bis fünf Prozent. Sogar Kinder mit schlechten Schulnoten haben Spaß an der Schule. […]
SPIEGEL: Welche Fächer sind die beliebtesten?
VALTIN: Sport steht mit Abstand an erster Stelle, danach kommen Bildende Kunst und Lesen. Schlusslicht ist Rechtschreibung. Mathematik hält sich im oberen Mittelfeld.
SPIEGEL: Ist Mathe also doch kein Horrorfach?
VALTIN: Zumindest für Jungen nicht. Da rangiert es gleich hinter Sport. Mädchen fühlen sich trotz guter Noten weniger begabt im Rechnen. Dafür mögen sie Bildende Kunst, Deutsch und Rechtschreibung. […]
SPIEGEL: Gibt es weitere Unterschiede?
VALTIN: Die Schule soll neben Lernstoff auch gesundes Selbstvertrauen entwickeln. Dabei zeigt sich eine zunehmend größere Kluft zwischen Mädchen und Jungen. Jungs entwickeln ein starkes Selbstwertgefühl, Mädchen sind unzufrieden und von ihren Fähigkeiten wenig überzeugt. […] Dafür haben sie die besten Zensuren von allen.

(Aus: DER SPIEGEL, Nr. 12/2001, S. 273)

> 3. Auch wer schlechte Noten hat, geht gerne in die Schule. Kommt das häufig vor?
> 4. „Schulmuffel" – also Kinder, die nicht gerne in die Schule gehen – sind das Einzelfälle oder sind es mehr? Diskutiert miteinander.

Wozu lernen?

Fünf Meinungen und sechs kleine Geschichten zum Thema „Lernen" findet ihr auf dieser Seite.

1. Welche der Schüleräußerungen entspricht am ehesten und welche am wenigsten deiner Meinung?
2. Sammelt auch zu den Fällen A bis F mindestens vier verschiedene Antworten auf die Frage: Wozu lernen?

Ich lerne, damit ich gute Noten kriege.

Ich lerne, weil es Spaß macht, mehr zu wissen und mehr zu können.

Ich lerne, damit ich später einen guten Beruf kriege.

Ich lerne, weil es sonst Ärger zu Hause gibt.

Ich lerne, weil ich mal viel Geld verdienen möchte.

A Fabian konnte als Kandidat an einer Fernsehquizshow teilnehmen. Schon bei der 500-Euro-Frage aus der Abteilung Erdkunde scheiterte er. Er hatte einfach zu wenig Allgemeinbildung.

B Die 5c hat sich in einer Unterrichtsreihe über „Kinder in aller Welt" intensiv mit den Lebensbedingungen von Straßenkindern in Brasilien beschäftigt. Danach haben die Schülerinnen und Schüler einen Basar veranstaltet, mit dessen Erlös sie ein Hilfsprogramm für Kinder in São Paulo unterstützen konnten.

C Simone erhielt sofort nach der Schulzeit einen der begehrten Ausbildungsplätze zur Bankkauffrau. Ihr gutes Bewerbungszeugnis, ihre überdurchschnittlichen Testergebnisse und ihr überzeugendes Verhalten in der Gruppendiskussion hatten dafür den Ausschlag gegeben.

D Schülerinnen und Schüler aus den fünften Klassen der Erich-Kästner-Schule haben an den schuleigenen Computern eine Powerpoint-Präsentation über ihre Klassen vorbereitet und dazu einen selbst gedrehten Videofilm eingespielt. Mit großem Erfolg wurde die Präsentation den Eltern an einem Tag der offenen Tür gezeigt.

E Durch Zufall entdeckte Vanessa im Musikunterricht beim Blockflötenspielen ihr großes musikalisches Talent. Auf den Rat ihres Musiklehrers hin nahm Vanessa Klavierunterricht. Heute spielt sie mit Erfolg in einer Mädchenband.

F Kim, Marc und Özrem nahmen in ihrer Schule am Wettbewerb „Jugend forscht" teil. Mit Unterstützung ihrer Physiklehrerin entwickelten die drei einen Solarofen, der in sonnenreichen Gebieten zur Zubereitung von Speisen eingesetzt werden kann. Sie erhielten dafür den ersten Preis. Jetzt leistet ihre Erfindung in einem Entwicklungsprojekt in einem Dorf in Ghana gute Dienste.

METHODENKARTE 2

Das Lernen lernen

Thema: Zu Hause lernen

Lernen: Was ist das?

Wer lernt, sammelt neue Erfahrungen. Das können vielerlei verschiedene Dinge sein: Man lernt Vokabeln, Gedichte, Informationen zu einem Thema. Man lernt in Gruppen zu arbeiten, miteinander zu diskutieren, Regeln zu beachten. Man lernt sich gut auszudrücken, eine neue Sprache zu sprechen, einen Vortrag zu halten. Man lernt Schwimmen oder ein Musikinstrument zu spielen, ein Moped zu fahren, mit dem Computer umzugehen. Im Politikunterricht lernt man, welche Rechte und Pflichten man hat und vieles andere mehr. Eigentlich hört man nie auf zu lernen.

Was immer es auch ist, das man lernt: Man weiß und man kann hinterher mehr als vorher.

Lernen ist also eine Tätigkeit, bei der ein Mensch sich aufgrund von Erfahrungen geistig entwickelt und verändert. Weil immer etwas Neues dazukommt, ist das Lernen eine persönliche Bereicherung. Wer lernt, hat mehr Möglichkeiten als derjenige, der nicht lernen kann oder nicht lernen will. Lernen ist etwas Schönes und sehr Wichtiges.

Warum lernen manche gut und manche schlecht?

Man könnte meinen, dass die einen schlecht lernen, weil sie eher dumm und unbegabt sind und die anderen gut, weil sie begabt und klug sind. Dieser Unterschied trifft in der Schule allerdings selten zu. Von zwei gleich begabten Schülern lernt oft der eine schlecht, weil er entweder keine Lust dazu hat oder keinen Plan, und der andere lernt mit Erfolg, weil er etwas lernen will und weil er weiß, wie das geht.

Die Lust am Lernen kann von vielen Dingen abhängen. Letztlich braucht man dazu keine Eltern und keinen Lehrer. Man macht sich die Lust selbst, indem man sich sagt: „Ich will etwas lernen!" Diese innere Einstellung ist die wichtigste Voraussetzung und von ihr hängt es oft ab, ob die einen gut und die anderen schlecht lernen.

Das Lernen lernen: Wie macht man das?

Schüler, die gut und erfolgreich lernen, tun das, weil sie den Wunsch haben etwas zu lernen. Sie haben gelernt, wie man sich einen Lernstoff so aneignet, dass er möglichst lange haften bleibt. Sie lernen nach ihrem eigenen Plan. Das Lernen lernen kann jeder. Zuerst einmal sollte man sich über die Lernteufel im Klaren sein. Sie sorgen dafür, dass das Lernen nicht funktionieren kann. Sie musst du vertreiben, um das Lernen zu lernen.

8 Lernteufel

Man
1. hat einfach nie Lust zu lernen.
2. notiert sich die Aufgaben nicht.
3. vergisst, was man tun sollte.
4. lässt sich leicht ablenken.
5. teilt sich die Arbeit nicht ein.
6. findet seine Sachen nicht.
7. arbeitet schlampig und unsauber.
8. fängt zu spät an.

Für Daniel war das Lernen zu Hause der Horror. Er fühlte sich oft von seinen Eltern unter Druck gesetzt. Vor Klassenarbeiten erging es ihm nicht besser. Er saß zwar an seinem Schreibtisch vor den geöffneten Büchern, konnte sich aber kaum etwas merken. In der Schule fühlte er sich dann unwohl und die Erfolgserlebnisse blieben aus. Irgendwann hatte Daniel von diesem Frust die Nase voll. Er übte Arbeitsregeln ein und hielt sich beim Lernen zu Hause daran. Das ging nicht von heute auf morgen. Aber es hat sich gelohnt. Daniel hat das Lernen jetzt viel besser im Griff.

Fünf Arbeitsregeln für Hausaufgaben

1. Fertige die Hausaufgaben nach einem Drei-Stufen-Plan an: (1) mit dem beginnen, was dir leicht fällt, (2) dann die schweren Sachen, (3) am Schluss die Sachen erledigen, die dir Spaß machen.
2. Lass dich bei der Arbeit nicht ablenken. Kurze Verschnaufpausen kannst du aber einlegen.
3. Gib nicht zu schnell auf, wenn es mal schwierig wird. Habe Geduld bei der Lösung der Aufgaben.
4. Arbeite immer sorgfältig, schreibe so ordentlich du kannst, führe deine Hefte gut und nimm dir ausreichend Zeit.
5. Kontrolliere am Ende, ob du alles erledigt hast. Denke auch an die mündlichen Aufgaben. Räume deinen Arbeitsplatz auf und packe deinen Schulranzen für den nächsten Tag.

Fünf Regeln, mit denen du Gelerntes gut behalten kannst

1. Lies Texte aufmerksam, mit lauter Stimme, schreibe Wichtiges auf.
   Du lernst am besten, wenn du möglichst viele Sinne daran beteiligst, also anschauen, hören, aufschreiben.
2. Versuche Ordnung in die gelernten Informationen zu bringen.
   Präge dir ein, wie viele Informationen (zum Beispiel Vokabeln) du behalten willst. In dem Text auf der nächsten Seite kannst du dir zum Beispiel 7 Rechte und 5 Pflichten eines Schülers einprägen.
3. Mache dir von dem, was du dir einprägen willst, ein anschauliches Bild.
   Das Auge lernt mit. Mach dir Tabellen, Karteikarten oder eine Übersicht, in die du das, was du behalten willst, einträgst. Betrachte diese Aufzeichnungen immer wieder.
4. Wende das Gelernte so oft wie möglich an.
   Je öfter du das Gelernte aufsagst, um so besser prägst du es dir ein. Erzähle zum Beispiel deiner Mutter, deinem Vater oder anderen, was du gelernt hast.
5. Wiederhole das Gelernte oft.
   Das Erlernen von neuen Begriffen und Informationen ist mit einem Mal Durchlesen nicht erledigt. Wiederhole mehrfach und fülle nach und nach die Wissenslücken auf.

Welche Rechte und Pflichten sollen Schülerinnen und Schüler kennen?

Unter einem Recht versteht man etwas, was man tun darf. Ein Recht ist eine garantierte Freiheit. In einer Demokratie haben die Menschen zahlreiche Rechte, die ihnen durch die Gesetze garantiert sind. Dazu gehören zum Beispiel das Recht auf eine eigene Meinung, das Recht an Wahlen teilnehmen zu dürfen oder sich zur Wahl zu stellen und vieles andere mehr. In der Schule haben die Schüler auch eine Reihe von Rechten. Die Schule hat ja den Auftrag, die Schüler auf das Leben in der Demokratie vorzubereiten. Allerdings gibt es bei den Rechten Grenzen. Die wichtigste Grenze ist, dass Schülerinnen und Schüler die Rechte anderer nicht verletzen dürfen.

Unter einer Pflicht versteht man eine Aufgabe, die man zu erfüllen hat. Schüler haben zum Beispiel die Aufgabe, etwas zu lernen in der Schule. Sie können daher nicht tun und lassen, was sie wollen. Sie sind an die Einhaltung von Regeln gebunden. Man muss lernen, dass Regeln eingehalten werden müssen, weil das für ein geordnetes und friedliches Zusammenleben aller Beteiligten unverzichtbar ist. Pflichten einhalten und Rechte wahrnehmen können: Das sind zwei Dinge, die miteinander verbunden werden müssen.

Für die Schule sind die Rechte und die Pflichten in der Allgemeinen Schulordnung (ASchO) festgelegt.

In dem Kasten unten sind wichtige Rechte und Pflichten von Schülern durcheinander gewürfelt. Du sollst sie ordnen und sie dir möglichst langfristig einprägen. Dazu kannst du die Lernregeln aus der Methodenkarte 2 anwenden.

1. Forme die Stichwörter in kurze, vollständige Sätze um.
2. Bringe Ordnung in die Informationen, mache sie dir anschaulich (zum Beispiel, indem du zwei Tabellen anlegst). Präge dir die Anzahl der Rechte und Pflichten ein, trage das Gelernte frei vor.

3. Lerne zusätzlich auch eine Erklärung (= Definition) für das, was ein Recht ist und das, was eine Pflicht ist.
Wie lange, glaubst du, wirst du das nun Gelernte behalten können? Ein Tag, ein Monat, ein Jahr, ein Leben lang?

Schülerrechte / Schülerpflichten

mitbestimmen dürfen, welche Themen im Unterricht behandelt werden *stopp* Teilnahmepflicht am Unterricht erfüllen *stopp* Anordnungen der Schulleitung und der Lehrer befolgen *stopp* über den eigenen Leistungsstand informiert werden *stopp* in der Schule seine Meinung frei äußern dürfen *stopp* im Unterricht mitarbeiten und bemüht sein, Leistungen zu erbringen *stopp* sich bei der Schulleitung beschweren, wenn man sich in seinen Rechten verletzt fühlt *stopp* die Schulordnung einhalten *stopp* einen Klassensprecher wählen und sich selbst zur Wahl stellen *stopp* informiert werden über alle Angelegenheiten, welche die Schüler betreffen *stopp* schulische Einrichtungen und Anlagen pfleglich behandeln *stopp* in der Redaktion der Schülerzeitung mitarbeiten und Artikel veröffentlichen *stopp*

Trainings-platz

In Gruppen entwerfen wir Pläne für eine Schule zum Wohlfühlen

In sieben verschiedenen Gruppen könnt ihr hier Merkmale einer Schule erarbeiten, in der alle Beteiligten sich wohl fühlen werden. Damit es bei der Gruppenbildung keinen Streit gibt, kann man die Gruppenzusammensetzung durch Zählen von 1 bis 7 vornehmen. Die mit der Zahl Eins sind dann eine Gruppe, die mit der Zahl Zwei usw. Man kann Gruppen auch mit Spielkarten einteilen. Sieben verschiedene Karten werden verteilt. Alle Asse bilden eine Gruppe, alle Könige, Damen usw. Natürlich kann man die Gruppenzusammensetzung auch freiwillig vornehmen. Besser ist es allerdings, wenn in eurer Klasse alle mal miteinander in Gruppen arbeiten.

1. Wählt pro Gruppe eines der sieben Themen aus.
2. Sprecht miteinander darüber, was ihr darstellen wollt.
3. Einigt euch auf eine Dauer für die Gruppenarbeit und arbeitet dann konzentriert.
4. Überlegt euch für euer Thema eine möglichst schöne Form, in der ihr das Ergebnis präsentieren wollt.

Ein Beispiel:
„Unser Wunschlehrer"

- Was könnte in der Wirklichkeit getan werden, damit sich alle Beteiligten an eurer eigenen Schule noch wohler fühlen als bisher: als erster Schritt, als zweiter Schritt usw.?
- Sprecht nach der Gruppenarbeit darüber miteinander.

7 Gruppen – 7 Themen

A Wie stellt ihr euch die ideale Schülerin und den idealen Schüler vor?	
	B Wie stellt ihr euch eure ideale Lehrerin oder euren idealen Lehrer vor?
C Wie können eure Eltern an eurer Schule teilhaben und mitwirken?	
	D Wie sollte euer „Traumklassenraum" gestaltet sein?
E Wie stellt ihr euch einen guten und lehrreichen Unterricht vor?	
	F Welche Freizeitangebote, Arbeitsgemeinschaften, Wandertage und Feste plant ihr für eure Schule ein?
G Wie sehen ein Schulgebäude und ein Schulhof aus, die euch gefallen?	

Auch Lehrer müssen lernen. Könnt ihr sie dabei beraten?

Was soll ich machen mit meiner 5d?

Das ist Lehrer Christian Hilbig. Er hat vor kurzem seine Lehrerausbildung beendet und tritt nun seine erste Stelle an. Als Klassenlehrer übernimmt er die 5d in den Fächern Deutsch und Politik. Herr Hilbig freut sich auf seine Aufgabe. Er möchte, dass sich seine 28 Schülerinnen und Schüler wohl fühlen, möglichst viel lernen und eine gute Klassengemeinschaft bilden. Nach einigen Wochen merkt er allerdings, dass das gar nicht so einfach ist. Einige Situationen verlangen schwierige Entscheidungen von ihm. Könnt ihr Herrn Hilbig beraten?

TIPP: Ihr könnt die Fälle der Reihe nach durchgehen. Ihr könnt sie aber auch erst einmal in Ruhe durchlesen. Danach wählt ihr alle zwei oder mehr Fälle aus, für die ihr nach vernünftigen Lösungen sucht.

1. Undiszipliniertes Verhalten

Von den neuen fünften Klassen in der Schule gilt die 5d als die undisziplinierteste. Einige Lehrerinnen und Lehrer beschweren sich schon bei Herrn Hilbig über die vielen Unterrichtsstörungen. Wie soll er reagieren?

A Er soll gar nicht reagieren auf das, was die anderen Lehrer sagen.

B Er soll streng durchgreifen und den Unterrichtsstörern klar machen, dass deren Benehmen nicht geduldet wird.

C Er soll weiterhin nett und freundlich zu seiner 5d bleiben, weil so die Schüler am ehesten auch nett und freundlich werden.

2. Zu spät kommen

Schon zum dritten Mal kommen montags die gleichen drei Schüler zu spät in den Deutschunterricht von Herrn Hilbig. Jedes Mal sagen sie, sie hätten den Bus verpasst, auch diesmal. Was soll Herr Hilbig tun?

A Er soll die Entschuldigung akzeptieren und dem Vorfall keine weitere Bedeutung beimessen.

B Er soll den drei Schülern vor der Klasse ins Gewissen reden und ihnen klar machen, dass er diese Entschuldigung in Zukunft nicht mehr akzeptieren wird.

C Er soll sie zu einem Gespräch nach dem Unterricht bitten und dabei den Schülern sagen, dass er sich mit den Eltern in Verbindung setzen wird.

3. Gewalt

Der Klassensprecher und der Stellvertreter beschweren sich bei Herrn Hilbig über den Schüler Ralf. Der bekäme beim kleinsten Anlass einen Wutausbruch und würde dann seine Klassenkameraden in den großen Pausen verprügeln. Wie soll Herr Hilbig damit umgehen?

A Er soll die Gelegenheit benutzen um im Politikunterricht Regeln für einen fairen Umgang miteinander für die gesamte Klasse zu formulieren.

B Er soll Ralf anhören, mit ihm reden und vereinbaren, dass dieser verspricht nicht mehr zu prügeln.

C Er soll dafür sorgen, dass Ralf in eine andere Klasse versetzt wird.

4. Noten

Christian arbeitet im Unterricht von Herrn Hilbig gut mit und gibt auch gute Antworten. Er ruft aber oft dazwischen, hört seinen Mitschülern nicht zu und macht sich manchmal lustig über sie. Als die ersten Epochalnoten vergeben werden, möchte Christian unbedingt eine Eins haben. Wie soll Herr Hilbig Christian benoten?

A Er soll ihm jetzt keine Note geben. Er sollte zu Christian sagen, dass er sein Verhalten gegenüber den anderen ändern muss. Dann könne er die erwartete Eins bekommen.

B Er soll ihm eine schlechtere Note geben, weil er nicht gut zuhören kann und sich lustig über andere macht.

C Er soll ihm die Eins geben. Schließlich arbeitet Christian gut mit und gibt gute Antworten.

5. Bevorzugung

Stefanie kommt nach dem Unterricht zu Herrn Hilbig und sagt, sie hätte den Eindruck, dass sie in seinem Unterricht benachteiligt würde. Andere Schülerinnen würden immer bevorzugt behandelt. Wie soll Herr Hilbig damit umgehen?

A Er soll den Vorwurf zurückweisen, weil sonst die Schüler ständig mit Beschwerden kommen.

B Er soll Verständnis zeigen, erklären, dass ihm das nicht bewusst ist und dass er in Zukunft darauf achten wird.

C Er soll sagen, dass er zu Hause darüber nachdenken und dann wieder mit Stefanie sprechen wird.

6. Abschreiben

Bei der ersten Klassenarbeit, einem Diktat haben Tobias und Olga, die nebeneinander sitzen, die gleichen merkwürdigen Fehler. Für Herrn Hilbig ist ziemlich klar, dass die beiden voneinander abgeschrieben haben. Was soll Herr Hilbig tun?

A Er soll das Diktat nicht bewerten und den beiden in einer Freistunde einen neuen Text als Klassenarbeit diktieren.

B Er soll den beiden eine Sechs erteilen, weil es sich um eine Täuschung handelt.

C Er soll die Sache ohne Kommentar durchgehen lassen. Schließlich ist es die erste Klassenarbeit im Fach Deutsch an der neuen Schule.

7. Verfeindete Cliquen

Nach einigen Wochen kommt die Klassensprecherin vor einer Deutschstunde zu Herrn Hilbig und sagt: „Es gibt zwei verfeindete Cliquen in unserer Klasse. Beide ärgern sich ständig und versuchen immer wieder Streit anzufangen. Können Sie mit der Klasse reden?" Wie soll Herr Hilbig reagieren?

A Er soll seinen Unterricht ausfallen lassen und sofort mit der Klasse über das Problem reden.

B Er soll die Klassensprecherin darum bitten, eine SV-Stunde vorzubereiten, in der das Problem mit allen diskutiert werden kann.

C Er soll den Schülern am Beginn der Deutschstunde erklären, dass sie lernen müssten, solche Probleme untereinander – ohne Zutun des Lehrers – zu lösen.

---

1. Sucht für jeden der Fälle die eurer Meinung nach beste Lösung. Notiert sie ins Heft oder auf einem Blatt.

2. Vergleicht verschiedene Lösungsvorschläge aus der Klasse.

3. Versetzt euch in die Lage des Lehrers. Entscheidet euch für eine Lösung, von der die Mehrheit der Klasse glaubt, dass sie die klügste aus der Sicht von Herrn Hilbig ist. Das können auch andere Lösungen als die hier vorgeschlagenen sein oder eine Kombination aus mehreren Vorschlägen.

Nach der Bearbeitung der Fälle seid ihr wahrscheinlich Beratungsexperten. Wie wäre es, wenn ihr jetzt einen Brief an eine junge Lehrerin oder einen jungen Lehrer schreibt?

2. Wer hat das Zeug zur Klassensprecherin oder zum Klassensprecher?

Wir ermitteln die wichtigsten Eigenschaften

Warum ist Mareike sauer?

Mareike knallt die Schultasche in die Ecke und verschwindet in ihr Zimmer. Über eine Stunde lässt sie sich nicht blicken und als ihre Mutter sie zum Essen ruft, hört sie nur: „Lass mich in Ruhe. In bin sauer!" Erst am Nachmittag kommt Mareike mit dick verheulten Augen aus ihrem Zimmer und lehnt sich an ihre Mutter an: „So eine Schweinerei – diese Idioten!", jammert sie. „Was ist denn los? Erzähl doch mal!"

„Ach Mensch, Klassensprecherwahl war heute. Alle meine Freundinnen, auch Kai und Thorsten, haben mich überredet zu kandidieren. Erst wollte ich ja gar nicht. Aber dann hat Steffi mich vorgeschlagen." „Aber das ist doch prima", tröstet die Mutter. „Meinst du, aber gewählt haben sie den blöden Dirk und im zweiten Wahlgang als Stellvertreter seinen Freund Carsten, der sowieso nur macht, was Dirk will. Die beiden haben überhaupt noch nichts Gutes für die Klasse gemacht. Das ärgert mich so.

Vor zwei Wochen, gleich am ersten Schultag, hat Dirk den Kai gezwungen sich neben ihn zu setzen und ihn bei den Mathearbeiten abschreiben zu lassen. Den Patrick hat er auf dem Schulhof verprügelt, weil der Dirks Vorschlag blöd fand, dass wir alle bei der neuen Bio-Referendarin nur Quatsch machen sollen." „Wie viele aus der Klasse haben ihn denn gewählt?" „18 von 32, und genau so viele haben im zweiten Wahlgang den Carsten zum Stellvertreter gewählt." „Ich finde, du solltest nicht traurig sein", meint nun die Mutter, „wenn man zu einer Wahl antritt, muss man auch damit rechnen, dass man verliert. Das ist doch ganz normal."

„Es wäre mir ja auch egal, ob ich Klassensprecherin bin oder nicht, aber dass die ausgerechnet Dirk gewählt haben, bloß weil der immer den großen Anführer spielt und allen anderen seinen Willen aufzwingt, das finde ich so doof. Steffi und ich, Kai und Thorsten, wir haben uns darum gekümmert, dass der Klassenraum schön gestaltet wird. Aber das spielte bei der Wahl überhaupt keine Rolle."

1. Habt ihr Verständnis für Mareikes Ärger oder nicht? Äußert alle eine Meinung.
2. Zur gleichen Wahl hat der Mitschüler Markus folgende Meinung: „Ich wollte erst Mareike wählen, aber dann hab' ich gedacht, der Dirk, der hat keine Angst vor den Lehrern, der hat sich neulich sogar beim Englischlehrer geweigert, die Papierschnipsel unter seiner Bank wegzuräumen, der ist groß und stark und kann sich gut ausdrücken. So wär ich auch gerne – und da hab' ich ihn gewählt."
Wie bewertet ihr die Gründe für die Entscheidung von Markus?

Welche Aufgaben haben Klassensprecherinnen oder Klassensprecher?

Die Aufgaben der Klassensprecher an allen Schulen in Nordrhein-Westfalen sind im Schulmitwirkungsgesetz geregelt. Das Gesetz wurde 1979 vom gewählten Landesparlament in Düsseldorf verabschiedet und danach mehrfach überarbeitet. Ein Gesetz ist eine verbindliche Regelung, an die sich alle Betroffenen halten müssen. „Leider" ist TEAM der Gesetzestext über die Aufgaben des Klassensprechers auseinander gefallen.

- Könnt ihr ihn unter der Überschrift Aufgaben des Klassensprechers im Heft zusammenfügen?

1 Der Klassensprecher vertritt die
2 Er führt die Beschlüsse
3 Der Klassensprecher informiert die Klasse über
4 Er bereitet einmal im Monat während der Unterrichtszeit eine

der Klasse aus.
SV-Stunde vor und leitet sie.
die für sie von allgemeiner Bedeutung sind.
wichtige Angelegenheiten der SV und solche,
Interessen der Klasse.

Die Bestimmungen zur Wahl des Klassensprechers

§1
(1) Die Wahl des Klassensprechers erfolgt jährlich zu Beginn des Schuljahres.
(2) Wiederwahl ist zulässig.
(3) Bei der Wahl ist niemand an Weisungen gebunden.

§4
(1) Wahlberechtigt sind die anwesenden stimmberechtigten Mitglieder.
(2) Jeder Wahlberechtigte hat eine Stimme.
(3) Wählbar sind auch Abwesende, wenn diese vorher verbindlich ihr Einverständnis für eine Kandidatur erklärt haben.

§6
(1) Die Wahlen des Klassensprechers und dessen Stellvertreters sind geheim; sie sind in getrennten Wahlgängen durchzuführen.

§8
Gewählt ist, wer die meisten gültigen Stimmen erhalten hat. Steht infolge Stimmengleichheit nicht fest, wer gewählt worden ist, so findet eine Stichwahl statt. Bei erneuter Stimmengleichheit entscheidet das Los.

§11
(1) Die Wahlen müssen in den Klassen und Jahrgangsstufen bis spätestens zwei Wochen nach Unterrichtsbeginn erfolgt sein.

(Aus: Verordnung über die Wahlen zu den Mitwirkungsorganen, die Zusammensetzung der einzelnen Gruppen der Schulkonferenzen sowie über den Ausschluss von Mitwirkungsberechtigten in Einzelfällen, WahlOzSchMG, 11. April 1979; GV.NW. S. 283)

Alles verstanden? Fünfmal richtig – Fünfmal falsch

1. Der Klassensprecher vertritt die Interessen der Klasse.
2. Bei Stimmengleichheit im ersten Wahlgang entscheidet das Los.
3. Gewählt ist, wer mindestens die Hälfte aller Stimmen bekommt.
4. Die Wahl findet am Schuljahresanfang statt.
5. Er oder sie führt die Beschlüsse der Klasse aus.
6. Der gewählte Klassensprecher sucht sich seinen Stellvertreter aus.
7. Die Wahl kann durch Aufzeigen mit den Fingern erfolgen.
8. Der Klassensprecher leitet die SV-Stunde.
9. Jeder Schüler kann frei entscheiden, wen er wählen will.
10. Wer zur Zeit der Wahl krank ist, kann nicht gewählt werden.

Trainingsplatz

Mithilfe des folgenden Fragebogens könnt ihr wichtige Eigenschaften für das Amt des Klassensprechers ermitteln. Arbeitet den Fragebogen durch und notiert die Eigenschaften in eurer Heft,
a) die ihr für unbedingt notwendig haltet,
b) die wünschenswert, aber nicht unbedingt erforderlich sind,
c) die euch sinnlos erscheinen.
Den Fragebogen kann zunächst einmal jeder in Einzelarbeit bearbeiten. Danach könnt ihr gemeinsam eine Liste erstellen.

- Was erwarten wir von guten Klassensprechern?

Unsere Erwartungen an die Klassensprecher

1
2
3

Welche Eigenschaften muss eine Klassensprecherin oder ein Klassensprecher haben?

Eine Klassensprecherin oder ein Klassensprecher soll ...

1. besonders stark sein.
2. mit Lehrern reden, wenn es Probleme gibt.
3. für Ruhe sorgen, wenn kein Lehrer da ist.
4. Ideen zur Verbesserung der Klassengemeinschaft haben.
5. bei Streitfällen auch einmal zuschlagen können.
6. in der Klasse beliebt sein.
7. eine SV-Stunde in der Klasse gut leiten können.
8. die kleineren und schwächeren Schüler besonders beschützen.
9. die Schülerinnen und Schüler ermahnen, wenn die Klasse in einem unsauberen Zustand ist.
10. mit dem Klassenlehrer sprechen, wenn in der Klasse etwas nicht klappt.
11. die Klasse über wichtige schulische Dinge informieren.
12. immer nur seine eigene Meinung vertreten.
13. in möglichst vielen Fächern ein guter Schüler sein.
14. den Klassenlehrer beim Einsammeln von Geld, Formularen usw. unterstützen.
15. im Schülerrat den Mund aufmachen.
16. immer seine Hausaufgaben machen.
17. sich gut ausdrücken können.
18. verschwiegen sein, wenn ihr oder ihm Mitschüler etwas anvertrauen.
19. nur die Meinung seiner besten Freunde vertreten.
20. die rechtlichen Bestimmungen über die SV besonders gut kennen.

Ich bin der Stärkste.

Ich bin immer zum Kampf bereit!

Ich bin der Star der Klasse.

STICHWORT
Wahlen in der Schule

1. Notiert Möglichkeiten von Wahlen in der Schule.
2. Erklärt die grundlegende Bedeutung von Wahlen.
3. Muss es für die Schüler Grenzen der Mitwirkung geben? Formuliert dazu eure Meinung.

Wahlen überall

Die Schülerinnen und Schüler aller Schulen haben mehrere Möglichkeiten an Wahlen teilzunehmen. Sie wählen ihre Klassensprecher und ihre Stellvertreter. Im Schülerrat oder als Schülervollversammlung wählen sie Schülersprecher und Stellvertreter. Der Schülerrat wählt – je nach Größe der Schule – zwischen einem und drei Verbindungslehrern. Auch die Eltern nehmen an Wahlen in der Schule teil. Sie wählen in den Klassen ihre Klassenpflegschaft. Diese wiederum bilden die Schulpflegschaft, die aus ihrer Mitte die Schulpflegschaftsvorsitzenden und deren Stellvertreter wählt. Lehrer wählen ihren Lehrerrat. In den Schulkonferenzen nehmen die Vertreterinnen und Vertreter der Eltern, der Lehrer und der Schüler gemeinsam an Wahlen teil.

Wenn man jemanden wählt, ist man aktiv. Deshalb bezeichnet man das Recht zu wählen auch als das *aktive Wahlrecht*. Wenn man sich als Kandidat einer Wahl stellt, ist man passiv. Deshalb nennt man das Recht gewählt zu werden das *passive Wahlrecht*. Bei der Klassensprecherwahl haben alle Schülerinnen und Schüler einer Klasse das aktive und das passive Wahlrecht.

Die Bedeutung von Wahlen

Die Möglichkeit wählen zu können gehört zu den grundlegendsten Rechten, die es in einer Demokratie gibt. Dieses Recht hatten die Menschen nicht immer. Früher war es üblich, dass ein König oder Kaiser oder ein anderer Herrscher über das Schicksal der Menschen bestimmte. Durch Wahlen bestimmen die Menschen mit, was in einer Schule oder auch in einem Staat geschieht. Mitbestimmung soll bereits in der Schule erfahren und gelernt werden, damit die Kinder und die Jugendlichen auch später einmal aktiv am politischen Leben in der Gesellschaft teilnehmen können.

Die Mehrheit entscheidet

In einer Demokratie hat jeder das Recht auf seine eigene Meinung. Deshalb ist es fast unmöglich, dass bei einer Wahl alle gleicher Meinung sind und die gleichen Personen wählen. Also entscheidet die Mehrheit. In der Regel ist das mehr als die Hälfte aller Stimmen. Es kann aber auch sein, das bei einer Klassensprecherwahl mit 27 Schülern ein Kandidat zehn Stimmen erhält, ein anderer neun und der dritte acht. Gewählt ist dann der Kandidat mit zehn Stimmen, weil er oder sie die größte Stimmenzahl auf sich vereint hat. Mehr als die Hälfte aller Stimmen zu erhalten, wird als die *absolute Mehrheit* bezeichnet, nur die höchste Stimmenzahl zu erreichen dagegen als die *einfache Mehrheit*.

Wahlen können offen oder geheim durchgeführt werden. Bei einer geheimen Wahl ist eher garantiert, dass jeder Wähler frei und unbeeinflusst seine Stimme abgeben kann. Deshalb finden zum Beispiel Klassensprecherwahlen in geheimer Wahl statt.

Grenzen der Mitwirkung

Schülerinnen und Schüler kritisieren manchmal die Wahlen an einer Schule, weil sie sich nicht gleichberechtigt mit den Lehrern fühlen und nicht über alles mitentscheiden können. An dieser Kritik trifft zu, dass die Mitbestimmungsrechte tatsächlich begrenzt sind. Das Schulmitwirkungsgesetz sieht vor, dass die Schüler in ihrem Entwicklungsstand und ihrer Urteilsfähigkeit entsprechend an der Mitwirkung zu beteiligen sind. Was Schüler oft als Einschränkung empfinden, sehen die Erwachsenen als Schutz vor zu großer Verantwortung für junge Menschen. Es liegt in der Natur der Sache, dass es zu Auseinandersetzungen kommen kann über die Möglichkeiten und die Grenzen der Mitwirkung von Schülern in der Schule.

3. Schülerinnen und Schüler entscheiden mit

Wir veranschaulichen die Rolle der SV

Hat Julia im Schülerrat richtig entschieden?

Erst vor sechs Wochen ist Julia zur Klassensprecherin der 5c gewählt worden. Heute leitet sie ihre zweite SV-Stunde in der Klasse und schon wird sie mit Vorwürfen bombardiert.

„Wie konntest du dich so verhalten im Schülerrat?", ruft Kevin in die Runde.

„Du hast unsere Interessen schlecht vertreten!", brüllt Sascha hinterher. Was war passiert?

Nach langer Diskussion hatte der Schülerrat der Heinrich-Böll-Schule mit knapper Mehrheit beschlossen, einen Hofreinigungsdienst einzurichten. Jede Woche soll nun eine Klasse der Schule für die Sauberkeit des Schulhofes mitverantwortlich sein und jeden zweiten Schultag in der jeweils letzten Vormittagsstunde bei der Schulhofreinigung helfen. Der Schülerrat will damit dafür sorgen, dass die Schule ein schöneres Gesicht erhält. Julia hatte sich von der Mehrheit des Schülerrates davon überzeugen lassen, dass die Einrichtung eines Reinigungsdienstes eine gute Sache ist. Bei der Abstimmung „Hofreinigung durch Schüler: ja oder nein?" hatte sie mit „Ja" gestimmt.

In der heutigen Versammlung informiert sie ihre Klasse über den Beschluss. In drei Wochen soll die 5c zum ersten Mal dran sein. Man wird dann, ausgerüstet mit Pickern, Besen und Eimern über den Schulhof ziehen müssen.

Kevin ist empört darüber. Er und seine Freunde sind entschieden gegen die Einrichtung eines Schüler-Putzdienstes.

„Du hast falsch entschieden!", schnauzt er Julia an. „Du musst als Klassensprecherin unsere Interessen vertreten. So steht es im SV-Erlass. Wir aber sind gegen die Putzerei."

„Das ist Sache des bezahlten Personals", meint auch Sascha.

„Als Mitglied der SV bin ich frei in meinen Entscheidungen, aber der Klasse gegenüber verantwortlich. Das steht auch im SV-Erlass!", gibt Julia zurück und fährt fort: „Ich habe ganz viele aus unserer Klasse gefragt und die Mehrheit ist einverstanden mit dem Beschluss des Schülerrates."

„Du hast falsch entschieden. Du musst von deinem Amt zurücktreten!", fordert jetzt Dirk.

„Ich habe mir nichts vorzuwerfen. Die Entscheidung hat die Mehrheit so gewollt", antwortet Julia unmissverständlich.

Sebastian: *Julia hat die Vorwürfe nicht verdient. Schließlich kann sie sich frei entscheiden.*

Thorsten: *Sie hätte sich genauer über die Meinungen in ihrer Klasse informieren müssen.*

Janine: *Die Mehrheit im Schülerrat hat entschieden und damit BASTA!! Auch Kevin und seine Freunde müssen sich an den Beschluss halten!!!*

---

1. Haltet ihr Julias Entscheidung im Schülerrat für vertretbar oder nicht?
2. Dürfen Kevin und seine Freunde sie zu einer anderen Entscheidung zwingen?
3. Wie soll – eurer Meinung nach – der Konflikt in der 5c gelöst werden? Formuliert eure Meinungen und diskutiert miteinander.

Aufgaben und Zusammensetzung der Schülervertretung (SV)

Mit dem folgenden Text macht das für die Schulen zuständige Ministerium in Nordrhein-Westfalen (MSWF) Schülerinnen und Schülern Mut zur Mitarbeit in der SV.

> **Macht mit!**
> **Schülerinnen und Schüler haben ein wichtiges Wort mitzureden**
>
> Ihr könnt an eurer Schule etwas bewegen – auch wenn ihr nicht Klassensprecher seid. Es lohnt sich mitzuentscheiden, wenn es um euren Unterricht, das Schulleben oder das Schulprogramm geht. Vielleicht habt ihr Lust, ein Fotolabor zu betreiben, Sportveranstaltungen zu organisieren, Theaterstücke zu inszenieren oder auch ein Café einzurichten. Es tut der Schule gut, wenn sich möglichst viele Schülerinnen und Schüler am Schulleben beteiligen. […] Gute Schulen gibt es überall dort, wo Kinder und Jugendliche sich selbst und ihre Interessen einbringen. Auch eure Schule braucht tatkräftige und ideenreiche Schülerinnen und Schüler. Fangt doch einfach an!
>
> (aus der Internetpräsentation des nordrheinwestfälischen Ministeriums für Schule, Wissenschaft und Forschung, www.mswf.nrw.de)

Wozu ist die SV da?

Durch die Schülervertretung haben die Schülerinnen und Schüler das Recht zur Mitgestaltung des Schullebens. Die wichtigsten Aufgaben der Schülervertretungen bestehen darin, die Rechte der Schülerinnen und Schüler wahrzunehmen und deren Interessen zu vertreten. Die Vertreter der SV sind in ihren Entscheidungen frei, jedoch der Schülerschaft verantwortlich. Bei ihrer Tätigkeit in den Schülervertretungen sind sie an Aufträge und Weisungen nicht gebunden. Sie sind aber verpflichtet, Mehrheitsbeschlüsse auszuführen. In der SV gibt es keine Machtunterschiede zwischen Groß und Klein. Alle haben gleiche Rechte. Der folgende Text erklärt den Aufbau der SV in Nordrhein-Westfalen.

Wie setzt sie sich zusammen?

A Der Schülersprecher

Der Schülersprecher ist Vorsitzender des Schülerrates und Sprecher der SV. Er beruft den Schülerrat ein, leitet die Sitzungen und führt die Beschlüsse des Schülerrates aus. Er ist dem Schülerrat gegenüber verantwortlich.

Der Schülersprecher und seine Stellvertreter werden vom Schülerrat aus seiner Mitte gewählt. Auf Antrag von 20 von Hundert der Gesamtzahl der Schüler können der Schülersprecher und seine Stellvertreter von den Schülern ab Klasse 5 gewählt werden. In diesem Fall können sie sowohl aus der Mitte des Schülerrates als auch aus der gesamten Schülerschaft ab Klasse 5 gewählt werden. Den Kandidaten ist Gelegenheit zur Vorstellung zu geben.

An einer Schule können mehrere Stellvertreter des Schülersprechers gewählt werden. Sie sollten ihn bei seinen Aufgaben unterstützen und vertreten ihn im Falle seiner Verhinderung in festzulegender Reihenfolge.

B Der Schülerrat

Der Schülerrat ist für alle Fragen der SV zuständig, die über den Bereich der einzelnen Klasse oder Jahrgangsstufe hinausgehen. Der Schülerrat setzt sich zusammen aus den Sprechern der Klassen und der Jahrgangsstufen. Auf Beschluss des Schülerrates können stellvertretende Klassensprecher mit beratender Stimme an den Sitzungen des Schülerrates teilnehmen, sofern für sie dadurch kein Unterricht ausfällt.

C Der Klassensprecher

Der Klassensprecher vertritt die Interessen der Klasse. Er führt die Beschlüsse der Klasse aus. Der Klassensprecher informiert die Klasse über wichtige Angelegenheiten der SV und solche, die für sie von allgemeiner Bedeutung sind. Er bereitet die SV-Stunde vor und leitet sie.

(Zusammengestellt nach: B. Petermann, Kommentar zum Schulmitwirkungsgesetz NRW, Essen 1994, S. 137f.)

Zur Diskussion: Wie soll der Schülersprecher gewählt werden?

Für die Wahl des Schülersprechers sieht das Schulmitwirkungsgesetz zwei verschiedene Möglichkeiten vor.

Welche bevorzugst du?

Alesja meint: „Ich bin dafür, dass der Schülersprecher vom Schülerrat gewählt wird. So wird am ehesten garantiert, dass die beste Kandidatin oder der beste Kandidat Schülersprecher wird. So eine Schülervollversammlung kann leicht in einem Chaos enden und gewählt wird dort, wer die beste Show abziehen kann."

Patrick meint: „Ich bin dafür, dass wir den neuen Schülersprecher durch die Schülervollversammlung wählen lassen. So kann jeder Schüler an unserer Schule mitentscheiden und den Kandidaten seiner Wahl direkt wählen."

A Der Schülersprecher und seine Stellvertreter werden vom Schülerrat aus seiner Mitte gewählt.

B Auf Antrag kann der Schülersprecher auch von der Vollversammlung aller Schülerinnen und Schüler gewählt werden.

3 + 3 + 3 – Wer macht was in der SV?

Hierzu könnt ihr drei Tabellen anlegen und sie mit den richtigen Lösungen vervollständigen.

A … ist für alle Fragen der SV zuständig, die über den Bereich der einzelnen Klasse hinausgehen.
B … ist Sprecher der SV und Vorsitzender des Schülerrates.
C … setzt sich aus den Klassensprechern und den Jahrgangssprechern zusammen.
D … unterstützen den Schülersprecher in der Arbeit.
E … beruft den Schülerrat ein und leitet die Sitzungen.
F … haben das Recht, mit beratender Stimme an den Sitzungen des Schülerrates teilzunehmen, wenn dadurch kein Unterricht ausfällt.
G … führt die Beschlüsse des Schülerrates aus und ist ihm gegenüber verantwortlich.
H … berät über Fragen und Probleme der gesamten Schülerschaft und beschließt mehrheitlich.
I … vertreten im Falle einer Verhinderung den Schülersprecher/die Schülersprecherin.

Der Schülersprecher, die Schülersprecherin …	Der Stellvertreter des Schülersprechers …	Der Schülerrat …
?		
?	?	
?	?	?
?	?	?
?	?	?
?	?	?

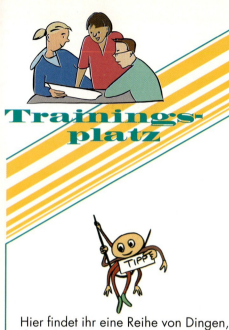

Trainings-platz

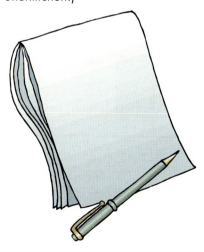

Hier findet ihr eine Reihe von Dingen, die Schülervertretungen planen können. Welche davon haltet ihr für sehr wichtig, welche für einigermaßen wichtig und welche für eher unwichtig?
Erstellt eine Liste aller wichtigen Maßnahmen und setzt dabei die wichtigste auf Platz eins, die zweitwichtigste auf Platz zwei usw. Das kann man gut in Gruppenarbeit tun. Einigt euch am Ende auf eine gemeinsame Klassenliste. (Vielleicht könnt ihr sie dem Schülerrat eurer Schule zukommen lassen oder in der Schülerzeitung veröffentlichen.)

Was soll die SV tun?

1. Ein Pausencafé organisieren
2. Projektideen für eine geplante Projektwoche entwickeln
3. Einen Flohmarkt für einen guten Zweck durchführen
4. Bei Konflikten mit Lehrerinnen oder Lehrern beraten
5. Für das regelmäßige Erscheinen einer Schülerzeitung sorgen
6. Patenschaften zwischen älteren und jüngeren Schülern organisieren
7. Bei der Planung und Durchführung eines Schulfestes aktiv sein
8. Einen Schüleraufenthaltsraum schön gestalten
9. Für Verschönerungen in den Schulfluren sorgen
10. Eine Infowand über die Arbeit der SV einrichten
11. Mithilfe der Verbindungslehrer ein SV-Seminar über Gewaltvermeidung durchführen
12. Eine Hausaufgabenhilfe von Älteren für Jüngere einführen
13. Einen Kummerkasten für die Sorgen von Schülerinnen und Schülern einrichten
14. Die Aufstellung von Getränkeautomaten fordern
15. Streitschlichter ausbilden, die in Konfliktfällen vermitteln können
16. Schulinterne Sportfeste organisieren (Tischtennis, Handball, Volleyball)
17. Pausenradio organisieren
18. Die schönsten Klassenräume prämieren
19. Die beliebteste Lehrerin oder den beliebtesten Lehrer wählen
20. Eine Fahrradwerkstatt einrichten
21. Die Ausgabe von Pausenspielen organisieren
22. Interessante Ideen für Unterrichtsthemen und Unterrichtsformen entwickeln
23. Über E-Mail Kontakte zu Partnerschulen und anderen Schulen aufnehmen
24. An der Gestaltung der Homepage der Schule mitwirken
25. Kleinen Schülerinnen und Schülern Hilfe anbieten, die von den Großen geärgert wurden

sehr wichtig
???

einigermaßen wichtig
???

eher unwichtig
???

Und was noch?

Memorystationen

Leben und Lernen in der Schule

STATION 1 — Was ist am wichtigsten in der Schule?

Wie lernen, wozu lernen?

Erstelle eine Übersicht, in die du das, was du über das Lernen gelernt hast, einträgst.

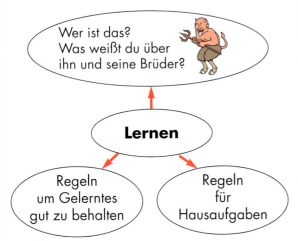

Die Übersicht könnt ihr euch über euren Arbeitsplatz zu Hause hängen oder als Plakat gestalten und in der Klasse befestigen.

STATION 2 — Wer hat das Zeug zum Klassensprecher?

Was stimmt denn hier nicht?

Bei der Klassensprecherwahl in einem fünften Schuljahr wollten sich die Beteiligten auf folgende Vorgehensweise einigen: Der Klassensprecher sollte für die gesamte Dauer der Unterstufe (5. und 6. Schuljahr) gewählt werden. Als Wahltermin legte man den ersten Tag nach den Osterferien fest. Die Wahl sollte – wegen der demokratischen Offenheit – durch Aufzeigen in der Klasse erfolgen. Auch die Klassenleiterin hatte eine Wahlstimme.

Abwesende Schülerinnen und Schüler, die vorher ihr Einverständnis zur Kandidatur gegeben hatten, sollten ebenfalls wählbar sein. Gewählt war die- oder derjenige, der über die Hälfte aller Stimmen erhielt, bei 27 Schülerinnen und Schülern brauchte man daher mindestens 14. Die Klassensprecherin bzw. der Klassensprecher sollten sich ihren Stellvertreter selbst aussuchen. Jede Schülerin und jeder Schüler durfte frei entscheiden. Bei Stimmengleichheit nach dem ersten Wahlgang sollte eine Stichwahl stattfinden.

- Nicht alles ist hier falsch! Aber sechs Fehler kannst du nachweisen!

STATION 3 — Schülerinnen und Schüler entscheiden mit

Wahlmöglichkeit A

Wahlmöglichkeit B

1. *Erkläre den Unterschied:* Welche beiden Möglichkeiten bei der Wahl des Schülersprechers zeigen die Zeichnungen?

2. *Formuliere jeweils einen Grund:* Was spricht für die Möglichkeit A und was für die Möglichkeit B?

3. *Begründe deine eigene Meinung:* Für welche Möglichkeit entscheidest du dich?

Freizeit – da kann ich machen, was ich will!?

Die Freizeit hat viele Gesichter. In diesem Kapitel habt ihr die Möglichkeit einige kennen zu lernen. Ihr könnt in Erfahrung bringen, was andere Kinder und Jugendliche in ihrer Freizeit machen und ob Freizeit immer etwas mit Geld zu tun hat. Ihr habt die Möglichkeit herauszufinden, wer hinter den Freizeitangeboten steckt und welche Rolle die Politik dabei spielt.

Das große Kind im Cartoon hat offensichtlich ein Problem, das viele Kinder mit ihrer Freizeit haben. Setzt euch in Gruppen zusammen und tauscht euch darüber aus, ob ihr dieses Problem kennt und was ihr dagegen unternehmt. Motto: „Langeweile in der Freizeit? – Wir empfehlen …!" Benutzt pro Idee eine Karte (DIN A6).

Detektivaufgabe für das ganze Kapitel:
Um sich seine Internetleidenschaft leisten zu können, muss Thomas gelegentlich etwas tun. Wer findet heraus, was und wie oft er es macht?

1. Freizeit – Was ist das eigentlich?
Wir führen eine Befragung durch und werten sie aus

Der Freizeit auf der Spur

Jenny und Andreas gehen in die 5. Klasse einer Realschule. Sie haben TEAM erzählt, wie bei ihnen ein ganz normaler Tag verläuft und was sie in ihrer Freizeit so machen.

Jenny (12): Zwischendurch Zeit zum Quatschen

Morgens um 6.30 Uhr werde ich geweckt. Ich gehe ins Badezimmer und ziehe mich schnell an. Um 6.45 Uhr frühstücke ich und gehe um 6.55 Uhr aus dem Haus. Der Bus kommt um 7.10 Uhr und ich treffe auf meine Freundin. Jetzt haben wir fast eine halbe Stunde Zeit, um über alles zu quatschen. Leider nerven die Jungs in der Bank hinter uns immer sehr. Um 7.40 Uhr kommen wir in der Nähe der Schule an.
Um 7.50 Uhr beginnt der Unterricht. Sechs Stunden heute. Die zwei großen Pausen (jeweils 15 Minuten) sind immer noch das Beste am ganzen Vormittag. Mit Freunden 'rumhängen, faulenzen und die Pausenmusik hören – toll! Um 13 Uhr laufen wir dann schnell zur Bushaltestelle und um 13.15 Uhr geht's ab nach Hause. Busfahren ist allerdings echt heftig: Der Kampf mit einigen Jungen um die besten Plätze ist anstrengend. Leider gewinnen sie zu oft und man muss neben einem von denen die ganze Fahrt sitzen. So gegen 14 Uhr komme ich zu Hause an. Während des Essens erzähle ich meiner Mutter, was in der Schule so los war. Viel Zeit bleibt mir dafür nicht. Um 14.45 Uhr muss ich wieder los. Eine Viertelstunde später beginnt mein Gitarrenunterricht. Gut, dass ich jeden Tag geübt habe.
Um 16 Uhr bin ich wieder zu Hause. Jetzt muss ich Hausaufgaben machen. Für die brauch' ich ungefähr eine Stunde. Bis zum Abendessen um 18 Uhr bleibt mir noch etwas Zeit. Ich höre Musik und blättere in einer Zeitschrift.
Abends gucke ich auf alle Fälle ‚GZsZ' und was sonst noch kommt. Um 21 Uhr ist der Tag vorbei und ich gehe ins Bett.

Andreas (11): Auf zum Nordpark

Um 7 Uhr klingelt mein Wecker. Gut, dass ich noch etwas liegen bleiben kann, bis das Badezimmer frei ist. Um 7.15 Uhr wird's Zeit. Nach 10 Minuten bin ich gewaschen und angezogen. Jetzt muss ich noch schnell frühstücken. Um 7.40 Uhr fahre ich mit dem Rad zur Schule. Unterwegs treffe ich Marius. Er sagt mir, dass wir etwas in Englisch aufhatten.
Wir sind knapp dran; um 7.50 Uhr fängt die erste Stunde an und Abschreiben geht nicht mehr. Das gibt Ärger. Nach sechs Stunden Unterricht und zwei 15-Minuten-Pausen klingelt es um 13 Uhr. Auf dem Schulhof verabrede ich mich noch mit meinen Freunden für heute Nachmittag. Aber erst einmal geht's nach Hause. Um 13.20 Uhr wärme ich mir das Mittagessen auf. So gegen 13.30 Uhr beginne ich mit den Hausaufgaben. Gut, dass das heute nicht so lange dauert. Ab 14.15 Uhr habe ich Zeit für Computerspiele.
Um 15 Uhr klingeln meine Freunde und wir fahren auf Inlinern Richtung Nordpark. Dort gibt's eine super Bahn.
Um 17 Uhr muss ich weg, weil ich noch schnell für meine Oma einkaufen muss. Um 18.00 Uhr bin ich bei ihr und wir essen 'was zusammen. So gegen 18.30 Uhr bringe ich noch schnell die Mülltüten zum Container und laufe nach Hause, wo ich um 18.45 Uhr ankomme. Danach gucke ich mit meinen Eltern noch Fernsehen, wobei wir uns aber auch unterhalten. Um 21.30 Uhr muss ich dann leider ins Bett gehen.

1. Findet heraus, wer von den beiden wann Freizeit hat, indem ihr zu zweit die beiden Tagesabläufe untersucht. Hierzu könnt ihr die Tätigkeiten einzeln auf Papierstreifen schreiben und dann ordnen: Freizeit ja – Freizeit nein.
2. Vergleicht eure Ergebnisse; das geht am besten in kleinen Gruppen. Stellt sie anschließend der Klasse vor. Gibt es Unterschiede? Diskutiert darüber.
3. Versucht gemeinsam, für den Begriff ‚Freizeit' eine Erklärung (Definition) aufzuschreiben.

STICHWORT
Freizeit

1. Was bedeuten die drei Zeit-Gruppen, in die man einen Tag einteilen kann?
2. Was steht im Artikel 31 Absatz (1) der Kinderrechtskonvention?
3. Im Text ist vom ‚Freizeitstress' die Rede. Stimmt das mit deinen Erfahrungen überein?

Welche Zeit ist was?

Wissenschaftler teilen die Zeit, die dem Menschen während eines Tages zur Verfügung steht, in drei Gruppen ein.

Gruppe A beinhaltet die Arbeitszeit. Dazu zählen diejenigen Stunden eines Tages, die für den Beruf, für Arbeiten im Haushalt oder für die Schule verbracht werden.

Als Gruppe B bezeichnet man die gebundene Zeit. Dazu gehören alle Tätigkeiten, die für das tägliche Leben notwendig sind: Schlafen, Duschen, Zähneputzen, Essen. Auch ‚Pflichtveranstaltungen', die in der Familie, im Bekanntenkreis oder in der Gemeinde stattfinden und an denen man teilzunehmen hat, weil es sich ‚so gehört', zählen zu dieser Gruppe. Da muss man schon einmal mit zu der langweiligen Geburtstagsfeier eines Onkels, auf die Schwester aufpassen oder für die Oma einkaufen.

Unter Gruppe C versteht man die echte Freizeit. Da muss man sich um all diese Dinge nicht kümmern. Man kann über seine freie Zeit selbst bestimmen und sie für das verwenden, was man gerne tun möchte und worauf man gerade Lust hat, zum Beispiel, spielen, sich mit Freundinnen und Freunden treffen oder Sport treiben.

Keine Zeit in der Freizeit

Neben den Hausaufgaben finden sich in den Terminkalendern vieler Kinder und Jugendlichen nachmittags Eintragungen wie ‚Gitarrenunterricht', ‚Computerkurs', ‚Schwimmtraining', ‚Nachhilfe', oder ‚Schulorchesterprobe'. Für spontane Verabredungen bleibt so gut wie keine Zeit; selbst ein kurzes Treffen in der Eisdiele muss Wochen im Voraus geplant werden. Verena, eine Schülerin aus Höxter, sagt zu dieser Entwicklung der immer mehr verplanten Freizeit: „In der Freizeit hat man oft Stress, weil man zum Beispiel vom Tanztraining gleich weiter muss zum Musikunterricht. Da ist es vollkommen egal, auf was man jetzt Lust hätte, sondern man muss das tun, was als Nächstes ansteht."

Psychologen stellen fest, dass immer mehr Kinder unter Freizeitstress leiden, und warnen daher vor zu vielen Terminen und durchorganisierten Freizeitaktivitäten.

„Es muss genügend Zeit bleiben für spontane Wünsche des Kindes!"

Recht auf Freizeit

Jeder Mensch braucht Zeit, um sich von den Anstrengungen des Tages erholen zu können. Die Erwachsenen freuen sich nach einem arbeitsintensiven Vor- und Nachmittag auf den Feierabend. Kinder und Jugendliche brauchen nach einem nervenaufreibenden Schultag Zeit für sich und Möglichkeiten zu entspannen.

Und sie haben ein Recht darauf. Das steht in der Kinderrechtskonvention, die fast alle Länder der Welt, auch Deutschland, am 20. November 1989 unterschrieben haben. In diesem internationalen Vertrag sind die Rechte der Jungen und Mädchen, die noch keine 18 Jahre alt sind, festgelegt. Dort kann man im Artikel 31 Absatz (1) nachlesen, dass Kinder ein Recht auf Ruhe und Freizeit, auf Spiel und altersgemäße aktive Erholung haben. So müssen zum Beispiel Städte und Gemeinden nicht nur Spielplätze und Jugendhäuser zur Verfügung stellen, sondern auch ein abwechslungsreiches und erschwingliches Kinder- und Jugendkulturprogramm anbieten.

In der Freizeit als Redakteure unterwegs

Ein Interview mit Julius Pototzki und Steffen Borchert

Team: Steffen und Julius, ihr seid beide 12 Jahre alt, andere Kinder in eurem Alter beschäftigen sich in ihrer Freizeit mit Computern, treiben Sport oder hören Musik. Ihr verbringt seit einem Jahr einen großen Teil eurer freien Zeit mit dem Erstellen der Zeitschrift ‚Die TOTAL aktuelle Kreuzviertelzeitung'. Wie seid ihr auf die Idee gekommen, eine eigene Zeitschrift für euer Wohnviertel herauszugeben?
Steffen: Eigentlich hatte ich vor, eine Pokémon-Zeitung zu schreiben, aber da hat mein Freund Julius gesagt, dass sich dafür wohl keiner interessieren wird; machen wir doch lieber der großen Kreuzviertelzeitung, die Erwachsene machen, Konkurrenz.
Team: Wie kommt ihr zu euren Themen?
Julius: Wir gehen meistens so nachmittags im Viertel 'rum. Man muss die Augen sehr gut aufmachen. Gestern haben wir zum Beispiel mehrere Rettungswagen in der Tannenbergstraße gesehen. Wir sind gleich dorthin und haben uns Notizen gemacht.
Team: Wann arbeitet ihr an den Artikeln? Schüler haben doch immer ganz viele Hausaufgaben auf.
Julius: Zum Schreiben treffen wir uns am Wochenende und arbeiten dann durch. Wir nehmen unsere Notizen und tippen am Computer daraus einen Artikel.
Team: Wie lange braucht ihr für eine Ausgabe?
Steffen: Das kommt darauf an, wie viele Artikel wir geschrieben haben. Bei 10–12 Seiten pro Ausgabe dauert das so ungefähr fünf Monate bis alles so richtig fertig ist.
Team: Wer arbeitet bei euch sonst noch mit?
Steffen: Vor kurzem haben uns zwei Jungen aus unserer Klasse, Alex und Patrick, gefragt, ob sie auch mitmachen können. Alex zeichnet zum Beispiel im Moment einen Comic, das kann er sehr gut. Patrick macht lieber Rätsel und Witze. So kriegen wir unsere Zeitung zusammen.
Team: Und dann ist die Ausgabe fertig?
Steffen: Nein, dann müssen wir uns noch überlegen, was auf welche Seite kommt. Für die Zeitung, die wir gerade bearbeiten, wird das schwierig, weil wir diesmal auch Bilder hineinnehmen wollen.
Team: Unterstützt euch ein Erwachsener bei eurer Arbeit?
Steffen: Ja, Julius' Vater. Er hilft uns, wenn wir mal ein paar Rechtschreibfehler machen.
Team: Eure Zeitung erscheint zweimal im Jahr. Was kostet sie?
Julius: Eine Ausgabe kostet einen Euro. Papier und Farbpatronen sind nicht billig. Da wir für die Anzeigen in unserer Zeitung kein Geld nehmen, wird das schon schwer mit der Finanzierung.
Team: Wie erreicht ihr denn eure Leser? Wir haben eure Zeitung zum Beispiel nicht am Kiosk gefunden.
Julius: Wir gehen im Kreuzviertel 'rum, klingeln an und fragen dann, ob die Leute sich für unsere Zeitung interessieren. Einige sagen, geht wieder nach Hause, die anderen sagen: Oh, toll, zeig' doch 'mal her. Und dann wurden Seiten aus unserer Zeitung in der letzten Ausgabe der großen Kreuzviertelzeitung veröffentlicht, und ich schätze mal, dass das auch gute Werbung für uns ist.
Team: Möchtet ihr später in diesem Bereich arbeiten – als Journalisten, bei einer größeren Zeitung?
Steffen: Also, mir macht es sehr viel Spaß, bei unserer Zeitung mitzubestimmen, was hineinkommt und was nicht. Ich würde das später gerne machen.
Julius: Mir gefällt das auch sehr gut, mir macht das Spaß, verschiedene Artikel zu schreiben und auch Leute kennen zu lernen, über die man dann die Artikel schreibt. Ich würde sehr gerne Chefredakteur werden.
Team: Julius und Steffen, wir bedanken uns für dieses Gespräch.

Preis: 1 €

Die TOTAL aktuelle Kreuzviertelzeitung

Hergestellt von
Julius Pototzki und
Steffen Borchert

! Inhaltsverzeichnis!

Seite 1   Die Bäckerei
Seite 2   Haus des Jahres
Seite 3   Architektenbüro
Seite 4   Stallkamp
Seite 5   Pizzeria
Seite 6   Volksbank
Seite 7   Das Kreuzviertel
Seite 8   Schönere Innenhöfe
Seite 9   Nach dem Krieg
Seite 10 Der Hund Skippy

„Hallo" sagen Julius und Steffen,
die die Zeitung gemacht haben.
Beide sind 12 Jahre alt.
Viel Spaß mit der Zeitung!

Die beste Pizzeria

Die beste Pizzeria gibt es im Kreuzviertel.

Die besten, größten und leckersten Pizzas gibt es im Kreuzviertel bei der Pizzeria Italia, an der Gertrudenstraße 22, Ecke Studtstraße!

Also, geht zur Pizzeria Italia!

Seite 5

!Die Volksbank!

Die Volksbank an der Nordstraße 21 existiert seit September 1972. Es gibt vier Angestellte, Brigitta Jahn ist die Filialleiterin. Sie beraten Kunden umfassend in allen Finanzangelegenheiten. Sie bieten Geldanlagen, Versicherungen, Altersvorsorge, Kredite und Bausparen.
Daniel Aversch und Eva Börste sind für Kinder und Jugendliche da. Für Kinder bis 12 Jahren gibt es das Jeanssparen mit Bonuspunkten, die man erhält, wenn man gespart hat. Für die Bonuspunkte gibt es dann eine Belohnung.

Seite 6

!Der Hund Skippy!

Der Hund Skippy ist sehr bekannt im Kreuzviertel, weil er fast jeden Tag im großen Park ist.
Skippy ist ein Westi-Terrier und spielt sehr gerne mit Kindern, aber auch mit Hunden. Er ist cirka 25 Zentimeter hoch und 30 Zentimeter lang.
Seine Augen sind braun und sein Fell ist weiß. Wenn er zu Hause ist, ist er sehr verspielt und auch sehr wild. Wenn ihr ihn seht, dann ruft „Skippy" und streichelt ihn.

Seite 10

---

1. Wie findest du Julius' und Steffens Freizeitbeschäftigung? Verdeutliche deinen Standpunkt. Ihr könnt hierzu mit einem Kreidestrich oder Klebestreifen auf dem Boden eures Klassenraumes eine Linie skizzieren und diese in ‚Zustimmung', ‚neutral' und ‚Ablehnung' aufteilen und euch dann zuordnen. Sprecht über eure Beweggründe.
2. Julius' und Steffens Freizeitbeschäftigung, eine eigene Zeitung herauszugeben, umfasst verschiedene Aktivitäten. Findet die einzelnen Schritte heraus.
3. Angenommen, Julius und Steffen hätten dich gebeten, bei ihrem Zeitungsprojekt mitzuarbeiten. Was würdest du ihnen antworten? Schreibe den beiden einen Brief.

Ich mach' das! Was machst du?

Zu diesen Kurzfragen erhaltet ihr Antworten, wenn ihr eine Befragung durchführt (siehe Methodenkarte 3, S. 51). Dabei kann euch der Fragebogen helfen, den ihr für eure Befragung noch vergrößern und vervielfältigen müsstet.

? Befragung ??? Befragung ??? Befragung ??? Befragung ??? Befragung ??? Befragung ??? Befragung ??? Befragung ???

Freizeit ?

Unter ‚Freizeit' verstehen wir die Zeit, in der man selbst bestimmen kann, was man gerne tun möchte.

A. Mädchen ❏   Junge ❏
B. Alter ❏ ❏

1. Wie viel Freizeit hast du durchschnittlich an Schultagen?
1–2 Std. ❏   2–3 Std. ❏   3–4 Std. ❏   4–5 Std. ❏   mehr als 5 Std. ❏

2. Mit wem verbringst du hauptsächlich deine Freizeit? (höchstens 3 Angaben)
Eltern ❏   Geschwister ❏   Freund/in ❏   Gruppe ❏   allein ❏

3. Verbringst du einen Teil deiner Freizeit in einem Verein, einer Musikschule oder einer anderen Organisation? Wenn ja, wo?
Nein ❏   Ja ❏ _____

4. Gehst du in deiner Freizeit Tätigkeiten nach, um Geld zu verdienen?
sehr häufig ❏   häufig ❏   weniger häufig ❏   überhaupt nicht ❏

5. Hast du in deiner Freizeit Langeweile?
sehr häufig ❏   häufig ❏   weniger häufig ❏   überhaupt nicht ❏

6. Was ist deine Lieblingsbeschäftigung in der Freizeit? (höchstens 3 Angaben)
_____
_____
_____

? Befragung ??? Befragung ??? Befragung ??? Befragung ??? Befragung ??? Befragung ??? Befragung ??? Befragung ???

Befragungen durchführen und auswerten

Thema: Freizeit

1. Schritt: Festlegen, wen man befragen will

Ihr müsst überlegen, wer eure Fragen beantworten soll. Interessant wäre vielleicht zu erfahren, was die Älteren so machen. Dann müsstet ihr eine höhere Klasse eurer Schule für die Fragebogenaktion gewinnen. Denkt daran, dass Befragungen in der Regel anonym, also ohne Angabe des Namens, durchgeführt werden.

2. Schritt: Anzahl der Fragebogen bestimmen

Die Anzahl der Fragebogenkopien richtet sich nach der Größe der Klasse(n), die ihr befragen wollt.

3. Schritt: Befragung durchführen

Es gibt unterschiedliche Varianten, eine Befragung durchzuführen. Eine Möglichkeit wäre, dass ihr eure Klasse zum Beispiel in Kleingruppen aufteilt und diese dann drei bis vier Mitschülerinnen und Mitschüler, die man befragen möchte, aufsuchen. Diese Vorgehensweise hat den Vorteil, dass ihr auf mögliche Fragen zum Bogen direkt antworten könnt. Auch könntet ihr so am Ende direkt prüfen, ob der Fragebogen vollständig ausgefüllt ist.

4. Schritt: Fragebogen sortieren

Die ausgefüllten Fragebogen müsst ihr nach den Gesichtspunkten sortieren, die ihr herausfinden wollt.
Geht es euch zum Beispiel darum, herauszufinden, ob es Unterschiede im Freizeitverhalten von Mädchen und Jungen gibt, empfiehlt es sich, die Bogen in Jungen- und Mädchen-Stapel zu sortieren. Wollt ihr hingegen herausfinden, wie sich das Freizeitverhalten mit zunehmendem Alter darstellt, so könnt ihr die Bogen nach Altersstufen ordnen. Um den Überblick nicht zu verlieren, ist es wichtig, jeden Stapel zu beschriften.

5. Schritt: Fragebogen auswerten

Für die Auswertung ist es hilfreich, die Klasse in Gruppen aufzuteilen. In unserem Beispiel würden zunächst zwei große Gruppen entstehen: Die eine kümmert sich um die Auswertung des ‚Mädchen-Stapels' die andere bearbeitet den ‚Jungen-Stapel'. Damit alle gleichzeitig auswerten können, sollten sich die großen Gruppen noch einmal in kleinere Gruppen aufteilen und die Bogen so zerschnitten werden, dass jede Frage für sich allein ausgewertet werden kann.
Jede Kleingruppe wertet nun alle Streifen mit ‚ihrer Frage' aus. Hierbei ist eine Strichliste eine große Hilfe! Ein Beispiel:

Wie viel Freizeit hast du durchschnittlich an Schultagen?

1–2 Std.	2–3 Std.	3–4 Std.	4–5 Std.	mehr als 5 Std.
III	IIII III	IIII I	IIII	II

6. Schritt: Ergebnisse formulieren

Wenn aus allen Gruppen die Zahlen vorliegen, könnt ihr mit Blick auf das, was ihr herausfinden wolltet, eure Ergebnisse formulieren. Danach könnt ihr überlegen, wie ihr die so erhaltenen Informationen darstellen wollt (Plakate mit Diagrammen/Artikel für die Schülerzeitung).

Worauf solltet ihr besonders achten?

Übt im Rollenspiel, wie ihr den zu befragenden Mitschülerinnen und Mitschülern euer Anliegen erläutern und sie um Unterstützung bitten wollt.
Für die Auswertung könnt ihr nur solche Bogen verwenden, die vollständig ausgefüllt worden sind.

Trainingsplatz

Wir erstellen die Charts der Freizeitaktivitäten

Das Freizeitverhalten von Jugendlichen in Deutschland ist in der Vergangenheit immer wieder von verschiedenen Instituten untersucht worden. Natürlich kann man dazu nicht alle Jugendlichen befragen, das wäre viel zu aufwändig. Stattdessen lässt man den Zufall entscheiden. Nach der Random-Methode, die ihr sicher von eurem CD-Player kennt, werden einige Jugendliche aus verschiedenen Orten ausgewählt und zu ihren Freizeitbeschäftigungen befragt. Dadurch entsteht eine Stichprobe, die stellvertretend für die Gesamtheit der Jugendlichen Deutschlands steht. Die Angaben auf dieser Seite zeigen das Ergebnis einer solchen Befragung. Die Zahlen, die ihr vorfindet, sind so zu lesen, zum Beispiel ‚Radio hören 74': 74 von 100 Jugendlichen sagen, dass sie in ihrer Freizeit Radio hören.

Freizeitaktivitäten von Jugendlichen in Deutschland im Alter von 14–17 Jahren

Quelle: INRA Deutschland, 2000

Freizeitaktivitäten

- Zeitung/Illustrierte lesen 48
- ausschlafen 69
- in die Kirche gehen 9
- Ausstellungen besuchen 8
- Fernsehen 91
- Gesellschaftsspiele/Kartenspiele 9
- E-Mails beantworten/schreiben 5
- über wichtige Dinge reden 38
- Fest/Party feiern 32
- in die Kneipe gehen 11
- mit dem Computer beschäftigen 43
- Musik hören 76
- Baden gehen 48
- Musikkonzerte besuchen 6
- sich politisch engagieren 2
- Faulenzen/Nichtstun 50
- Hund ausführen 8
- ehrenamtlich tätig sein 3
- Fahrrad fahren 54
- zu Hause telefonieren 70
- Buch lesen 46
- in den Zoo gehen 6
- Sport treiben 43
- Musik machen 11
- ins Kino gehen 36
- in die Spielhalle gehen 4
- Videofilme sehen 49
- mit Freunden etwas unternehmen 78
- Radio hören 74
- im Freundeskreis heimwerken 3
- Internet nutzen 9
- Theater besuchen 6
- Freizeitpark besuchen 13
- Einkaufsbummel machen 30

1. Womit beschäftigen sich die 14- bis 17-Jährigen Deutschlands in ihrer Freizeit? Erstellt aus den Angaben die Charts der zehn beliebtesten und der zehn unbeliebtesten Freizeitaktivitäten. Präsentiert die Tops und Flops in einer übersichtlichen Weise. Mithilfe von Diagrammen, zum Beispiel Säulen- und Balkendiagrammen, lassen sich Zahlenangaben grafisch (zeichnerisch) gut darstellen. Größenverhältnisse kann man so schneller vergleichen und sich auch besser merken.
Zeichnet für jede Freizeitaktivität die entsprechenden Säulen beziehungsweise Balken. Als Maßstab eignet sich pro Nennung 1 mm. Beispiel: ‚Telefonieren 70' – die Säule wäre 70 mm hoch.

2. Bei den Umfragen wurden Jugendliche zwischen 14 und 17 Jahren befragt. Vergleicht die Charts mit euren Befragungsergebnissen.

2. Freizeit – Geld spielt (k)eine Rolle?!
Wir untersuchen Freizeitaktivitäten mit Blick auf den Kostenfaktor

Geht denn gar nichts ohne €uro?

F ahrradfahren
R eiten
E ishockey
I nternetsurfen
Z eichenkurs
E inkaufsbummel
I nline-Skaten
T elefonieren

Wissenschaftler eines Freizeit-Forschungsinstituts haben durch eine Befragung herausgefunden, dass viele Jugendliche mit den Freizeitangeboten unzufrieden sind. Gerade die interessanten Freizeitbeschäftigungen hängen nämlich häufig direkt von etwas Wichtigem ab: dem Geld! Das beginnt beim Kinobesuch und endet bei den trendmäßigen Funsportarten. Das Taschengeld reicht hier oft einfach nicht aus. Viele Mädchen und Jungen geben zu, in ihrer Freizeit zu viel Geld auszugeben – mehr als sie eigentlich zur Verfügung haben. Andernfalls würde man schnell nicht mehr mitmachen können und nicht mehr ‚dazugehören' und somit auch nicht mehr ‚in' sein. Ein Ergebnis: Viele leihen sich Geld und haben bei Eltern, Geschwistern, Verwandten, Freunden und sogar Banken Schulden.

1. Schaut euch die mit dem Wort ‚Freizeit' aufgelisteten Aktivitäten an und überlegt, wofür bei jedem einzelnen Freizeitspaß Kosten entstehen könnten. Unterscheidet zwischen einmaligen und fortlaufenden Ausgaben. Versucht, eure Ergebnisse übersichtlich darzustellen.
2. Findet Aktivitäten, die jeweils mit den ‚FREIZEIT-Buchstaben' beginnen, aber nichts oder nur sehr wenig kosten.

Der Ausflug

Freitagabend in Wuppertal-Elberfeld. Beim gemeinsamen Abendessen überlegen Ulrich und Heike Rohrbach mit ihrer Tochter Hannah (12, 156 cm groß) und Sohn Jonas (9, 134 cm groß), wie das Programm für das Wochenende aussehen könnte. Herr Rohrbach hat am Samstag Geburtstag und sie möchten deshalb einen schönen Ausflug machen, das steht fest. Nur wohin die Reise gehen soll, ist noch nicht geklärt.

JONAS: Ihr habt mir schon letztes Mal versprochen: Wenn wir einen Ausflug machen, fahr'n wir nach Münster in den Zoo. Jetzt steht ein Ausflug an, also machen wir's? Bitte! Mama! Papa!

HANNAH (*etwas verärgert*): Jetzt bin ich aber mal dran, nicht immer du, Jonas. Ich habe drei Tage im Garten geholfen und es hieß, ich könnte mir dafür etwas wünschen. Ich möchte ins Phantasialand fahren! Alle meine Freundinnen waren schon da. Und Tiere, immer Tiere! Du hast doch ein Meerschweinchen! Was willst du denn noch im Zoo?

FRAU ROHRBACH (*energisch*): Jetzt ist's aber gut. Können wir nicht vernünftig darüber reden? Wenn ich das richtig im Kopf habe, liegt dieser Freizeitpark in der Nähe von Köln. Von der Entfernung her also näher als Münster.

HERR ROHRBACH (*freundlich, aber etwas verstimmt*): Die paar Kilometer Unterschied sollten doch nicht entscheidend sein. Wie sieht es eigentlich mit den Eintrittspreisen aus? Und – kann mir vielleicht mal jemand sagen, was da so los ist, im Phantasialand?

JONAS: Und im Zoo, willst du gar nicht wissen, was das für ein Zoo ist?

HERR ROHRBACH: Natürlich! Was gibt es denn da so Besonderes?

HANNAH: Wie wär's, wenn wir mal ins Internet gucken? Da gibt es bestimmt Infos zu beiden Sachen.

Weder Hannah noch Jonas lassen sich vom gewünschten Ausflugsziel abbringen. Jetzt müssen die besseren Argumente die Entscheidung herbeiführen.

1. Schaut euch die Informationsmaterialien genau an und vergleicht die Angebote.
2. Erstellt für Familie Rohrbach Kostenrechnungen für beide Ausflugsziele, auf denen die einzelnen Kostenarten (Eintrittspreise, Getränke, Speisen etc.) erfasst sind.
3. Spielt das Familiengespräch weiter. Teilt euch in Vierergruppen ein, so dass jede/r eine Rolle übernehmen kann. Am Ende eures Rollenspiels soll eine Einigung über den Ausflugsort erzielt worden sein.

Informationsmaterialien

Preisliste
Cola 0,3 l 1,70 €
Pommes frites 1,90 €
Currywurst 2,60 €

Tageskarten

Einzelpreise
Erwachsene 22,50 Euro
Kinder von 1,00 bis
1,45 Meter Körpergröße 19,50 Euro

Geburtstagskinder
gültig für Kinder und Erwachsene
am Tag des Geburtstages
gegen Vorlage eines amtlichen
Ausweises Eintritt frei

Parkplatzbenutzung
pro Tag 2,00 Euro

Phantasialand
Brühl bei Köln

Preisliste
Cola 0,3 l 1,70 €
Pommes frites 1,80 €
Currywurst 2,00 €

Tageskarten
Die Eintrittspreise beinhalten auch den Einlass in das Delphinarium im Allwetterzoo.

Einzelpreise
Erwachsene 10,00 Euro
Kinder und Jugendliche
von 3 bis einschließlich 17 Jahren 5,00 Euro

Parkplatzbenutzung
pro Tag 2,00 Euro

Sentruper Str. 315 48161 Münster
Tel. 0251 / 89 04-0 Fax-Abruf 89 04-85
www.allwetterzoo.de

Allwetterzoo Münster

Freizeitparks: Immer aufregender – immer schriller – immer teurer

Warner Brother's Movie World, Phantasialand, Heide-Park, Fort Fun oder wie sie alle heißen. Sie locken mit Riesenachterbahnen, aufwändigen Wasserfahrten und bunten Shows. Die Attraktionen der deutschen Freizeitparks werden immer vielfältiger und sensationeller. Viele zielen direkt auf die Nerven und die Magengrube der Besucher. Erholen kann man sich ja zu Hause.

Wie in einem Supermarkt sollen sich die Kunden aus dem Sortiment des Angebots bedienen, sich verzaubern lassen und ihre Probleme vergessen. Stimmungsmacher und Sorgenkiller locken überall. Langeweile wird zum Fremdwort.

So ein Vergnügungspark soll nicht der Wirklichkeit entsprechen, sondern das bieten, was sich die Menschen in ihren Fantasien und Träumen vorstellen, eine Traumwelt eben.

Doch diese Traumwelt ist teuer. Um ‚in' zu bleiben, kommen die Betreiber solcher Freizeitparks nicht darum herum, viele Millionen Euro für immer wieder neue Attraktionen auszugeben. Eine Folge ist: Die Eintrittspreise steigen. Kostete die Tageskarte für den teuersten und besten deutschen Freizeitpark vor fünf Jahren umgerechnet noch 17 €, so muss ein Erwachsener jetzt 21,5 € zahlen. Bei etwa drei Millionen Besuchern pro Jahr kommt so für diesen Park wieder sehr viel Geld herein.

[…]

Familienfreundlich gestalten die Parks ihre Preise leider nicht. Kinder zahlen häufig nicht viel weniger als Erwachsene. Und Familienkarten gelten, wenn es sie überhaupt gibt, nur freitags.

Doch der Eintritt ist nicht der einzige Kostenpunkt eines Ausfluges in den Freizeitpark. Das Geld für Anfahrt und Essen und Trinken muss hinzugerechnet werden. Außerdem kosten manche Spiele extra, und für Souvenirs und Süßigkeiten kommen noch einige Euros hinzu.

(Nach: Gratis ist nur der Nervenkitzel, in: test, Nr. 4, 2001, S. 65ff.)

1. Lest den Text und beschreibt, was die Menschen in Freizeitparks lockt.
2. Im Text werden kritische Stimmen zum Freizeitpark laut. Stellt die Kritikpunkte stichwortartig zusammen. Besorgt euch von einigen Freizeitparks Informationsmaterial und überprüft so einige der von ‚test' gemachten Aussagen.
3. In eurer Klasse steht ein Wandertag an: Soll die Fahrt in einen Freizeitpark gehen? Sammelt Pro- und Kontra-Argumente und führt eine Diskussion.

STICHWORT
Vermarktete Freizeit

1. Welche Gründe haben zur Entstehung einer Freizeitindustrie geführt?
2. Wann nennt man ein Freizeitangebot kommerziell?
3. Äußere dich zu den Ausgaben für die Freizeit. Was überrascht dich?
4. Für welche Freizeitaktivitäten gibst du dein Geld aus?

Geschäfte mit der Freizeit

In den letzten dreißig Jahren ist in Deutschland die Zahl der Geschäftsleute, die Möglichkeiten zur Freizeitgestaltung anbieten, stark gestiegen. Wissenschaftler sprechen von einer Freizeitindustrie. Das große Angebot erklärt man damit, dass die Menschen am Tag und in der Woche nicht so lange arbeiten wie früher und daher mehr freie Zeit haben. Und in der gewonnenen Freizeit wollen sie, ob alt oder jung, etwas unternehmen und erleben. Raus aus dem Alltagstrott, weg von den Verpflichtungen und hinein in das laute Vergnügen und den großen Spaß. Ob Erlebnisbad, Freizeitpark, Reiterhof, Eislaufhalle oder Musikschule – die Freizeit hat viele Gesichter. Eines aber ist all diesen Freizeitmöglichkeiten gemeinsam: es sind vermarktete, so genannte kommerzielle, auf Verdienst ausgerichtete Angebote.

Wenn man sie nutzen will, muss man dafür in Form von Eintrittsgeldern und Beiträgen bezahlen. Von den Einnahmen müssen die Betreiber der Freizeitstätten alle Kosten bezahlen, die ihnen durch ihr Angebot entstehen. In einem Erlebnisbad sind das zum Beispiel die Heiz- und Stromkosten, die Löhne für die Bademeister und das Kassenpersonal sowie die Miete für Schwimmhalle, Liegewiesen und das Restaurant. Natürlich berechnen die Betreiber das Eintrittsgeld oder die Beiträge so hoch, dass nach der Kostenabrechnung noch möglichst viel Geld übrig bleibt. Ist dies der Fall, so haben sie Gewinn erzielt, also ein gutes Geschäft gemacht.

Ausgaben für die Freizeit

Den Menschen in Deutschland ist ihre Freizeit so wichtig geworden, dass sie bereit sind, viel Geld dafür auszugeben. Da verzichtet man eher auf die eine oder andere Anschaffung im Alltag und spart für die schönen und vergnüglichen Stunden in der freien Zeit.
Von den Ersparnissen wird der größte Teil für den Urlaub ausgegeben. Er ist den meisten Menschen am wichtigsten.
Den zweiten Platz nehmen Ausgaben für Kraftfahrzeuge ein, damit Ausflüge mit dem Auto, mit dem Motorrad oder dem Mofa möglich werden.
An dritter Stelle stehen Sport und Camping. Als Beispiele für Anschaffungskosten lassen sich hier der Fahrradsport und das Inliner-Skating nennen, die mit immer neuen technischen Feinheiten, Farben und Materialien locken. Aber auch Sportveranstaltungen, die man sich ansehen möchte, sind nicht gerade billig. Eintritt, manchmal Fahrtkosten und Verpflegung lassen den Inhalt des Portmonees dahinschmelzen.
Diese Ausgabenbereiche werden dicht gefolgt von Aufwendungen für sonstigen Freizeitbedarf und Ausgaben für Hörfunk und Fernsehen. Hier wird die Freizeitkasse hauptsächlich für Fernseher, Musikanlage, CDs und Computerspiele geplündert.

Das Haushaltsgeld
Ausgaben für den privaten Verbrauch in Deutschland im Jahr 2000 in Milliarden Euro

Wohnungsmieten	232
Verkehr, Telekommunikation	189
Nahrungs- und Genussmittel	174
Freizeit, Unterhaltung, Kultur	105
Möbel, Haushaltsgeräte	80
Bekleidung, Schuhe	71
Gastgewerbedienstleistungen	54
Strom, Heizung, Gas	42 Mrd. Euro
sonstiges	165

Quelle: DIW © Globus 6979

Jobben in der Freizeit?

Zeitungen austragen und Babysitten dürften wohl die häufigsten Schülerjobs in Deutschland sein; gefolgt von den unterschiedlichsten Verkaufs-, Lager- und Hilfsarbeitertätigkeiten. Die Zahl derjenigen, die sich für einen Job nach der Schule interessieren, steigt, und viele Schülerinnen und Schüler bedauern es, keine passende Beschäftigung zu finden.
Welche Gründe für diesen ‚Drang nach Arbeit' vorliegen und ob das immer zur Zufriedenheit aller beiträgt, könnt ihr anhand der folgenden drei Fälle und der Informationsmaterialien herausfinden.

 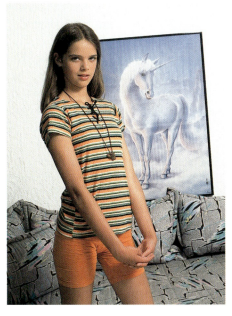 

Thomas (12) hat ein teures Hobby: Er surft leidenschaftlich gerne im Internet. Einen Computer hat er von seinen Eltern zu Weihnachten bekommen. Doch die Benutzergebühren für das Internet wollen die Eltern nicht alleine bezahlen. Deshalb hat Thomas einen Job angenommen. Er hilft bei einer Korbwarengroßhandlung aus. Dort muss er riesige Pakete mit einem Cutter öffnen und die einzelnen Körbe zu ihrem Lagerplatz tragen. Alle Mitarbeiter sind sehr nett, und so vergehen die 1,5 Stunden an zwei Nachmittagen in der Woche wie im Fluge.

Karolina (11) trägt gerne Markenkleidung. Nike-Turnschuhe zu besitzen, ist für sie ein unbedingtes Muss. Ihre Eltern haben jedoch wenig Verständnis für Karolines Markentick, und ihr Taschengeld reicht für solche Anschaffungen leider nicht. Aber Karolina hat einen guten Job ergattert, durch den sie schnell ein paar Euro verdient: Sie posiert gelegentlich als Kindermodel für Werbefotos. „Mir macht es Spaß, geschminkt zu werden und vor der Kamera zu stehen!", sagt sie selbstbewusst. „Und – es ist ja leicht verdientes Geld."

(Nach: Knochenjob im Erdbeerfeld, in: SPIEGEL spezial, 9/1995, S. 106ff.)

Andreas (14) trägt wie viele andere Jugendliche in seinem Alter in seiner freien Zeit Zeitungen aus. „Seit Andreas Zeitungen austrägt, weiß er, dass das Geld nicht vom Himmel fällt, sondern verdient werden muss!", sagt seine Mutter, die ihn und noch drei Geschwister allein erzieht.
Den Lohn gibt der Realschüler nicht für Freizeitartikel und Luxuskleidung aus, sondern für den ganz normalen Bedarf an Hosen, T-Shirts und Schuhen. „Meine Mutter schafft das allein einfach nicht", erklärt Andreas, „da lege ich eben was dazu."

(Nach: Knochenjob im Erdbeerfeld, in: SPIEGEL spezial, 9/1995, S. 106ff.)

Jobben – Alles, was recht ist!

Jobs – Arbeitszeiten müssen eingehalten werden

Deutschlands Schülerinnen und Schüler machen Jagd auf Jobs. In diesen Fällen muss von den Firmen das Jugendarbeitsschutzgesetz beachtet werden.
Und das bedeutet: Mindestens 13-Jährige können mit leichten für sie geeigneten Arbeiten beschäftigt werden. Allerdings darf die Betätigung täglich nicht länger als zwei, in der Landwirtschaft drei Stunden dauern.
Und – der Job muss in den Nachmittagsstunden bis 18 Uhr erledigt sein. Ausnahmen gelten für Werbung, Fernsehen oder Theater. Aber auch hier darf der zeitliche Rahmen von maximal drei Stunden täglich nicht überschritten werden. Also, als Babysitter tätig sein, Zeitungen und Werbezettel austragen, Nachhilfeunterricht geben, Botengänge ausführen und mit Hunden ‚Gassi gehen', ferner in Sportarenen und in der Landwirtschaft mithelfen, alles ist drin, alles gegen Bezahlung.
Im Übrigen gelten auch für schulpflichtige Kinder ab 15 Jahren dieselben Arbeitsschutzvorschriften wie für die jüngeren. Aber: Mindestens 15-Jährige dürfen darüber hinaus Ferienjobs bis zu vier Wochen im Jahr übernehmen. Es muss sich jedoch um Arbeiten handeln, die für junge Leute geeignet sind, sie also körperlich nicht überfordern.

(Nach: Westfälische Nachrichten, 8.6.2001, S. RA 8)

Jeder dritte Schüler jobbt

Von Wilfried Goebels

Düsseldorf. Die Lehrer schlagen Alarm: Bereits jeder dritte Schüler der Mittel- und Oberstufe jobbt regelmäßig neben dem Unterricht.
Weil das Taschengeld für teure Statussymbole wie Handy, Mofa, Luxus-Kleidung oder Elektronik oft nicht reicht, nehmen immer mehr Jugendliche bezahlte Nebenjobs an.
Rolf Steuwe vom NRW-Lehrerverband klagt: „Viele Schüler sind im Unterricht übermüdet und erledigen ihre Hausaufgaben nicht." Nach Ansicht der Lehrer ist die Grenze des Vertretbaren oft überschritten.
Düsseldorfs Regierungspräsident stellt häufige Verstöße gegen das Jugendarbeitsschutzgesetz fest. So hatte ein 13-Jähriger täglich Gerüste auf- und abgebaut.
In der Regel verdienen Jugendliche vier bis sechs Euro in der Stunde.

(Gekürzte Fassung nach: Westfälische Nachrichten, 29.10.1999)

1. Aus welchen Gründen haben sich Thomas, Karolina und Andreas einen Job gesucht?
2. Lest den Zeitungsartikel ‚Jobs – Arbeitszeiten müssen eingehalten werden' und überprüft, ob in den drei vorgestellten Fällen die Vorschriften des Jugendarbeitsschutzgesetzes eingehalten werden.
3. Es war nicht immer so, dass Schülerinnen und Schüler neben der Schule einen Job ausgeübt haben. Überlegt, welche Ursachen diese Entwicklung haben könnte.
4. Im Artikel ‚Jeder dritte Schüler jobbt' kritisiert ein Lehrerverband die Häufigkeit und Dauer der Nebentätigkeiten der Schülerschaft. Was meint ihr, gehen die Freizeitjobs die Lehrerinnen und Lehrer etwas an? Führt in kleinen Gruppen zu dieser Frage ein Schreibgespräch.

Schreibgespräch

Auf dem Gruppentisch liegen ein großes Blatt Papier (DIN A3) und Stifte. In der Mitte des Blattes steht die Aussage, zu der ihr abwechselnd eure Meinung äußern sollt. Die Gruppenmitglieder können und sollen, wie in einem mündlichen Gespräch, die niedergeschriebenen Äußerungen kommentieren und ergänzen.
Zum Schluss können die Ergebnisse der Klasse vorgestellt werden.

3. Freizeit vor Ort

Wir untersuchen ein Freizeitangebot und entwerfen einen Stadtplan für Kinder

Wie ihr bereits erfahren konntet, steht in der Kinderrechtskonvention, dass Kinder ein Recht auf Spiel und altersgemäße aktive Erholung haben. Seit der Unterzeichnung des Vertrages bemühen sich Städte und Gemeinden verstärkt, den Forderungen gerecht zu werden. Spielplätze und sonstige Angebote für die Freizeitgestaltung kosten natürlich Geld. Die Politikerinnen und Politiker einer Gemeinde müssen sich darüber verständigen, wie viel Geld sie für die Freizeitinteressen der Kinder und Jugendlichen ausgeben möchten und können. Denn aus der Haushaltskasse einer Gemeinde müssen auch noch viele andere Dinge, zum Beispiel Schulen und Kindergärten, bezahlt werden. Da das Geld häufig knapp ist, ist es gar nicht so einfach zu entscheiden, für welche Projekte es ausgegeben werden soll und wie viel ein Projekt kosten darf.

Auf den folgenden Seiten habt ihr die Möglichkeit ein ausgewähltes Beispiel eines Freizeitangebotes nach unterschiedlichen Gesichtspunkten zu bewerten. Ist es den Politikerinnen und Politikern gelungen, für Kinder und Jugendliche ein interessantes und abwechslungsreiches Angebot auf die Beine zu stellen?

Freizeitprogramme: Ein Beispiel

Mit dem Plakat und den Texten der Broschüre ‚Sommerhits für Kids' wirbt das Amt für Kinder, Jugendliche und Familien der Stadt Münster für Atlantis, eine der drei großen Veranstaltungen des Junior-Kinderbüros in den Sommerferien.

Ein Plakat ist ein Werbemittel, das die Blicke der Vorbeikommenden auf sich zieht. Es soll das Interesse des Betrachters wecken, ihn neugierig machen und in ihm den Wunsch wecken, über die angesprochene Sache mehr zu erfahren.
Schaut euch das Plakat ‚Atlantis 2001' genau an. Hätte es euch angesprochen und aufgefordert weitere Informationen einzuholen? Tauscht euch darüber in Kleingruppen aus. Vergesst nicht, eure Meinung zu begründen.

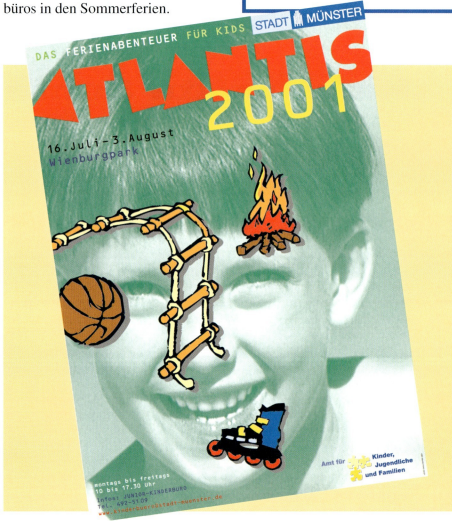

SOMMERHITS für Kids

Drei Wochen lang stehen von montags bis freitags zwischen 10 und 17.30 Uhr für die vier Altersgruppen ‚Zauberkobolde', ‚Klexe', ‚Feuerdrachen' und ‚Giganten' unterschiedliche Betreuerteams mit altersgemäßen Programmen bereit.
Atlantis-Besucher können Ausweise für einen Tag (2,50 €), für eine Woche (10 €) oder für 15 Tage (30 €) erwerben. Wer auf dem Gelände mittags essen möchte, sollte 2,50 € zusätzlich in der Tasche haben.

Die Zauberkobolde
für Kobolde von 5 bis 6

„Aus den tiefen Wäldern kommen wir, aus dem Zauberkobolderevier." Sobald das Zauberkoboldlied allmorgendlich erschallt, haben auch die jüngsten Atlantisbewohner ihr Reich wieder fest in der Hand. Tobt auf der Hüpfburg herum, genießt den Ausblick auf Atlantis in schwindelerregender Höhe, lasst euch durch Schminke in fremde Wesen verwandeln, lernt neue verblüffende Zaubertricks. […]

(Aus: Sommerhits für Kids, Ferienprogramm der Stadt Münster für 2001, Amt für Kinder, Jugendliche und Familie der Stadt Münster)

Die Giganten
für Teens von 11 bis 13

Gesucht werden: Kids, die bei Atlantis gigantisch was an den Start bringen wollen. Bei den Giganten gibt's alles, was Spaß macht: Partys, Kickern, Kistenklettern, Hüttenbau … Und vielleicht habt ihr ja selbst die Mega-Idee, wie wir die neue Wiese erobern können. Seid ihr bereit für den Sommer und viel Action? […]

Die Feuerdrachen
für drachenstarke Kids von 9 bis 10

Versteckt in den Tiefen der Wälder leben die munteren Feuerdrachen. Nur in den Sommerferien, wenn die Atlantiswiese erobert wird, nehmen sie Kontakt auf zu den abenteuerlustigen Kids, die dort ihren Spaß haben! Wir, die mutigsten der Feuerdrachen, werden mit euch Feuerstellen zum Leben erwecken, drachenstarke Wettkämpfe bestreiten, steile Felswände erklimmen und Hüpfburgen erobern. Seid ihr bereit für die aufregende Welt der Feuerdrachen? […]

Die Klexe
für alle bunten Kinder von 7 bis 8

Blau – rot – gelb – lila – grün – rosa, wir werden sehen, was sich beim Mischen so ergibt. In der leuchtenden Klix-Klexwelt sind alle Farben vorhanden. Kommt und probiert aus, wie eure Klexe auf einer riesigen saftig grünen Wiese aussehen. Die Klexe können hier im Wasser planschen und an hohen Türmen hinauf bis in den Himmel spritzen. Einige Farbklexe leuchten auf, wenn sie im Wettkampf glänzende Pokale erobern, andere flitzen auf Rädern durch Atlantis. Jeder Klex findet seinen Fleck, ob beim Ballspiel oder beim Auf-der-Wiese-liegen und Die-Sonne-genießen. […]

Die Meinungsstühle

Die Klasse sitzt im Stuhlkreis. In der Mitte befinden sich zwei freie Stühle. Stuhl M ist der Meckerstuhl, Stuhl Z ist der Zufriedenheitsstuhl. Nun wird ein Gegenstand in die Runde geworfen. Wer ihn auffängt, muss sich zum Thema äußern. Er hat jetzt die Wahl: Setzt er sich auf Stuhl M, sollte er etwas Kritisches sagen, wählt er Stuhl Z, sollte er einen Aspekt hervorheben, der ihm persönlich besonders gut gefallen hat. Kommentare oder Ergänzungen anderer Klassenmitglieder sollen dabei möglichst unterbleiben. Das Spiel ist beendet, wenn keine neuen Meinungen mehr vorgetragen werden.

1. Lest die vier Programmankündigungen durch und ermittelt, was dort im Einzelnen gemacht werden kann. Listet die Aktivitäten getrennt nach Altersgruppen auf und vergleicht sie nach bestimmten Eigenschaften. Das können Merkmale wie ‚sportlich', ‚beschaulich', ‚spannend', ‚allein', ‚gemeinsam', ‚aktiv' ‚passiv', ‚unterhaltsam' und ‚lehrreich' sein.
2. Wenn ihr die Angebote überprüft habt, könnt ihr euch sicher vorstellen, was in Atlantis geboten und gemacht wird. Nutzt die Methode ‚Die Meinungsstühle', um den anderen mitzuteilen, wie ihr das Gesamtprogramm bewertet.

Kein Platz für Kinder!?

Viele Kinder und Jugendliche wollen einen Großteil ihrer freien Zeit draußen im Freien verbringen. Sie möchten spielen, sich bewegen und sich mit Freunden treffen. Doch wo sollen sie hingehen?

Auch bemängeln viele Kinder und Jugendliche, dass es zwar ausreichend Spielplätze für Kleinkinder gebe, aber attraktive Treffpunkte für ihre Altersstufe Mangelware seien oder ganz fehlten. Darum ist oft Eigeninitiative gefragt.

In dem folgenden Beispiel haben Jugendliche einen freien Platz in ihrem Viertel erobert und wieder verloren.

Diesen Brief schickte Laura an die Zeitung:

Jugendliche werden vertrieben

Viele Erwachsene beschweren sich darüber, dass Jugendliche nur „auf der Straße rumhängen". Aber ich frage mich, was wir denn sonst machen sollen? Die meisten Veranstaltungen sind entweder auf Dauer zu teuer oder finden nur einmal in der Woche statt. Und stellen wir selber mal etwas auf die Beine, wird es kurz drauf wieder verboten.
Ein Beispiel: In unserem Wohnviertel, in dem viele Kinder und Jugendliche Skater sind, hatten sich Freunde von mir auf einer glatten Fläche neben einer verkehrsberuhigten Straße Funbox, Ramp und Rail aufgebaut, um skaten zu können. Nach kurzer Zeit beschwerten sich die Anwohner: „Die Skateboards sind zu laut! Verbieten sollte man diese Lärmbelästigung!" Ruckizucki hat die Stadt den Asphalt entfernen lassen und die Fläche mit Kies aufgefüllt.
Da wurde nicht gefragt, wie viel Arbeit es gemacht hat und wie lange es gedauert hat, diese Dinge zusammenzubauen. Jetzt wird dort nicht mehr geskatet! Es ist doch so: So lange die Kinder klein und lieb sind und Bobby-Car fahren, ist alles in Ordnung. Aber sobald sie älter werden, sind sie nur noch lästig und werden vertrieben.
Selbst auf Plätzen, die extra für uns angelegt wurden, darf man nicht machen, was man will, weil sich sonst die Anwohner beschweren.
Ich finde, dass man in Siedlungen mit vielen Kindern Plätze haben muss, wo wir mal laut sein können.

Laura

1. In dem von Laura geschilderten Fall haben die Jugendlichen einen selbst geschaffenen Freizeittreffpunkt verloren. Überlegt, welche Lösungsmöglichkeiten es sonst noch gegeben hätte? Erarbeitet einen Kompromiss zwischen den Interessen der Jugendlichen und der Anwohner des Platzes.
2. Habt ihr etwas Ähnliches auch schon einmal selbst erlebt oder davon gehört?

Freizeitpolitik: Wir beraten Politikerinnen und Politiker

Hat die Freizeit eigentlich etwas mit Politik zu tun? „Nein!", werdet ihr wahrscheinlich sagen. Freizeit, das ist doch die private Zeit, in der jeder tun und lassen kann, was er will. Das stimmt aber nur zum Teil. Wenn ihr euch einmal in eurer Stadt oder in eurem Dorf umschaut, werdet ihr feststellen, dass es eine Menge von Einrichtungen gibt, die von der Gemeinde für die Menschen eingerichtet wurden, damit sie ihre Freizeit angenehmer verbringen können. Da gibt es Bibliotheken, Sportplätze, Schwimmbäder, vielleicht auch ein Theater, eine städtische Musikschule und vieles andere mehr. Über den Bau und den Unterhalt solcher Freizeitangebote entscheiden die gewählten Gemeindepolitiker und Gemeindepolitikerinnen. Sie müssen sehr sorgfältig prüfen, wie viel Geld sie für Freizeiteinrichtungen ausgeben können, denn es sind Steuergelder, mit denen das alles bezahlt werden muss. Bei der Einrichtung städtischer Freizeitangebote handelt es sich also auch immer um eine politische Entscheidung. Freizeitpolitik nennt man das. In der Regel ist es so, dass Erwachsene die politischen Entscheidungen treffen. In fast allen Städten sind die Politikerinnen und Politiker heute sehr darum bemüht, die Kinder an den Entscheidungen zu beteiligen. Sie haben Kinderbüros eingerichtet und Arbeitsstellen für Kinderbeauftragte geschaffen. Sie fordern die Kinder und Jugendlichen auf, sich an der Planung von Freizeiteinrichtungen zu beteiligen.

In dem Stadtplan auf dieser Seite seht ihr das Ergebnis eines Projektes „Stadtpläne für Kids", an dem Kinder aus Berlin mitgearbeitet haben. So ist ein Stadtplan entstanden, der alle Kinder darüber informiert, wo es interessante Spielmöglichkeiten gibt. Es wurden auch Plätze eingetragen, die den Erwachsenen manchmal gar nicht bekannt sind: Kletterbäume, Matschplätze, Wasserteiche, Spielstraßen und so weiter. Der Plan wurde vom Kinderbüro des Stadtteils Neukölln gedruckt und kostenlos verteilt.

1. Teilt eure Klasse in Gruppen ein. Ihr könnt nun als Stadtforscherinnen und Stadtforscher eure Stadt nach Freizeiteinrichtungen erkunden. Besprecht im Unterricht, welche Gruppe welche Straßenzüge aufsucht und wie ihr eure Ergebnisse protokollieren könnt.
2. Wertet eure Erkundungsprotokolle aus und gestaltet gemeinsam einen Kinderstadtplan für das Wohnumfeld eurer Schule.
3. Ihr könnt auch Kontakt zur Stadtverwaltung aufnehmen und eine Vertreterin oder einen Vertreter in die Schule einladen. Tragt dabei eure Freizeitwünsche vor.

Memory-stationen

Freizeit – da kann ich machen was ich will!?

STATION 1: Freizeit – Was ist das eigentlich?

Der Grafiker Burkhard Bütow möchte mit dieser Karikatur zum Ausdruck bringen, was seiner Meinung nach viele Menschen in ihrer Freizeit machen. Hat er Recht? Schreibe ihm einen Brief!

STATION 2: Freizeit – Geld spielt (k)eine Rolle?!

Kohle, Mäuse, Piepen, Knete, Schotter, Kies: Manchmal glaubt man, Geld hat Flügel. Ehe man sich versieht, ist es schon weg! Weil das Taschengeld für die alltäglichen Wünsche und Freizeitaktivitäten nicht ausreicht, machen sich immer mehr Kinder und Jugendliche auf die Suche nach einer bezahlten Tätigkeit. Liste Vor- und Nachteile des Jobbens in der Freizeit auf.

STATION 3: Freizeit vor Ort

In diesem Suchspiel sind 12 Begriffe versteckt, die ausdrücken, was Kinder und Jugendliche in ihrer Freizeit brauchen. Suche die waagerecht (—) und senkrecht (|) versteckten Begriffe heraus und schreibe sie in dein Heft.

T	Z	U	I	O	P	Ä	Ü	Ö	L	K	J	H	G	Z	F	D	S	A	X	C	Y
W	A	D	F	C	S	G	H	J	K	A	N	B	E	E	T	U	K	L	L	A	E
E	T	D	A	T	P	E	R	Z	U	J	K	L	R	I	E	W	R	A	U	V	S
R	Z	A	P	C	A	D	A	R	I	N	M	M	U	T	P	R	O	B	E	N	R
Y	D	X	L	F	S	T	W	A	E	H	B	O	O	L	P	M	E	R	R	D	E
H	E	R	A	U	S	F	O	R	D	E	R	U	N	G	E	N	B	U	L	F	A
S	I	A	T	T	G	H	J	K	D	S	A	E	T	Z	U	B	C	V	E	A	B
A	L	Ö	Z	A	Y	A	L	T	B	H	E	U	B	T	R	W	P	I	B	E	K
H	K	G	U	M	F	I	K	M	E	C	X	A	U	F	R	E	G	U	N	G	H
L	A	R	N	R	E	B	A	E	W	T	Z	U	I	O	P	L	V	C	I	H	H
B	E	E	T	U	A	I	F	R	E	U	N	D	E	W	O	L	L	E	S	O	U
K	U	M	I	H	E	H	T	A	G	T	A	S	C	C	K	N	E	O	S	N	T
C	A	B	W	E	C	H	S	L	U	N	G	A	N	S	E	S	P	I	E	L	E
X	E	R	A	Z	N	J	I	E	N	W	E	I	Z	L	M	V	F	D	S	E	A
F	U	N	G	O	J	A	H	N	G	K	L	U	Z	I	W	E	T	Z	I	G	L

Mit Unterschieden leben lernen

„Du bist raus!" So endet der Abzählvers, der mit „ene, mene, miste" beginnt. Alle, die drin bleiben, freuen sich. Wer rausfliegt, hat Pech gehabt! Das ist aber nicht so schlimm, weil es nur ein Spiel ist.

Im echten Leben gibt es auch Menschen, die draußen sind. Oft sind sie ausgeschlossen, weil sie anders sind. Dazu genügt manchmal ein Unterschied zu den anderen: ein anderes Aussehen, eine andere Herkunft, eine körperliche oder geistige Beeinträchtigung ... Dann ist „Du bist raus!" kein Spiel mehr.

Können wir lernen vernünftig damit umzugehen, dass die Menschen unterschiedlich sind? Das ist die wichtigste Frage, um die es in diesem Kapitel geht.

- Sammelt in der Klasse Beispiele für Ausgrenzungen. Sprecht darüber, was daran ungerecht ist.

Detektivaufgabe für das ganze Kapitel: Worüber beschwert sich Sonja beim Kreisbrandmeister?

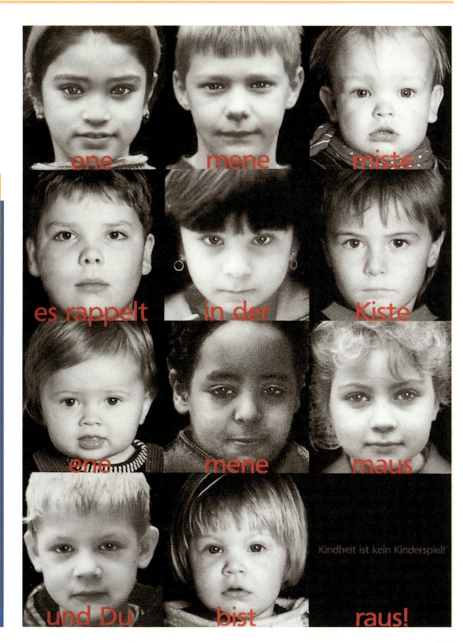

Kindheit ist kein Kinderspiel!

1. Gemeinsamkeiten und Unterschiede: Wie gehen wir damit um?

Wir versuchen gerecht zu entscheiden

Lenas Traum

Lena war sehr unzufrieden, als sie aus der Schule kam und beim Essen saß. „In der Klasse sind alle so unterschiedlich. Alle wollen etwas anderes, wollen andere Spiele spielen, lesen andere Geschichten, gehen in andere Filme und tragen ganz andere Sachen als ich. Warum können sie nicht alle auch das gut finden, was ich so toll finde?" Sie blickte ihren Bruder an und sagte: „Sogar bei dir ist das so. Du findest immer andere Sachen interessant als ich, obwohl du mein Bruder bist."

Sie saß am Tisch, trank ihre Milch und starrte vor sich hin. Plötzlich wurde sie sehr müde und schlief ein, denn die Schule war an diesem Tag sehr anstrengend gewesen.

Nach einiger Zeit hatte sie einen merkwürdigen Traum. In ihrer Schule waren lauter Lenas – endlich – dachte sie. Aber auch die Lehrer sahen wie sie selbst aus. Und ihre Klassenkameraden konnte sie in diesem Haufen Lenas nicht entdecken. Schließlich ging sie in ihren Klassenraum. Die anderen Lenas gingen mit ihr. Sie setzte sich mit den anderen Lenas zusammen und fragte eine von ihnen: „Was hast du heute gemacht?" Komisch, die anderen Lenas fragten ihre Nachbarinnen das gleiche. Und die andere Lena erzählte ihr das, was sie selbst an diesem Morgen erlebt hatte. […]

„Wie langweilig", dachte sie und ging in die Schulbibliothek, um sich ihr Lieblingsbuch auszuleihen. Alle anderen Lenas standen mit auf. In der Schulbibliothek war es ziemlich voll mit Lenas. Alle wollten dasselbe Buch. Lena wurde es allmählich zu viel. Sie rannte aus dem Schulgebäude auf den Sportplatz und stellte fest, dass dort auch schon ein ganzer Haufen Lenas auf sie wartete. Sie begann zu schwitzen. Schnell nahm sie ihr Fahrrad und brauste in die Stadt um sich in ihrer Lieblingseisdiele zu erfrischen. […]

Schließlich erreichte sie die Eisdiele. Davor war eine riesige Traube von Lenas, die alle Eis wollten. Die Eisverkäuferin war schon ganz hektisch. Verstohlen machte sich Lena davon. „Wenn die alle hier sind, gehe ich ins Kino und komme später wieder", dachte sie. Aber als sie vor dem Kino stand, war wieder alles voll mit Lenas. In höchster Not fuhr sie nach Hause, um ihre Eltern um Rat zu fragen. Als sie dort ankam, schauten ihre Lenaeltern aus dem Fenster auf eine große Menge Lenas hinab, denen sie keinen Rat geben konnten. Lena begann mit den anderen Lenas zusammen laut zu schreien, als sie plötzlich die Hand ihres Bruders auf der Schulter spürte: „Wach auf, Lena! – Was ist denn los?" Sie sah ihren Bruder entgeistert an und fiel ihm um den Hals. Er sah nicht wie Lena aus. „Ach, wenn du wüsstest, wie schön das ist, dass du anders bist als ich!", sagte sie.

(Aus: Roland Bühs, Lenas Traum, in: Bertelsmann Stiftung (Hrsg.); Eine Welt der Vielfalt, Gütersloh: Bertelsmann 1998, S. 63).

1. Wie empfindet ihr Lenas Traum: eher lustig oder eher schrecklich?
2. Welche Probleme hat Lena mit den Unterschieden in ihrer Klasse?
3. Was kann sich durch diesen Traum an Lenas Denken ändern?

Sollen alle Menschen gleich sein?

Lena hat im Traum erlebt, dass es nicht erstrebenswert ist, dass alle Menschen gleich sind. Aber mit den vielen Unterschieden in der Klasse hatte sie auch ein Problem. Worin sollen die Menschen sich unterscheiden? Worin sollen sie gleich sein? Mit diesen beiden Fragen haben sich schon viele Menschen zu allen Zeiten in der Geschichte beschäftigt. Die Antworten darauf sind in den Menschenrechten formuliert worden. Sie gelten für Kinder ebenso wie für Erwachsene. Sie sagen aus, dass jeder Mensch einzigartig ist. Alle sind unterschiedlich und sollen es auch sein. Gleich sollen die Menschen in ihren grundlegenden Rechten sein. Für die Menschen in Deutschland ist das Grundgesetz das wichtigste Gesetz. Es heißt so, weil es die Grundlage für das gesamte Leben in unserem Staat darstellt. In den Grundrechten ist formuliert, wie gleich und wie unterschiedlich die Menschen sein sollen. Freiheit bedeutet demnach, dass jeder Mensch das Recht hat, anders zu sein als die anderen. Gleichheit bedeutet, dass für alle – egal wie sehr sie sich unterscheiden – die gleichen grundlegenden Rechte gelten. Einige wichtige Artikel solltet ihr im Wortlaut kennen:

Ist das gerecht?

1. Die Karikatur zeigt, dass es nicht immer leicht gelingt, allen Freiheit und Gleichheit zu ermöglichen. Schaut sie euch genau an und überlegt dann:
   - Worin unterscheiden sich die dargestellten Personen?
   - Sollte man ihnen allen die gleiche Aufgabe stellen? Begründet eure Entscheidung.
   - Was könnte man tun, um ihre Unterschiedlichkeit zu berücksichtigen?

2. Gleiches Recht für alle! Ist das automatisch immer gerecht?
   Tipp: Wie wär's, wenn einige von euch sich die Mühe machten, die beiden Grundrechtsartikel auswendig zu lernen oder auf ein Plakat für die Klasse zu schreiben?

Aus dem Grundgesetz

Artikel 2: Freiheit der Person

Jeder hat das Recht auf freie Entfaltung seiner Persönlichkeit soweit er nicht die Rechte anderer verletzt […]

Artikel 3: Gleichheit vor dem Gesetz

(1) Alle Menschen sind vor dem Gesetz gleich.
(2) Männer und Frauen sind gleichberechtigt.
(3) Niemand darf wegen seines Geschlechts, seiner Abstammung, seiner Rasse, seiner Heimat und Herkunft, seines Glaubens, seiner religiösen oder politischen Anschauungen benachteiligt oder bevorzugt werden. Niemand darf wegen seiner Behinderung benachteiligt werden.

Niemand darf benachteiligt werden

Drei Fälle:

Hier könnt ihr drei Kinder kennen lernen, die anders sind als die anderen und die dadurch Nachteile haben. Fall A und B haben sich tatsächlich so ereignet. Fall C ist erfunden, damit sich jeder einmal selbst in die Rolle eines Außenseiters versetzen kann.
Ihr könnt die Bearbeitung der Fälle in der Klasse aufteilen und danach den anderen berichten.

Dabei sollten alle die folgenden Fragen klären:

1. In welchem Punkt unterscheidet sich das Kind, von dem berichtet wird, von anderen Kindern?
2. Welcher Nachteil oder welches Problem entsteht dadurch für das Kind?
3. Wie sollte mit dem Problem umgegangen werden? Begründet eure Meinung und diskutiert dann in der Klasse.

Fall A: Sonja

Sonja hat einen Traum – schon lange:

Sonja will zur Feuerwehr. Das Problem dabei ist, dass es noch nie in ihrem Dorf eine Feuerwehrfrau gegeben hat. Die anderen im Dorf denken nicht, dass das altmodisch ist oder unmodern oder dass sie noch hinter dem Mond leben. Trotzdem denken die meisten: „Jungen werden nicht Hebamme und Mädchen werden nicht Feuerwehrfrau. Feuer löschen ist Männersache. Das ist eine Tradition." Trotzdem will Sonja Feuerwehrfrau werden. Genauso wie viele Jungen möchte sie bei der Jugendorganisation der Freiwilligen Feuerwehr mitmachen, eine Uniform tragen, bei Übungen mal die Löschspritze halten. Die anderen Mädchen aus ihrer Klasse finden das blöd, aber das ist ihr egal. In ihrer Familie wird über ihren Wunsch heftig gestritten. Die Mutter findet das gut und sagt: „Jungen und Mädchen müssen die gleichen Rechte haben. Lass dir das auf keinen Fall gefallen!"
Ihr Vater sieht das ganz anders: „Das hat gerade noch gefehlt! Das ist viel zu gefährlich für Mädchen!" Mit einer Benachteiligung hat das seiner Meinung nach gar nichts zu tun. Er meint aber, dass Mädchen sich anders verhalten müssen als Jungen. Verbieten will er es aber nicht.
Als Sonja dann aber den Feuerwehrhauptmann im Dorf fragt, ist die Enttäuschung groß, denn er sagt: „Nein, du kannst nicht zu den Feuerwehrleuten gehören. Mädchen können das nicht." Sonja ist wütend, aber sie gibt nicht auf. Sie geht zum Kreisbrandmeister und beschwert sich.

(Nach: Bundesministerium für Familie, Senioren, Frauen und Jugend (Hrsg.): Die Rechte der Kinder – von logo einfach erklärt, Berlin ⁴2001, S. 26)

Fall B: Klaus

Der Fall hat sich wirklich so zugetragen.
Die Namen der Personen wurden verändert.

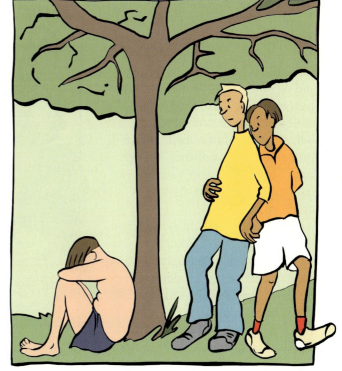

Klaus hat es schon immer schwer gehabt in seiner Klasse, eigentlich schon, seit er nach dem sechsten Schuljahr vom Gymnasium auf die Realschule übergewechselt war. Er war ein ziemlich dicker Junge und benahm sich manchmal so tollpatschig, dass es den anderen schwer fiel, nicht über ihn zu lachen. Besonders im Sportunterricht machte er oft eine komische Figur.
Vor einigen Wochen war die Klasse zum Schwimmunterricht ins Freibad gegangen. Als die 26 Jungen und Mädchen am Beckenrand auf Herrn Stüber, den Sportlehrer, warteten, konnten sich Timo und Marcel einfach nicht zurückhalten. Sie gaben dem vor Kälte bibbernden Klaus einen Stoß, sodass er samt T-Shirt mit lautem Platsch ins Wasser fiel. Natürlich hatte er sofort die Aufmerksamkeit der ganzen Klasse für sich. Mit lautem Prusten schwamm er ungeübt zur Treppe. Als er aus dem Wasser steigen wollte, kamen die Mädchen Anna, Sabrina, Heike und Olesja auf die Idee, ihm das triefende T-Shirt auszuziehen. Er wehrte sich, aber es nützte nichts. Bald stand Klaus mit nacktem Oberkörper da und Sebastian rief in das allgemeine Gegröle hinein: „Guckt mal, wie fett der ist!"
Mit hochrotem Kopf gelang es Klaus, die Flucht zu ergreifen, aber die Klasse kam jetzt immer stärker in Fahrt. Wie immer war es Timo, der den nächsten Schritt einleitete und Marcel, der alles mitmachte, was Timo gut fand, schloss sich an. „Los, wir laufen ihm nach und ziehen ihm die Badehose runter."

Sie fanden Klaus unter einem Baum sitzend, den Kopf auf die Oberarme gestützt, schwer atmend und heftig weinend. Weil dieses merkwürdige Verhalten sie irgendwie verunsicherte, ließen Timo und Marcel von ihrem Plan ab und gingen zu den anderen zurück.

Am nächsten Tag kam Klaus noch wie gewohnt in die Schule, aber ab dem übernächsten fehlte er. Und dann erfuhr die Klasse von ihrer Klassenleiterin, dass Klaus versucht hatte, sich mit Schlaftabletten das Leben zu nehmen. Zum Glück hatte seine Mutter ihn noch rechtzeitig entdeckt und ins Krankenhaus gebracht. „Das haben wir nicht gewollt!" „Das sollte nur ein Spaß sein!" „Die Sache im Freibad hat bestimmt nichts mit dem zu tun, was Klaus hinterher gemacht hat."
Mit solchen und ähnlichen Meinungen reagierten die meisten Schülerinnen und Schüler.
Einige aus der Klasse fragten sich, ob zwischen den beiden Ereignissen ein Zusammenhang bestehen könnte.

War das Gewalt, was mit Klaus passierte?

Gewalt ist, wenn jemandem etwas angetan wird oder wenn man jemanden zu etwas zwingt, was dieser auf gar keinen Fall möchte. Wenn Gewalt mit Schlägen, Verletzungen und Schmerzen verbunden ist, sprechen wir von *körperlicher Gewalt*. Daneben gibt es auch eine Form von Gewalt, die ohne Schläge auskommt und trotzdem dem Opfer erhebliche Qualen bereitet. Man spricht hier von *psychischer Gewalt*, weil sie nicht den Körper, sondern die Psyche, das heißt die Seele von Menschen schädigen oder sogar zerstören kann.

Fall C: Jens

Versetzt euch in die folgende Situation:

Wir sind im Jahr 2015. In Deutschland ist eine große Wirtschaftskrise ausgebrochen. Viele Firmen müssen schließen. Immer mehr Menschen suchen verzweifelt Arbeit und finden keine. Die Autofirma, bei der deine Mutter und dein Vater lange Zeit gearbeitet haben, musste schließen.

In der gleichen Zeit hat sich in dem früher armen Land Türkei alles umgekehrt entwickelt. Im Jahr 2010 hat man dort riesige Bodenschätze entdeckt. Die Türkei wurde zu einem sehr reichen Land.

Auch die neue türkische Automarke „Tandra" ist ein Riesenerfolg. Aber: Es fehlt in der Türkei an Arbeitskräften.

18. Februar 2015: Du erblickst das Licht der Welt und weißt von alledem nichts.

2019: Deine Eltern sind nun schon über drei Jahre arbeitslos. Da beschließt die Familie in das reiche Land Türkei auszuwandern, damit dein Vater dort als „Gastarbeiter" den Lebensunterhalt verdienen kann. Der Abschied von deinen Freunden fällt dir sehr schwer, aber du bist noch zu klein um genau zu verstehen, warum das passiert.

1. Juni 2021: Du und deine Eltern, ihr könnt schon ein wenig türkisch, aber noch nicht sehr gut. Daher habt ihr auch den Brief der Schule, der einige Tage vor deiner Einschulung angekommen ist, nicht richtig verstanden. Heute ist dein erster Schultag. Deine Eltern begleiten dich bis auf den Schulhof und verabschieden

sich dort von dir. Nun stehst du inmitten zahlreicher anderer Kinder, die alle anders aussehen als du. Du bist der Einzige, der keine Schuluniform trägt. Die Mädchen tragen ein blaues Kleid, die Jungen ein weißes Hemd und einen dunkelblauen Anzug. Die anderen Kinder sind offensichtlich erstaunt über dein Aussehen und zeigen mit den Fingern auf dich. Man hört das Klingelzeichen. Eine Stimme aus einem Lautsprecher verkündet etwas, was du nicht verstehst.

Es ist schwierig für dich, deine Klasse zu finden. Als du endlich den Raum gefunden hast, setzt du dich alleine in die letzte Bank. Alle anderen Kinder sitzen zu zweit in ihrer Bank. Sie packen Bücher und Hefte aus ihren Schultaschen. Du merkst, dass du das einzige Kind bist, das keine Bücher dabei hat.

Ein Lehrer mit einem sehr großen Schnurrbart betritt die Klasse und nimmt ein Buch heraus. Er liest Namen vor.

Du hörst Wörter wie „Azonogulo" und „Etschewitt". Ein bisschen Türkisch kannst du schon, aber das Verstehen fällt dir sehr schwer. Plötzlich sagt der Lehrer: „Meier". Er sagt es so komisch, so wie „Meeierrr", und dann sagt er noch: „Jens". Alle Schülerinnen und Schüler drehen sich zu dir um. Der Lehrer kommt auf dich zu, schaut dich sehr freundlich an und spricht zu dir. Nur mit Mühe kannst du seine Worte verstehen.

„Warum hast du keine Schuluniform an und wo sind deine Bücher? Haben deine Eltern den Brief der Schule nicht gelesen?"

Jetzt beginnen alle anderen Kinder zu lachen und du bekommst einen roten Kopf?

Beim Abendessen fragen dich deine Eltern: „Na, wie war dein erster Schultag?"

Trainingsplatz

Bedeutet Gerechtigkeit, dass alle gleich behandelt werden?

Wir suchen nach gerechten Lösungen

Noten für den Weitsprung

Die Sportlehrerin Frau Wagner möchte Noten für das Weitspringen in ihrer Klasse machen. Sie will dabei so gerecht wie möglich vorgehen. Sie überlegt: Soll sie für das Springen einer bestimmten Weite eine bestimmte Note geben, also ab 2,5 m eine Vier, ab 3 m eine Drei, ab 3,5 m eine Zwei und ab 4 m die Eins? Oder soll sie jedes Kind einmal ohne Benotung springen lassen, die Weite notieren und dann erst sagen, dass Noten gemacht werden. Jeder, der bei den nun folgenden Sprüngen genauso weit springt wie vorher, kriegt eine Drei, wer 20 cm weiter springt eine Zwei, 40 cm weiter eine Eins. Was ist gerecht?

Wie handelt man gerecht gegenüber anderen?
Das ist oft schwierig zu entscheiden. Zum Beispiel in der Schule: Sollen alle in der Mathematikarbeit die gleiche Note für die gleiche Leistung bekommen, obwohl Kerstin bis wenige Tage vor der Arbeit drei Wochen gefehlt hat, Thorbens Opa schwer erkrankt ist, Wladimir noch nicht so gut deutsch kann? Wer gerecht sein will, muss abwägen bevor er oder sie eine Entscheidung trifft.
– „Orientiere ich mich an der Gruppe? Dann muss ich alle gleich behandeln."
– „Orientiere ich mich am einzelnen Menschen? Dann kann ich Unterschiede machen."

Hier könnt ihr versuchen, nach gerechten Lösungen zu suchen. Dafür solltet ihr euch in Gruppen aufteilen. Behandelt die beiden Fälle getrennt.

1. Jeder überlegt für sich, wie er oder sie sich eine gerechte Lösung vorstellt und schreibt seine Lösung auf einen Zettel. Die Zettel werden verdeckt auf den Tisch gelegt.
2. Der Reihe nach drehen alle ihre Zettel um und lesen ihren Lösungsvorschlag vor.
3. Danach einigt sich die Gruppe auf eine möglichst gerechte Lösung. Diese wird mit Begründung nach der Gruppenarbeit in der Klasse vorgestellt und diskutiert.

Kopftuch tragen in der Schule

In einem Gymnasium in der französischen Kleinstadt Creil gab es vor einigen Jahren ein Problem, das sich auch in anderen Schulen immer wieder stellen kann. Drei muslimische Schülerinnen erschienen mit Kopftuch im Unterricht. In Frankreich ist aber das Tragen von Kopfbedeckungen im Unterricht – egal welcher Art – für Schüler und Schülerinnen verboten. Die muslimischen Schülerinnen lehnten es ab, auf ihr Kopftuch zu verzichten. Sie würden es als Ausdruck ihrer Persönlichkeit und aus religiösen Gründen tragen. Einige Lehrerinnen und Lehrer hatten Verständnis dafür. Andere waren der Meinung, dass Gebote und Verbote in der Schule von allen in gleicher Weise einzuhalten sind. In Creil wurden die Schülerinnen vor die Wahl gestellt: entweder auf das Kopftuch verzichten oder die Schule verlassen. Die Eltern meldeten ihre Kinder vom Gymnasium ab. Eine gerechte Lösung?

2. Behinderte sind keine Sorgenkinder!
Wir untersuchen unterschiedliche Formen der Beeinträchtigung

- Gemeinsam erkennen
- Miteinander leben
- Voneinander lernen
- Gegenseitig helfen

• Auf der Erde leben über sechs Milliarden Menschen und es gibt nicht einmal zwei, die genau gleich sind. Jeder Mensch ist einzigartig.	richtig falsch
• Normale und gesunde Kinder sollte man von den behinderten Kindern fernhalten. Das ist für beide Gruppen besser.	richtig falsch
• Kinder, die mit einer Behinderung auf die Welt kommen, können genauso Glück und Unglück, Freude und Trauer empfinden, wie jedes andere Kind auch.	richtig falsch
• Kinder mit und ohne geistige oder körperliche Behinderung sollten miteinander spielen, in die Schule gehen, miteinander leben.	richtig falsch
• In unserer Schule hätte ein Kind, das in einem Rollstuhl sitzen muss, keine besonderen Probleme, am Unterricht teilzunehmen.	richtig falsch

Welche der folgenden Aussagen hältst du für richtig? Welche für falsch? Sprecht darüber in der Klasse.

Bettina M. erzählt vom Alltag einer Rollstuhlfahrerin

Bettina M. ist Lehrerin für Logopädie. Eine Logopädin hilft Menschen mit Stimm- und Sprachstörungen. Bettina M. ist querschnittsgelähmt. Von den Schwierigkeiten ihres Alltags berichtete sie in einer Zeitschrift.

> **1.** Was meint Bettina M., wenn sie von der Gedankenlosigkeit der Nichtbehinderten gegenüber Rollstuhlfahrern und -fahrerinnen spricht?

Andreas ruft mir nach: „Ich bin bei dir!" Er stützt sich auf den Gehstock und sieht mir hinterher, während ich an blühenden Tulpen vorbei zum Auto rolle. Mein Mann weiß selbst, wie mühsam es ist, von Geburt an mit einer Querschnittslähmung zu leben. Ich stemme mich mit den Armen auf den Autositz, dann kommt der Rollstuhl an die Reihe: die beiden Räder per Knopfdruck lösen, hinter mich werfen, die Rückenlehne umklappen und den Rahmen über mich nach hinten heben. Ein kleiner Kraftakt am Morgen und doch so routiniert wie Zähneputzen. Ich bin froh, dass mein Auto wieder zurück ist aus der Werkstatt, dank des Hebels am Lenkrad, mit dem man Gas gibt und bremst, kann ich wieder selbst zur Arbeit fahren.

In den letzten beiden Tagen war ich auf öffentliche Verkehrsmittel angewiesen, und während ich meinen Rolli im Auto verstaue, kommen mir die Erinnerungen an abgekoppelte Behindertenabteile, von Busfahrern „vergessene" Einstiegshilfen oder eiskalte Gepäckwagen als „einzig passende" Beförderungsmöglichkeit. Unternehmungen ohne mein Auto muss ich so minutiös planen wie einen Geldtransport. Und sie bleiben dann doch ein Abenteuer. Meist aus Gedankenlosigkeit gegenüber den Problemen einer Rollstuhlfahrerin. Was nützt mir ein Rollstuhlplatz im ICE, wenn ich dafür sechs Stunden lang nicht die Toilette erreiche? Eine Frage übrigens nicht von milder Wohltätigkeit, sondern es geht um mein Recht auf Mobilität. Wie heißt es doch seit 1994 in unserer Verfassung: Niemand darf wegen seiner Behinderung benachteiligt werden. In der Lehranstalt für Logopädie, wo ich arbeite, ist heute ein spannender Tag: mündliche Prüfung und Zeugnisausgabe. Dass ich als Behinderte Logopäden und Logopädinnen ausbilde und prüfe, sorgt immer wieder für Unsicherheit. Wenn ich vor eine neue Klasse rolle, gucken die Schülerinnen erst mal verwirrt. Ich erzähle dann einfach von mir, das hilft. Wird mich heute der Prüfungsvorsitzende vom Gesundheitsamt, wie beim letzten Mal, fragen, ob ich denn wirklich die „richtige" Logopädin sei? […]

Kummer mit Flügen bin ich gewohnt. Man wird zwar in Flugzeugrollstühlen zum Platz gebracht und angeschnallt. Doch vor dem Start verschwinden Begleiter und Rollstuhl; als ich es auf dem Urlaubsflug nach Barbados nicht mehr aushielt, musste ich auf die Bordtoilette robben.

(Aus: DIE WOCHE vom 3. Mai 1997, S. 26)

> **2.** Sammelt die Probleme, mit denen eine Rollstuhlfahrerin im Alltag zu kämpfen hat.
>
> **3.** Warum sind viele Menschen erstaunt darüber, dass die körperbehinderte Bettina M. den Beruf einer Logopädin ausübt? Wie denkt ihr darüber?

Marie und Lily, zwei Mädchen mit Down-Syndrom

In dem folgenden Bericht werdet ihr sehen, dass Geschichten über Behinderungen nicht immer traurig sein müssen. Lily und Marie sind Kinder mit einem Down-Syndrom. Das ist eine Erbkrankheit, benannt nach dem Arzt J. L. Down, der zum ersten Mal ihre Merkmale beschrieben hat. Die Einschränkungen sind körperlicher und geistiger Art. Das Krankheitsbild kann von Kind zu Kind unterschiedlich sein.

1. Wie sieht das Ehepaar Zilske das Zusammenleben mit den beiden behinderten Mädchen?

Ehepaar aus Leichlingen adoptiert zwei Mädchen mit Down-Syndrom

Mit der Gabel in der Hand sitzt die dreijährige Marie erwartungsvoll am Mittagstisch. Es gibt Nudeln mit Hackfleischsoße, dazu Salat. In null Komma nix hat Marie eine rote Schnute, was ihr ansteckendes Lachen noch breiter macht. Die 13 Monate alte Schwester Lily wird derweil vom Vater gefüttert. Auch ihr schmeckt's prima. Alltag wie ihn Millionen Familien in Deutschland kennen. Nicht ganz. Marie und Lily sind Adoptivkinder. Beide haben das Down-Syndrom, früher diskriminierend Mongolismus genannt. Zwei behinderte Kinder? Freiwillig? „Manche denken bestimmt: ‚Die spinnen doch!'", sagt Martina Zilske, die Mutter. „Aber die allermeisten in der Nachbarschaft schauen uns nicht mitleidig an, eher bewundernd." Ja, die Großeltern seien anfangs entsetzt gewesen. „Jetzt jedoch sind Marie und Lily die besten, tollsten, genialsten Enkelkinder der Welt."

Die behinderten Mädchen lassen es sogar zu, dass ihre Eltern beide berufstätig sind. Ohne Tagesmutter, nur die Oma oder eine Freundin springen manchmal ein. Klingt wie ein Märchen. Doch Martina (38) und Helmut (49) Zilske sind weder Zauberer noch haben sie eine gute Fee getroffen. Für sie ist ein Leben mit behinderten Menschen einfach nichts Unnormales, nichts Fremdes. Martina Zilske hatte schon als Kind Kontakt mit behinderten Altersgenossen.

Sie und ihr Mann, der Lehrer an der Gesamtschule in Solingen ist, gehen sogar noch einen Schritt weiter. Menschen mit Behinderung sind aus ihrer Sicht keine Last für die Gesellschaft, sondern bereichern sie: „Wo wir mit unseren Kindern hinkommen, werden die Leute fröhlicher." Natürlich, auch die Zilskes erfahren nicht nur Glücksmomente mit ihren Töchtern. Lily hat eine Hypotonie, eine verminderte Muskelspannung, im Bereich des Schultergürtels. Sie muss deshalb dreimal am Tag mit ihrer Mutter Gymnastik machen und braucht beim Essen eine spezielle, ca. 1 000 € teure Stütze. Marie hat auf dem rechten Auge einen Grauen Star und trägt zusätzlich zur Brille eine künstliche Linse. Beide Mädchen werden nie die Lernfortschritte machen wie gleichaltrige, nicht behinderte Kinder.

(Text und Fotos: Peer Brocke, Pressemeldung der Vereinigung Lebenshilfe für Menschen mit geistiger Behinderung e.V. vom August 2001)

2. Zwei Meinungen:
   „Toll, was das Ehepaar gemacht hat!"
   „Die haben sich bestimmt zu viel zugemutet."
3. Beschreibt, wie die Nachbarn und die Großeltern auf die Adoption reagiert haben?
4. Menschen mit Behinderung sind für die Zilskes keine Last, sondern eine Bereicherung. Was sagt ihr zu dieser Einstellung?

(Weitere Informationen gibt es im Internet unter www.lebenshilfe.de.)

STICHWORT *Behinderung*

1. Notiert, was man unter einer Behinderung versteht.
2. Welche Hilfen für Behinderte hat der Staat geschaffen?
3. Warum wurde die „Aktion Sorgenkind" der Fernsehanstalten in „Aktion Mensch" umbenannt?

Was sind Behinderungen?

Behinderte sind Menschen mit einer körperlichen oder geistigen Beeinträchtigung. Dadurch sind sie im Alltag in ihren Handlungsmöglichkeiten eingeschränkt. Oft sind sie auf Hilfe angewiesen. Eine Behinderung betrifft nie den ganzen Menschen. Niemand ist nur behindert und selten jemand nur gesund. Neben der Behinderung hat jeder behinderte Mensch eine einzigartige Persönlichkeit und seine spezielle Art zu leben, also sich zu freuen und sich wohl zu fühlen. Man unterscheidet zwischen geistigen und körperlichen Behinderungen, Lernbehinderungen, Sinnesbehinderungen (vor allem beim Sehen und Hören), Sprachbehinderungen und dauerhaften Erkrankungen (wie zum Beispiel Lähmungen und Epilepsie). Von den knapp achtzig Millionen Einwohnern in Deutschland leiden insgesamt zehn Millionen an irgendeiner Form der Behinderung (Stand 2002). Nur fünf von hundert Behinderungen sind angeboren. Ein Unfall oder eine schwere Krankheit können jeden jederzeit zum Behinderten machen, der auf Unterstützung angewiesen ist.

Hilfen für behinderte Menschen

„Niemand darf wegen seiner Behinderung benachteiligt werden." Dieser Satz steht als Grundrecht für alle behinderten Menschen im Grundgesetz für die Bundesrepublik Deutschland. Am 1. Mai 2002 trat ein neues Gesetz zur Gleichstellung behinderter Menschen in Kraft. Es soll dafür sorgen, dass „Barrieren" abgeschafft werden. Zum Beispiel müssen in Zukunft neue Wohnungen behindertengerecht gestaltet werden, in Gaststätten müssen Toiletten behindertengerecht sein. Bahn und Busse müssen für Behinderte problemlos erreicht werden können und vieles andere mehr. Trotzdem haben die Betroffenen im Alltag und auf Reisen mit zahlreichen Schwierigkeiten zu kämpfen. Es gibt noch viel zu tun, bis alle Benachteiligungen beseitigt sein werden, so wie das Grundgesetz es fordert.

Vom Umgang mit Behinderten

„Wer zuerst die Behinderung sieht, sieht nicht den Menschen." Dies sagte der Intendant des Zweiten Deutschen Fernsehens. Behinderte sind keine „Sorgenkinder" die Mitleid brauchen, sondern Menschen, die Anspruch auf Respekt und Unterstützung haben. Daher hat sich die „Aktion Sorgenkind", die mit der Fernsehlotterie und Öffentlichkeitsarbeit viel für behinderte Menschen getan hat, im Jahre 2000 in „Aktion Mensch" umbenannt.
Viele behinderte Menschen haben wunderbare Fähigkeiten, wie zum Beispiel der Atomphysiker Stephen Hawking, der blinde Bergsteiger Weihenmeyer, der den Mount Everest bestiegen hat, oder der blinde Musiker Stevie Wonder. Andere gehen gewöhnlichen Berufen nach und wollen ihren gleichberechtigten Platz in der Gesellschaft.

Behinderte Kinder haben das Recht auf besondere Fürsorge und Förderung, damit sie aktiv am Leben teilnehmen können.

Realschüler gestalten eine gemeinsame Nikolausfeier mit geistig behinderten Schülern in einer Sonderschule

Die Schülerinnen und Schüler der Klasse 7c der Hermann Staudinger Realschule waren in einer Diskussion übereinstimmend der Meinung gewesen, dass geistig behinderte Kinder zu oft an den Rand der Gesellschaft gedrängt werden und ein Schattendasein führen müssen. Gemeinsam mit einigen Lehrern beschlossen die Schüler einen Beitrag zu mehr Mitmenschlichkeit zu leisten.

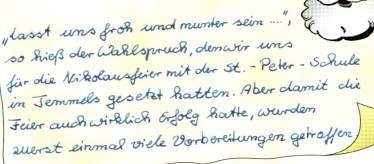

Gemeinsame Nikolausfeier mit geistig behinderten Schülern in Jemmels

„Lasst uns froh und munter sein ....", so hieß der Wahlspruch, den wir uns für die Nikolausfeier mit der St.-Peter-Schule in Jemmels gesetzt hatten. Aber damit die Feier auch wirklich Erfolg hatte, wurden zuerst einmal viele Vorbereitungen getroffen.

Vier von unseren Schülern machten sich an die Arbeit und backten am Vormittag Weckmänner, während andere mit der Flöte, bez. Klarinette, Nikolauslieder einstudierten, zu denen alle später mit Freude sangen.

Eine Straße bauen wir. Refrain
Eine Brücke schlagen wir. Refrain
Alle Türen öffnen wir. Refrain
Und ein Licht entzünden wir. Refrain

Einander verstehen miteinander leben

Nach all' den Vorbereitungen machten wir uns also auf den Weg nach Jemmels. Anfangs waren wir noch etwas skeptisch und hatten etwas Angst vor dem Treffen mit den geistig behinderten Schülern. Damit wir uns nach unserer Ankunft besser kennen lernen konnten, hatte jeder der Sonderschüler zwei Kärtchen aus Goldpapier mit verschiedenen Symbolen wie z.B. Weihnachtskugeln, Tannenbaum und Stern angefertigt. Unsere Aufgabe war es, ein Kärtchen zu ziehen. Der Schüler aus Jemmels, der das gleiche Symbol hatte, wurde einem als Partner für diesen Nachmittag zugeteilt.

Danach begann die Nikolausfeier. Gemeinsam wurde musiziert und gesungen bis zur von uns allen ersehnten Bescherung.

Nach der Feier hatten wir Gelegenheit die kleineren Gruppen in Klassenräumen unserer Partner kennen zu lernen. Dort verbrachten wir die noch zur Verfügung stehende Zeit bei Kaffee und Gebäck mit einigen Gesellschaftsspielen, z.B. „Nur keine Hemmungen".

Welche Erfahrungen bringt ein gemeinsamer Tag zwischen behinderten und nicht behinderten Schülern?

So fassten die Realschülerinnen und Realschüler ihre Eindrücke zusammen:

„Dieser gemeinsame Tag war nach unserer Auffassung für unsere Einstellung Behinderten gegenüber sehr wertvoll.
Wir möchten versuchen euch klarzumachen, dass es sehr wichtig ist, sich mit Behinderten zu beschäftigen und sie so zu akzeptieren, wie sie sind."
(Mareike)

„Unser Treffen war für uns auch insofern eine Bereicherung, weil wir die Angst überwunden haben mit geistig Behinderten umzugehen. Vielleicht ist auch gerade diese Angst mit ein Grund dafür, warum viele Leute den Umgang mit ihren geistig behinderten Mitmenschen meiden.
Wir jedenfalls würden uns freuen, wenn noch einmal ein Treffen dieser Art stattfinden würde, denn wir hatten viel Spaß dabei."
(Hermann)

PS: Die Schülerinnen und Schüler der Hermann-Staudinger-Realschule mussten nicht sehr lange auf das nächste Treffen warten. Im Jahr nach der Nikolausfeier feierten sie gemeinsam Karneval mit den Schülerinnen und Schülern der Sonderschule. Der abgedruckte Bericht stammt von dem Sonderschüler Peter.

Wir haben mit Schülern aus Konz Fastnacht gefeiert. Wir haben mit den Realschülern gegessen und getrunken. Sechs Löwen kamen aus der Unterstufe. Wir waren die lustigen Clowns. Zum Schluss kamen die Artisten. Die Fastnachtfeier war super und spitze. Wir laden die Realschüler wieder ein. Wir freuen uns auf das nächste Jahr.

Peter Thies

1. Welche Gefühle lösen die Berichte vom gemeinsamen Projekttag in dir aus?
2. Entscheide dich für eine Meinung und sprich mit deinen Klassenkameraden darüber.
   (A) Bei diesem Projekt hätte ich gerne mitgemacht. (B) Da wäre ich lieber nicht dabei gewesen.

3. Inländer – Ausländer?

Wir überlegen uns Maßnahmen gegen Fremdenhass

Beim deutschen Rekordmeister Bayern München spielen Fußballer aus 13 Nationen erfolgreich zusammen.
Das Plakat verdeutlicht die Situation, die eintreten würde, wenn die ausländischen Spieler des FC Bayern Deutschland verlassen würden.

1. Findet euch nach Lieblingsvereinen in Kleingruppen zusammen; zum Beispiel eine Schalke 04-, Hansa Rostock- oder Hamburger SV-Gruppe. Übertragt die Skizze des Fußballfeldes auf ein DIN A3-Blatt und positioniert darauf nur die deutschen Vereinsspieler. Vergleicht eure Ergebnisse.
2. Welche Folgen hätte es für den Fußball in Deutschland, wenn in allen größeren Fußballvereinen keine ausländischen Spieler mehr aufgestellt würden?
3. Überlegt, in welchen Berufsbereichen es ähnlich aussehen würde, wenn ausländische Arbeitnehmer und Arbeitnehmerinnen überraschend Deutschland verlassen würden.

Die Welt rückt enger zusammen

Wir leben in einer Welt, die immer mehr zusammenwächst. In der Europäischen Union haben wir in elf von fünfzehn Ländern eine gemeinsame Währung: den Euro. Wir können unseren Wohnsitz und Arbeitsplatz in Europa frei wählen und es gibt nur noch wenig Grenzkontrollen.
Aber auch über Europa hinaus kommt sich die Welt immer näher. Das Internet ermöglicht es uns, mit Menschen aus Afrika oder Asien Kontakt aufzunehmen und zusammenzuarbeiten.
Im Alltag genießen wir Produkte aus aller Welt. Die Deutschen sind Weltmeister im Reisen und Touristen aus aller Welt kommen nach Deutschland.
Produkte, die wir täglich brauchen, werden rund um den Globus hergestellt. Arbeitskräfte aus aller Welt arbeiten bei uns und wir werden, da unsere Bevölkerungszahl immer kleiner wird, immer mehr Arbeitnehmer aus dem Ausland brauchen.
Dies alles macht die Welt immer bunter. Wie sich das im Alltag einer Familie auswirken könnte beschreibt der folgende Text:

Es ist Freitagnachmittag. Krissi ist froh, denn das Wochenende steht vor der Tür. Flo ist traurig. Er würde am liebsten jeden Tag in die Schule gehen. Denn er ist verknallt. Wahnsinnig verknallt. In seine neue Lehrerin. Die kommt aus Schweden, ist aber gar nicht blond. Da kommt L.A. nach Hause. Er hat einen neuen Klassenkameraden mitgebracht: Van-Tan.

„Mensch, hat der aber Schlitzaugen", sagt Flo und staunt. „Van-Tan kommt ja auch aus Vietnam", sagt L.A. und zieht seinen neuen Freund ins Wohnzimmer.

Mama und Paps sind neugierig. Ganz schön neugierig. Sie fragen Van-Tan, wie das Leben in Vietnam ist, und warum er nach Deutschland kam. Krissi will wissen, wie das eigentlich damals mit dem Vietnamkrieg war und welche Religion die Vietnamesen haben. Flo möchte wissen, was es dort zu essen gibt und was für Klamotten die Leute tragen. Und alle möchten mal hören, wie sich Vietnamesisch anhört. Als Mama „Estupendo!" jubelt, guckt Van-Tan ganz erstaunt. L.A. erklärt ihm, dass das auf Spanisch so was wie „toll" heißt und dass Mamas Papa aus Spanien kommt. Von dem habe sie auch ihr Temperament.

„Und meine Großmutter war Irin", sagt Paps stolz, „von der habe ich meinen feinen Humor. Und einen Ungarn gibt es übrigens auch unter meinen Vorfahren. Wir sind also eigentlich eine ganz schön multikulturelle Familie."

Da hat Mama eine Idee und alle sind begeistert. Total begeistert.

Zwei Tage später: Es ist Sonntag und die Kiks haben echt Glück mit dem Wetter und mit ihrem Fest: ihrem Multi-Kulti-Fest. Im Garten tummelt sich ein buntes, fröhliches Völkchen: Krissi hat zum Beispiel ihre türkische Freundin eingeladen, Flo den Jungen aus Bosnien, der in seiner Klasse ist, und L.A.s neuer Freund Van-Tan ist auch da. Alle haben ihre Eltern und Geschwister mitgebracht. Mama hat gleich die ganze Nachbarschaft eingeladen, darunter sind auch Leute aus Italien, Griechenland und Kroatien. Nur Flo's schwedische Lehrerin konnte nicht kommen. Ganz viele Sprachen

sprudeln durcheinander, aber verstehen tut man sich doch irgendwie.

Und alle haben etwas mitgebracht, was zu ihrem Land, zu ihrer Kultur gehört. Es gibt ganz seltsame Dinge zu essen und zu trinken. Es gibt ganz unterschiedliche Musik und Tänze. Mama hat eine Paella gemacht und Papa spielt zwischen vietnamesischen Gesängen auch mal irische Volksmusik. Manche Gäste sind ganz laut und tanzen heftig, manche sind ganz leise und verträumt. Alles ist kunterbunt, sehr verschieden, manchmal auch fremd, aber ganz toll – eben echt multi-kulti – finden die Gäste und finden auch die Kiks.

Nur einer fühlt sich ziemlich übergangen: Dr. Bop. Denn er kommt aus England, und daran hat keiner gedacht. Doch das ist eine andere Geschichte.

(Aus: www.kindernetz.de)

1. Listet auf, welche Besonderheiten aus anderen Kulturen hier zusammenkommen.
2. Was findet die Familie Kik gut an dieser Mischung?
3. Sammelt Beispiele aus eurem Umfeld: Welche Erfahrungen mit Menschen aus anderen Kulturen habt ihr?
4. Nicht alle Menschen finden die kulturelle Mischung gut. Welche Probleme können auftauchen?

Wie leben Familien aus anderen Ländern in Deutschland?

Inländische und ausländische Familien leben nicht immer so harmonisch zusammen wie es in der KIK-Familie der Fall war. Wir stellen jetzt zwei Familien vor, die schon längere Zeit in Deutschland leben.

- Sind sie *integriert*? Das heißt, sie leben hier mit Kontakten zu deutschen und anderen Familien und fühlen sich wohl.
- Oder sind sie *isoliert*? Das heißt, sie haben keinen Kontakt zur deutschen Bevölkerung, bleiben unter sich und fühlen sich unwohl.

Ihr könnt euch die Familiengeschichten aufteilen. Stellt den übrigen Schülerinnen und Schülern zunächst eure Familie vor und berichtet dann, was ihr herausgefunden habt:

1. Was sollte man wissen über die Familie?
2. Warum sind sie nach Deutschland gekommen?
3. Leben sie integriert oder isoliert?
4. Was können sie selbst tun, damit sie sich in Deutschland noch wohler fühlen? Was können Deutsche dafür tun?

Beispiel 1:
Familie Taskin aus der Türkei

Frau Güler Taskin, Ehemann Erhan (in betender Stellung), Kinder Betül, Ebubekir, Muhammed, Bahadir

Frau Taskin erzählt:
Ich trage das Kopftuch immer, auch zu Hause, wenn ein Mann zu Besuch kommt. Ich habe den Koran im Haus, drei Ausgaben, und wenn wir Fragezeichen im Kopf haben, dann schlagen wir ihn auf und finden alles, was wir brauchen. Religion ist das Wichtigste für uns. Egal wo ich leben würde, in Amerika, in China, ich mache meine Religion. Wenn ich das nicht dürfte, würde ich nicht in einem Land leben. Und in Deutschland kann ich das Kopftuch tragen, beten, auf Alkohol verzichten und all das tun, was im Koran steht, besser als in unserer Heimat. Wir kommen aus der Türkei, Aksaray heißt die Stadt. Wir sind mit unserer Familie gekommen. Mein Vater hatte eine Arbeitsstelle beim Aluminiumwerk in Hamburg, er war schon drei Jahre vor uns da. Ich war fünf Jahre alt, und mein Bruder, der älteste, war acht. Ich war noch klein, aber mein Bruder sagte, das sei ein bisschen traurig, der Abschied vom Vaterland. Ich wollte immer zurück, und das hat sich erst geändert, da war ich 13 oder 14. Wir haben den deutschen Pass, 1995 haben wir ihn gekriegt. Wir haben darüber geredet, mein Mann und ich, und gesagt: Wir bleiben hier. Heimat ist Heimat, aber ich kann mir nicht vorstellen, eines Tages wieder zurückzugehen in die Türkei. [...] Wir haben hier viele türkische Freunde, ich habe türkische Freundinnen, aber auch deutsche. Und zu meiner Nachbarin, die kommt aus Polen, haben wir guten Kontakt. Ich bin Hausfrau, mein Mann ist Staplerfahrer und seit kurzem arbeitslos. Integration? Heißt das: gut zusammenleben? Das wollen wir. [...] Meine Kinder will ich religiös erziehen, damit sie wissen, was gut ist und was nicht. Und sie sollen die deutsche Sprache gut können und gute Noten haben, das ist wichtig. Auch die Mädchen. Und wenn sie das Kopftuch im Beruf nicht tragen kann, ist das nicht so schlimm. [...]

(Aus: Ein Kindergarten, fünf Welten, in: Spiegel reporter 2/2000, S. 28ff.)

Beispiel 2:
Familie Dang aus Vietnam

Familie Dang

Herr Thang Dang erzählt:
Ich war 13 Jahre alt, als ich aus Furcht vor Verfolgung und Folter aus Saigon flüchtete. Meine Eltern hatten alles darangesetzt, mir und meinen vier Geschwistern die geheime Flucht aus dem Land zu ermöglichen, weil wir Kinder in Sicherheit leben sollten. Da unsere Flucht nicht auffallen durfte, konnten wir natürlich nicht alle gleichzeitig und gemeinsam fliehen. Monatelang mussten wir auf eine günstige Gelegenheit warten. Eines Nachts gelang es mir, von einem Boot aufgenommen zu werden, das mich nach über 36 Stunden Fahrt auf dem Meer schließlich nach Thailand brachte.

Als ich den Boden Thailands betrat, fühlte ich mich frei und erleichtert, zugleich aber auch unendlich einsam und traurig. Ich fragte mich, was wohl aus meinen Geschwistern geworden war. War ihnen die Flucht ebenfalls geglückt? Wo waren sie gelandet? Würde ich sie jemals wiedersehen? Da ich in Thailand nicht als Flüchtling anerkannt wurde, kam ich in eine Art Gefangenenlager. Vier Jahre wurde ich hier festgehalten. Die Verpflegung war schlecht, oft musste ich hungern, aber das Schlimmste war, dass das Leben im Lager so langweilig war. Ich durfte keine Schule besuchen. Ich hatte nur die Möglichkeit von den anderen Lagerinsassen zu lernen. Ein großer Trost war, dass ich Briefe schreiben durfte. So konnte ich Kontakt zu meinen Eltern und meinen Geschwistern herstellen und erfuhr, dass ihnen nichts Schlimmes passiert war.

17 Jahre war ich alt, als meine ältere Schwester für mich einen Einreiseantrag nach Deutschland stellte. Sie war mit der Cap Anamur nach Deutschland gekommen. Ich war so glücklich, als ich sie nach all den Jahren in Deutschland wiedersehen konnte!
Doch jetzt musste ich erst einmal in einem Intensivkurs Deutsch lernen und meinen Schulabschluss nachholen. Ich fand es zunächst sehr schwer, dem Unterricht in deutscher Sprache zu folgen. Die Freundschaft mit deutschen Klassenkameraden half mir, mich allmählich an die Sprache und auch an die Lebensumstände zu gewöhnen. Im Sprachkurs lernte ich meine spätere Frau Loan kennen, die ebenfalls aus Vietnam geflohen war.
Nach dem Abitur jobbte ich zunächst in verschiedenen Restaurants. Ich hätte zwar gerne studiert, aber ich musste Geld verdienen, damit meine kleine Schwester nach Deutschland nachkommen konnte. Einige Jahre später heirateten Loan und ich.
Seit nun sechs Jahren besitzen wir ein vietnamesisches Restaurant. Wir haben viele deutsche Gäste. Wir haben vier Angestellte. Unsere drei Söhne Johnny, Dennis und Andy sind in Deutschland geboren. Sie fühlen sich hier sehr wohl, sprechen perfekt Deutsch und werden von ihren deutschen Freunden und Nachbarn sehr geschätzt. Wir pflegen aber auch den Kontakt zu unseren vietnamesischen Landsleuten und Verwandten, die zum Teil über ganz Deutschland verstreut leben.

Uns geht es wirtschaftlich sehr gut und wir fühlen uns wohl in Deutschland. Für meine Kinder wünsche ich mir, dass sie selbstbewusst und ohne Angst vor Ausländerfeindlichkeit in Deutschland leben können.

Was können wir gegen Fremdenhass und für ein friedliches Miteinander tun?

Unser Land ist für viele Kinder und Erwachsene, die unter uns leben, ein fremdes Land. Neben den Schwierigkeiten, eine neue Sprache zu lernen und sich im Alltag zurechtzufinden, erleben diese Einwanderer oft Misstrauen und Abneigung. Im schlimmsten Fall wird ihnen Gewalt angetan, was in den vergangenen Jahren schon zum Tode einiger Menschen geführt hat. Angesichts dieser Situation hat der Bundesinnenminister alle Deutschen aufgefordert, sich für ein friedliches Miteinander aktiv einzusetzen:

„Gefordert sind Menschen, die ihre Gleichgültigkeit überwinden, die sich etwas zumuten und zutrauen, die Gewalt nicht dulden, … die auf Freundlichkeit gegenüber Fremden aus sind, die Toleranz üben, … und die sich verbünden gegen Gewalt."

(Aus: basta – Nein zur Gewalt, Schülerheft, 2001/2002, S. 2)

Im Folgenden findet ihr zwei Beispiele dafür, wie man Fremdheit überwinden kann.

Jeder ist etwas Besonderes!

Ich bin 10 und komme nach den Ferien in die 5. Klasse. Am Anfang der 3. Klasse sind drei Neue in unsere Klasse gekommen. Eine kam aus Polen und hatte ein weißes Kleid mit Rüschen und sonst so'n Kram an. Eine andere kam aus Belgien und hatte ganz komische Haare und lachte nie. Dann war da noch ein Mädchen aus Indien, sie hatte dunkle Haut. Alle aus unserer Klasse fanden die drei schrecklich doof! Wie konnte man sich so ein Kleid anziehen, solche Haare und so dunkle Haut haben!? Und überhaupt, die Polin und die Dunkle redeten kein Wort mit uns. So ging das ganz schön lange. Ich gehe immer mit vier Freundinnen zur Schule und auch wieder nach Hause. Einmal bemerkten wir, dass die Polin dort wohnt, wo wir immer vorbeigehen. Sie war nach der letzten Stunde – wie immer – schnell nach Hause gelaufen und guckte jetzt aus ihrem Zimmer auf die Straße. Wir sahen sie alle kurz an, aber blieben nicht stehen. Ich drehte mich noch einmal um. Dabei merkte ich, dass sie die Fensterscheibe mit superschönen Window Color-Bildern beklebt hat. Am nächsten Tag habe ich sie auf die Bildervorlagen angesprochen. Sie hat mich dann zu sich eingeladen. Nachmittags bin ich gleich mit meinen Malsachen zu Marie – so heißt sie übrigens – und wir haben zusammen Bilder für unseren Klassenraum gemalt. Ich schlug ihr vor, dass wir sie jetzt immer zur Schule abholen würden. Das fand sie gut und meine Freundinnen waren einverstanden. Sie freundeten sich auch mit Marie an. Ihre komischen Kleider mit Rüschen trägt sie nur noch selten und es stört uns auch nicht mehr so. Ich finde, es ist auch egal, ob man eine dunkle Haut hat oder sonst anders ist als andere – alle sind 'was Besonderes!

Jennifer

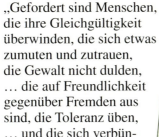

1. Die Beziehung zwischen Jennifer und Marie hat sich über Wochen entwickelt. Skizziert die Veränderungen stichwortartig.
2. Warum hat Jennifer ihr Verhalten gegenüber Marie plötzlich geändert?
3. Formuliert einen Sinnspruch, der zum Miteinander auffordert.

Kinderkonferenz fordert Toleranz

Am 30. Juni 2001 fand in Vreden (NRW) eine „internationale Kinderkonferenz für Toleranz" statt. 550 Kinder und Jugendliche nahmen teil und haben folgende Erklärung verabschiedet:

Wir sind 550 Kinder und Jugendliche aus verschiedenen Städten und Ländern. Wir haben uns zur internationalen Kinderkonferenz zusammengefunden, weil wir für Toleranz und gegen Fremdenfeindlichkeit sind. Fremdenfeindlichkeit bedeutet hier bei uns, dass Menschen, die aus der Fremde kommen, ausgegrenzt, angefeindet und manchmal brutal zusammengeschlagen werden. [...] Daher fordern die Kinder und Jugendlichen der internationalen Kinderkonferenz in Vreden, dass es zur Gewohnheit und Selbstverständlichkeit wird, dass Ausländer sich in fremden Ländern und besonders hier bei uns wohl fühlen können und akzeptiert werden.

Wir Kinder und Jugendliche verstehen nicht, warum Fremde schlecht behandelt werden.	Wir wünschen uns, dass jeder immer daran denkt, dass er überall irgendwie fremd ist. Darum wollen wir nicht, dass Ausländer unter Prügel und Beleidigungen leiden müssen.
Wir verstehen nicht, warum manche Leute Menschen mit einer anderen Staatsangehörigkeit oder einer anderen Hautfarbe nicht helfen, wenn sie in Notsituationen sind; zum Beispiel, wenn ein Farbiger von einem Rechtsradikalen verprügelt wird.	Wir fordern andere Kinder und Jugendliche, aber auch Erwachsene, auf, sich bei Streiterei einzumischen und nicht wegzugucken und einfach weiterzulaufen. [...]
Wir verstehen nicht, warum erst dann etwas gegen Fremdenfeindlichkeit getan wird, wenn jemand getötet wurde. Wir verstehen nicht, dass man Menschen nach ihrem Aussehen beurteilt.	Wir wünschen uns, dass wir heute Lösungen finden, damit Ausländer und Deutsche sich besser verstehen.
Wir Kinder und Jugendlichen der internationalen Kinderkonferenz sind dagegen, dass Religionen und Traditionen aus anderen Kulturen lächerlich gemacht werden.	Wir fordern, dass jemand der einen deutschen Pass hat, aber anders aussieht, als Deutscher angesehen wird. Wir fordern Kurse für Ausländerinnen und Ausländer, damit sie in unserem Land besser zurechtkommen.
Wir wünschen uns, dass man Menschen leichter kennen lernen kann, z.B. über das Internet, auf internationalen Chats oder Ähnlichem. Man könnte ja auch Veranstaltungen, zum Beispiel einen Schüleraustausch machen, bei denen Kinder oder auch Erwachsene aus verschiedenen Ländern zusammenkommen.	Wir hoffen, dass nach diesem Tag mehr Menschen auf Ausländer zugehen und auf Gewalt verzichten.

(Aus: Katholische Landesarbeitsgemeinschaft Kinder- und Jugendschutz Nordrhein-Westfalen e.V. (Hrsg.), Thema Jugend 3/2001, S. 15)

1. Haltet ihr die Forderungen der Kinderkonferenz für berechtigt? Tauscht euch darüber in der Klasse aus.
2. Was können wir tun, damit diese Forderungen Wirklichkeit werden? Sammelt Vorschläge.

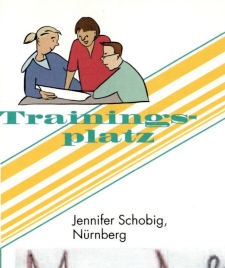

Trainingsplatz

Wir entwickeln eine Szene weiter

Diese von einer Schülerin gemalte Szene hat TEAM im Internet unter der Adresse „www.akiju.de" gefunden.

1. Stelle dir vor, du kommst mit deinen Freunden aus dem Plus-Markt. Wie könnte die Geschichte weitergehen? Schreibe eine Fortsetzung.
2. Vergleiche deine Fortsetzung mit der deines Tischnachbarn/deiner Tischnachbarin. Erklärt euch gegenseitig, warum ihr glaubt, dass die Situation so weitergehen könnte.

Jennifer Schobig, Nürnberg

 # Memorystationen

Mit Unterschieden leben lernen

STATION 1 — Gemeinsamkeiten und Unterschiede

Ein Puzzle

Fertigt pro Gruppe 16 Silbenkarten im DIN A5-Format, indem ihr die folgenden Silben in Großbuchstaben auf die einzelnen Karten schreibt:

ALL	AN	DER
EIN (5-mal)	EINS (2-mal)	GEM
MIT	SAM (2-mal)	SEIN (2-mal)

Setzt euch in Gruppen zusammen und probiert unterschiedliche Kombinationen der Silben aus. Fertigt aus den Silben ein Wort-Bild. Alle Silben sollen benutzt werden.
Jede Gruppe überlegt sich dann, welche Bedeutung die Worte für die Klassengemeinschaft haben und stellt das Wort-Bild und die Überlegungen zum Bild vor.

STATION 2 — Behinderte sind keine Sorgenkinder

- Was könnte diesem Mädchen durch den Kopf gehen?

Schreibe seine Gedanken so auf, als ob du das Mädchen wärst. Formuliere dabei auch, welches Grundrecht besonders für behinderte Menschen gelten muss.

Meine Probleme …
Meine Rechte…

STATION 3 — Inländer – Ausländer?

Dieses Plakat ist Teil einer Aktion von SOS-Rassismus NRW gegen Fremdenhass.
Was soll durch das Plakat zum Ausdruck gebracht werden?
Schreibt einen erläuternden Text dazu, in dem deutlich wird, warum dieses Plakat eingesetzt werden sollte.

5 Welche Bedeutung hat die Familie?

Für die meisten Menschen ist die eigene Familie die wichtigste Gruppe in ihrem Leben. Es ist der Ort, wo sie Probleme besprechen können, wo sie Trost bei Enttäuschungen finden, wo sie geliebt werden. Nicht immer jedoch stimmen Wunsch und Wirklichkeit überein, denn Familie ist auch ein Ort, wo es Streit geben kann und Probleme entstehen.

Wie wirkt die Familie auf dem Foto auf euch? Sammelt eure Eindrücke und notiert sie an der Tafel.

Detektivaufgabe für das ganze Kapitel:
Wer findet heraus, worauf Andi besonders stolz ist?

1. Wie sehen Familien heute aus?
Wir ermitteln Gemeinsamkeiten und Unterschiede

In der folgenden Einheit werden vier Familien in Texten vorgestellt und vier weitere Familien in Fotos. Ihr sollt untersuchen:
Was haben diese Familien gemeinsam? Wodurch unterscheiden sie sich?
Dazu könnt ihr euch in Gruppen aufteilen. Jede Gruppe stellt ein Beispiel vor. Erzählt, was ihr in den Texten erfahren habt: Wie viele Kinder haben diese Familien? Wie wohnen sie? Was arbeiten die Eltern?

1. Sprecht darüber: Was gefällt den Kindern an ihrer Familie, was gefällt ihnen nicht so?
2. Sammelt dann in der Klasse Gemeinsamkeiten und Unterschiede der vorgestellten Familien.
3. Angenommen, du solltest zwei Wochen als Gast bei einer dieser Familien wohnen: Welche suchst du dir aus? Begründe deine Entscheidung.

Bild A

Familie Meier hat drei eigene Kinder und ein adoptiertes Kind.

Beispiel 1: Nicola Winkler (11 Jahre) muss im Haushalt mit anpacken

„Bei uns geht's oft rund. Wenn meine Mutter Mittagessen kocht, dann kocht sie gleich zwei Kilo Nudeln. Wir sind nämlich zu Hause sieben Kinder im Alter von drei Monaten bis 21 Jahren. Da findet man immer jemanden zum Quatsch machen und reden. Zusammen mit unseren Eltern bewohnen wir ein kleines Doppelhaus mit einem großen Garten. Ich teile mir mein Zimmer mit meiner zwei Jahre älteren Schwester. Natürlich wünsche ich mir manchmal ein eigenes Zimmer, aber dafür kann ich wenigstens mit Klara noch ein Weilchen flüstern, wenn Mami das Licht ausgemacht hat. Sie merkt es nie, dass wir noch wach sind.

So ein großer Haushalt macht ganz schön Arbeit. Papa kann nur am Wochenende und abends mithelfen. Er arbeitet bei einer Versicherung in der Stadt. Wir müssen deshalb alle mit anpacken. In unserer Küche hängt ein Plan, was jeder von uns zu erledigen hat. Früher gab es deswegen immer Streit, weil sich Anne vor dem Einkaufen drückte. Meine Mutter kann bei so vielen Kindern nicht voll berufstätig sein, aber sie verdient mit Musikunterricht noch ein paar Euro extra, denn Geld ist in unserer Familie immer knapp. Deswegen werde ich wohl auch noch eine Weile von einem gemeinsamen Urlaub nur träumen können."

Beispiel Nr. 2:
Caroline Hilpert (12 Jahre) findet es schön, dass sie eigentlich drei Familien hat

„Wir sind fünf Kinder in der Familie! Alle staunen, wenn ich von meiner großen Familie erzähle. Aber eigentlich habe ich etwas dick aufgetragen: Denn wir haben nicht alle dieselben Eltern. Nur mein kleiner Bruder Lars (9 Jahre) und ich sind aus der jetzigen Ehe meiner Eltern. Marc (16 Jahre) stammt aus Mutters erster Ehe, hat also einen anderen Vater. Marc lebt aber bei uns. Meine Eltern sind beide tagsüber nicht da: Mama arbeitet in einem Reisebüro. Deswegen können wir auch immer billig in den Urlaub fliegen. Mittags, wenn wir von der Schule nach Hause kommen, essen wir Kinder immer zusammen. Mama kocht uns am Abend vorher etwas Leckeres, das wir nur aufzuwärmen brauchen. Marc tut manchmal furchtbar genervt, weil Lars und ich beim Essen so viel kichern. „Ich glaub', ich bin hier im Kindergarten", stöhnt er dann. Aber wir kommen mit ihm sonst ganz gut aus.

Wir wohnen in einer großen Wohnung in einem schönen, alten Haus. Papa hat aus erster Ehe ebenfalls zwei Kinder: Martin (23 Jahre) ist schon erwachsen und studiert, Stefanie lebt bei ihrer Mutter. Die hat inzwischen ebenfalls wieder geheiratet. Martin und Stefanie kommen oft am Wochenende zu Besuch. Sie schlafen dann in unserem Gästezimmer. Ganz schön kompliziert, unsere Familie! Richtig schwierig wird es bei Familienfesten, weil Papa Mamas Ex-Mann nicht ausstehen kann und Mamas Familie auch sauer auf ihn ist. Das nervt mich manchmal. Aber meistens bin ich froh, dass ich so viele verschiedene Verwandte habe. Bei uns ist es deswegen auch nie langweilig.

Und wenn ich mal Hilfe brauche, finde ich es schön, dass ich einen schon fast erwachsenen Bruder habe. Schließlich will man ja nicht alles mit Mama oder Papa besprechen."

Bild B

Gleich eine ganze Familie hat Stefan Kiefer geheiratet: Seine Frau brachte drei Mädchen in die Ehe mit.

Beispiel Nr. 3:
Constanze Binder (11 Jahre) freut sich auf gemeinsame Unternehmungen mit ihrer Mutter

„Ich lebe zusammen mit meiner 16-jährigen Schwester bei meiner Mutter. Wir wohnen in einem Hochhaus im achten Stock. Von dem Balkon unserer Wohnung hat man eine tolle Aussicht über die ganze Stadt. Meine Eltern sind seit zwei Jahren geschieden. Seitdem sehe ich meinen Vater hauptsächlich in den Ferien, weil er über 300 km von uns entfernt wohnt. Dann unternimmt Papa immer eine schöne Reise mit mir. Er erlaubt mir fast alles, was ich will. Na ja, für ihn ist es auch einfacher, weil er mich nicht die ganze Zeit bei sich hat, sagt Mami immer. Manchmal, vor dem Einschlafen, stelle ich mir vor, wie schön es wäre, wenn wir alle wieder zusammenwohnen würden.

Mama arbeitet seit der Scheidung wieder den ganzen Tag als Pflegerin in einem Altenheim. Trotzdem ist das Geld manchmal knapp bei uns zu Hause. Weil sie tagsüber nicht da ist, gehe ich nach der Schule in einen Hort. Ich habe da inzwischen viele Freundinnen und gehe gerne hin. Dort bekomme ich auch das Mittagessen. Anschließend machen wir gemeinsam unsere Hausaufgaben. Abends, wenn Mama nach Hause kommt, ist sie manchmal ganz schön gestresst und müde – vor allem weil ja dann noch der Haushalt an der Reihe ist. Trotzdem findet sie immer noch Zeit, sich um meine Probleme zu kümmern und am Wochenende mit uns etwas zu unternehmen. Das finde ich toll an ihr."

Bild C

Männerwirtschaft: Simon (9 Jahre) lebt seit der Scheidung seiner Eltern bei seinem Vater.

Beispiel Nr. 4:
Robin Reinhold kommt sich manchmal erwachsen vor

„Ich bin ein Einzelkind und – darauf lege ich Wert – weder total verwöhnt noch überheblich. Das sagen zumindest meine Freunde. Früher habe ich mir oft einen Bruder gewünscht. Platz hätten wir wirklich genug. Wir wohnen nämlich in einem großen Einfamilienhaus. Ich wohne im Dachgeschoss. Dort habe ich sogar ein eigenes Bad für mich. Wenn mein Freund Jens bei mir übernachtet, haben wir oft viel Spaß. Es kommt vor, dass wir bis um 3 Uhr nachts wach sind und Blödsinn machen. Gut, dass meine Eltern das nicht wissen. Schließlich ist es manchmal schon ein wenig langweilig nur mit meinen Eltern – besonders im Urlaub. Deswegen fliegen wir in diesem Sommer jetzt schon zum zweiten Mal in einen Ferienclub, weil ich dort Kinder in meinem Alter treffen kann. Eigentlich bin ich ganz zufrieden mit meinem Leben. Meine Eltern nehmen sich viel Zeit für mich, auch wenn sie in ihrem Beruf manchmal ganz schön Stress haben. Mein Vater ist Chemiker und arbeitet bei einem großen Unternehmen, das Waschmittel herstellt. Meine Mutter arbeitet halbtags als Arzthelferin. Das finde ich gut so, denn nachmittags hat sie immer Zeit für mich. Wenn wir am Wochenende in ein schönes Restaurant essen gehen, dann komme ich mir fast schon ein bisschen erwachsen vor, wenn sich meine Eltern mit mir über Themen der Erwachsenen unterhalten."

Bild D

Familie Weber verbringt ihre Freizeit immer zusammen, am liebsten in der freien Natur.

STICHWORT
Familien heute

1. Erkläre, warum es gar nicht so einfach ist, zu beschreiben, was eine Familie ist.
2. Die Zahl der Einzelkinder wächst. Wo seht ihr Vorteile, wo Nachteile für diese Kinder?
3. Was erfährst du aus dem Schaubild über Formen der Familie heute?

Was ist eigentlich eine Familie?

Familien können uns in ganz unterschiedlichen Formen und Zusammensetzungen begegnen: Da gibt es allein Erziehende, getrennt lebende Ehepartner, Paare mit erwachsenen Kindern, die längst einen eigenen Haushalt gegründet haben, Paare, die sich Kinder wünschen, Familien, in denen Kinder aus früheren Ehen mit gemeinsamen Kindern zusammenleben. Sie alle betrachten sich als Familie. Trotz aller Unterschiede gibt es zwischen den verschiedenen Familien auch wichtige Gemeinsamkeiten: Sie sind fast immer freiwillig gegründete Gemeinschaften, in denen die Menschen zusammenleben, um Liebe, Geborgenheit, Vertrauen und Sicherheit zu finden. Ein Problem besteht darin, dass es nicht immer gelingt, diese Wünsche im Alltag zu verwirklichen.

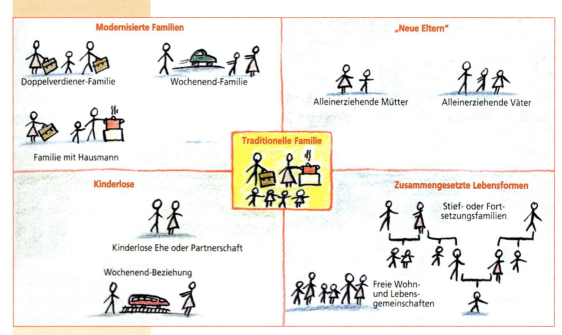

Formen des Zusammenlebens

Familien haben sich verändert

Am auffälligsten ist, dass Familien immer weniger Kinder haben. Die Geburtenzahlen sanken in den letzten 30 Jahren in Deutschland von durchschnittlich 2,0 Kinder auf 1,3 Kinder pro Frau. Das bedeutet, dass sich immer mehr Paare entschließen kinderlos zu bleiben oder nur ein Kind zur Welt zu bringen. Seit Jahren geht auch die Zahl kinderreicher Familien mit mehr als zwei Kindern zurück. Das ist nicht nur in Deutschland so, sondern in den meisten wohlhabenden Ländern der Erde.

Auch die Zahl der allein erziehenden Mütter und Väter nimmt zu. Sie hat sich in den letzten 25 Jahren verdoppelt. Das liegt auch daran, dass sich immer mehr Ehepaare scheiden lassen. Viele Geschiedene heiraten jedoch wieder und die Kinder wachsen dann in Fortsetzungsfamilien auf. So leben heute 85 von 100 Kindern in Familien. Neun von zehn Jugendlichen wollen später einmal eine Familie gründen und Kinder aufziehen.

Trainingsplatz

Familien heute

Wir ermitteln Gemeinsamkeiten und Unterschiede

In den Kästen auf dieser Seite findet ihr zehn verschiedene Aussagen über die Familie. Dabei muss von Fall zu Fall entschieden werden:
Ja, diese Aussage trifft auf alle Familien zu.
Nein, in diesem Bereich gibt es große Unterschiede zwischen den Familien.
Trefft diese Entscheidung für alle zehn angegebenen Bereiche. Notiert die Gemeinsamkeiten und die Unterschiede und formuliert dann aus den Stichpunkten einen zusammenhängenden Text. Thema: Familien heute – Was haben sie gemeinsam, was unterscheidet sie?

Tipp: Manchmal wird euch die Entscheidung gar nicht so leicht fallen. Deswegen kann es gut sein, wenn ihr diesen Trainingsplatz in Partner- oder Gruppenarbeit besprecht und die Aufgaben gemeinsam löst.

1. Sie ist die wichtigste Bezugsgruppe im Leben von Kindern.

2. Immer gehören eine Mutter und ein Vater dazu.

3. Sie hat die Aufgabe und die Pflicht, die Kinder zu erziehen.

4. Jedes Familienmitglied hat sein eigenes Zimmer.

5. Die Vorstellungen davon, was eine gute Erziehung ist, sind überall gleich.

6. Es gehören immer mindestens zwei Generationen dazu.

7. Die Einkommensverhältnisse unterscheiden sich wenig.

8. Sie haben das Ziel, den Mitgliedern das Gefühl von Geborgenheit, Liebe und Vertrauen zu ermöglichen.

9. Jeder will für den anderen da sein.

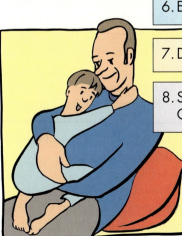

10. Sie ist eine Gruppe, die sich ein neugeborenes Kind nicht aussuchen kann.

Wozu brauchen wir eine Familie?

> Was brauchen diese Babys um sich gut zu entwickeln? Sammelt, was ihr zu dem Thema schon wisst und vergleicht es mit den Aussagen im Text.

Jedes Baby, das auf die Welt kommt, ist zunächst einmal vollkommen hilflos: Es braucht die Menschen, die ihm Nahrung geben. Es braucht aber auch Zuwendung und die Liebe seiner Eltern und der Menschen in seiner nächsten Umgebung.

Anders als viele Säugetiere benötigen Menschen eine langjährige Reife- und Entwicklungszeit, bis sie selbstständig ihr Leben meistern können. Während dieser Zeit lernen sie durch Beobachten und Nachahmen der Menschen in ihrer nächsten Umgebung alles, was man wissen muss, um zu einem Mitglied der Gemeinschaft heranzuwachsen. In den ersten Lebensjahren haben die Eltern als feste Bezugspersonen eine wichtige und verantwortungsvolle Aufgabe bei der Entwicklung des Kindes: In der Familie knüpft das Kind die ersten Kontakte zu anderen Menschen. Wissenschaftler haben herausgefunden, dass die dabei gewonnenen Erfahrungen wichtig dafür sein können, wie es sich in seinem späteren Leben anderen Menschen gegenüber verhält: ob es anderen Menschen aufgeschlossen, ängstlich oder misstrauisch begegnet. Früher dachte man, dass nur die Mutter als Bezugsperson geeignet ist. Heute weiß man jedoch, dass auch Väter und andere Personen, die ständig in Kontakt mit dem Kind sind, als Bezugspersonen infrage kommen. Wichtig ist nur, dass feste Bezugspersonen da sind, die dem Kind das Gefühl vermitteln, geborgen zu sein und geliebt zu werden. Dadurch entsteht beim Kind das Urvertrauen. Es fördert die weitere körperliche, geistige und gefühlsmäßige Entwicklung des Kindes. Auch geistige Fähigkeiten und spezielle Begabungen entwickeln sich in den ersten Lebensjahren.

Darüber hinaus sorgen Eltern dafür, dass ihre Kinder alles erhalten, was sie zum Leben brauchen: zum Beispiel Essen, Kleidung und ein Dach über dem Kopf.

Auch wenn Kinder schon größer sind, brauchen sie ihre Eltern als Vertrauenspersonen. An sie wenden sie sich, wenn sie Sorgen haben und wenn etwas schief gelaufen ist.

Wenn die Familie versagt ...

Petra braucht Hilfe

Wütend knallt Petra ihre Schultasche auf den Küchentisch. Schon wieder eine Fünf in Mathe! In letzter Zeit haben ihre Leistungen in der Schule sehr nachgelassen. Kein Wunder, denn sie schwänzte häufig den Unterricht.

Ihr Magen meldet sich. Im Kühlschrank findet sie nur ein paar vergammelte Wurstreste, Bierdosen und Katzenfutter vor. Also läuft sie schnell zum Kiosk an der Ecke und kauft sich eine große Portion Pommes mit Majo und eine Cola. Dass sie noch ein paar Schokoriegel mitgehen lässt, bemerkt der Kioskbesitzer zum Glück nicht.

Im Nebenzimmer schnarcht Mami leise. Vollständig angezogen liegt sie auf dem Bett, wahrscheinlich ist sie wieder betrunken. Seit Papa vor einem Jahr zu seiner Freundin gezogen ist, passiert das immer häufiger.

So gerne hätte sie eine Freundin. Trotzdem hat sich Petra in letzter Zeit immer mehr von den anderen Kindern zurückgezogen. Niemand in ihrer Klasse weiß von ihren Sorgen. Sie schämt sich so wegen dieser unordentlichen Wohnung, wegen ihrer betrunkenen Mutter. Längst bräuchte sie neue Hosen und Schuhe, auch ein Besuch beim Friseur ist dringend notwendig; aber Mami scheint das gar nicht zu bemerken.

Petra ist im letzten Jahr nicht nur in die Länge gewachsen. Richtig dick ist sie geworden. Sie kann einfach nicht aufhören zu essen. Unmengen von Süßigkeiten und Chips schlingt sie gierig hinunter. So frisst sie ihren Kummer förmlich in sich hinein.

„Ach Petra, ich möchte dir so gerne eine gute Mutter sein. Ich sehe ja, wie sehr du unter dieser schlimmen Situation leidest. Von heute an werde ich mit dem Trinken aufhören", hat Mami ihr schon mehrmals versprochen. Aber geändert hat sich bisher nichts, wahrscheinlich fehlt Mami einfach die Kraft dazu. Immer wieder hat sie sich um eine Arbeitsstelle bemüht, aber die Leute merkten meist schnell, was mit ihr los war. Dabei könnten sie so dringend Geld gebrauchen. Papi unterstützt sie nur sehr unregelmäßig. „Du gibst es ja doch wieder für deinen Alkohol aus", meint er meist, wenn Mami ihn verzweifelt um Geld bittet.

„Petra, ich finde, es ist höchste Zeit, dass wir beide uns mal in Ruhe unterhalten", nimmt die Klassenlehrerin Petra nach der Stunde zur Seite. „Hast du heute nach dem Unterricht noch etwas Zeit?"

„Ja, sicher", stimmt Petra zu.

(Nach einem wirklichen Fall erzählt)

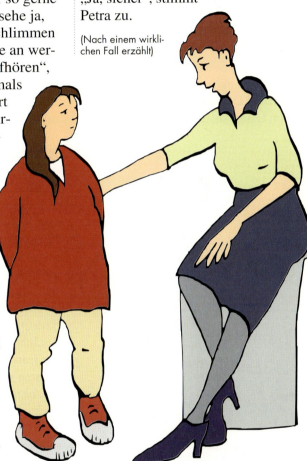

---

1. Was die Babys auf der vorhergehenden Seite brauchen, braucht auch Petra. Was bekommt sie? Was fehlt ihr?
2. Wie könnte Petra geholfen werden? Diskutiert über Vor- und Nachteile der vorgeschlagenen Lösungen a–c und entscheidet euch dann für einen Vorschlag.
   a) Petra wird außerhalb der Familie untergebracht, zum Beispiel in einer Pflegefamilie oder in einem Kinderheim.
   b) Petra bleibt weiterhin bei ihrer Mutter. Eine Sozialarbeiterin besucht beide regelmäßig und kümmert sich um die Probleme der Familie.
   c) Petras Mutter macht eine Entziehungskur. So lange wohnt Petra bei ihrer Tante.

Frauensache – Männersache: Wie soll die Arbeit in der Familie verteilt werden?

Wir erstellen einen Plan zur Verteilung der Aufgaben in der Familie

Total normal?

Im folgenden Text lernt ihr Familie Schaminski kennen. Sie ist wahrscheinlich etwas anders als die meisten Familien, die ihr kennt. Warum? Das findet ihr am besten beim Lesen selbst heraus.

Das ist Arno Schaminski – die Seele der Familie. Unermüdlich sorgt er für die Seinen: einkaufen, kochen, putzen, bügeln, Schulaufgaben beaufsichtigen, Streit schlichten, quengelige Kinder trösten. Seine größte Schwäche: Er telefoniert leidenschaftlich gerne – oft stundenlang – mit seinen Freunden. Da blüht er auf: Einmal pro Woche trifft er sich mit seinen Freunden zum Kaffeekränzchen. Dort werden die neuesten Klatschgeschichten ausgetauscht, drehen sich die Gespräche um Kochrezepte, Kindererziehung, Krabbelgruppen und Elternabende – einfach rund um den Hausmannsalltag „So schön wie du möchte ich's auch einmal haben", bekommt er dann abends von seiner Frau zu hören. In solchen Momenten sehnt sich Arno danach, wieder in seinen Beruf zurückzukehren, natürlich erst, wenn die Kinder größer sind und – Teilzeit natürlich.

Carla Schaminski steht als Geschäftsführerin der Mega-Motorenwerke meist unter Volldampf. Ihre Familie bekommt sie – leider, leider, wie sie gerne betont – nur selten zu Gesicht. „Um den Haushalt und den ganzen Kinderkram kann ich mich beim besten Willen nicht auch noch kümmern", pflegt sie zu sagen. „Arno hat ja auch von Natur aus wirklich ein Händchen für Kinder."

Ihre Leidenschaft: die Politik. Für ihre Partei würde sie alles liegen und stehen lassen.
Ihr Hobby: Dienstags und freitags trifft sie sich mit ihren Skatschwestern auf ein Bierchen im Freihof. „Ein bisschen Entspannung steht mir als Ernährerin der Familie ja schließlich zu", meint sie dann.

Chris hat wirklich nur noch Fußball im Kopf. Jeden Tag trainiert sie; vielleicht wird's doch noch was mit der erträumten Profikarriere. Sonst kann sie ja immer noch Baggerführerin werden.

Franzi bringt ihren Papa mit ihren Wutanfällen manchmal ganz schön auf die Palme.

Andi nimmt sich viel Zeit, wenn es um seine Topfblumen geht. Liebevoll hegt und pflegt er jedes einzelne Pflänzchen seiner großen Sammlung. Riesig stolz ist Andi, dass es ihm gelungen ist, eine Kalanchoe aus Samen zu ziehen. „Den Tipp mit dem Mini-Gewächshaus habe ich aus der Zeitschrift ‚Zimmerpflanzen-Hits'. Die lese ich regelmäßig", erklärt er den Gästen von Papas Kaffeerunde.

Ampelspiel

Vorbereitung:

Jeder Schüler fertigt zwei Meinungskärtchen an: ein rotes und ein grünes – etwa in Postkartengröße. Formuliert nun in Partnerarbeit Aussagesätze, in denen ihr beschreibt, welche Aufgabenverteilung und Verhaltensweise ihr euch für eure Familie wünscht; zum Beispiel: Der Vater bringt die Kinder ins Bett.

Spiel:

Jedes Team liest seine Sätze vor. Nach jedem Satz stimmt die Klasse ab. Wer der Aussage zustimmt, hebt das grüne Kärtchen hoch. Wer nicht damit einverstanden ist, hält das rote Kärtchen hoch. Eine Schülerin oder ein Schüler notiert die Abstimmungsergebnisse an der Tafel.

Auswertung:

Betrachtet die Ergebnisse: Bei welchen Sätzen war sich die Klasse ziemlich einig? Wo liegen die größten Unterschiede in der Bewertung? Diskutiert anschließend in der Klasse darüber.

1. Was wünscht ihr euch für eure Familie? Diese Frage könnt ihr mithilfe des Ampelspiels beantworten.
2. Sind die Schaminskis eine verrückte Familie? Formuliere deine Meinung.

Trainingsplatz

Wir tauschen die Rollen

Rollen sind Erwartungen an das Verhalten. Früher erwartete man zum Beispiel von Mädchen, dass sie besonders ruhig, ordentlich und sauber sind, Jungen durften (oder mussten) dagegen wild und rauflustig sein. Inzwischen haben sich die Erwartungen an das Verhalten von Mädchen und Jungen geändert; vielleicht würdet ihr gerne einmal wissen, wie das ist, ein Mädchen oder ein Junge zu sein.

Schreibt eine Geschichte zu diesem Thema. Die Geschichte kann eine tatsächlich erlebte Situation beschreiben oder auch frei erfunden sein. Nachdem ihr eure Geschichten in der Klasse vorgetragen habt, könnt ihr darüber diskutieren, ob sich in unserer Gesellschaft die Mädchen- oder Jungenrollen ändern sollten.

Wenn ich ein Mädchen wäre, würde ich ...

Wenn ich ein Junge wäre, würde ich ...

Der Familienrat tagt: Wie kann die Hausarbeit bei den Webers gerecht verteilt werden?

Bei den Webers wird sich in Zukunft einiges verändern: Frau Weber möchte gerne wieder ganztags arbeiten, weil sich ihr dadurch bessere Aufstiegschancen in ihrem Beruf als Bankkauffrau bieten. „Aber dann müsst ihr mir mehr im Haushalt helfen, sonst schaffe ich das nicht", bittet sie ihren Mann und ihre Kinder. Deswegen setzt sich die Familie zusammen und überlegt, wie die Aufgaben neu verteilt werden könnten.

Herr Weber
Reparaturarbeiten in und am Haus, Autowartung und -pflege, Gartenarbeiten

Frau Weber
Staubsaugen, nass wischen, Bad, Küche und Toilette putzen, waschen, Wäsche zusammenlegen, bügeln, Wäsche in die Schränke legen, Schuhe putzen, einkaufen, kochen, Geschirrspülmaschine ein- und ausräumen, Blumen gießen, Hausaufgaben kontrollieren, Chauffeurdienste übernehmen, Wahrnehmung von Arztterminen für die Kinder, Schriftverkehr mit Banken und Versicherungen

Maren (8 Jahre)
Zimmer aufräumen

Thommy (12 Jahre)
Zimmer aufräumen
Abfalleimer leeren

1. Wie die Aufgaben bisher bei Webers verteilt waren, könnt ihr den Karten entnehmen. Erstellt nun einen Plan, wer in Zukunft was machen soll. Denkt auch daran, dass die Aufgaben unterschiedlich zeitaufwändig sein können.
2. Vergleicht: Welcher Vorschlag entlastet Frau Weber am stärksten? Welcher verteilt die Aufgaben eurer Ansicht nach besonders gerecht?

Verteilung der Hausarbeit – ein Blick in deutsche Familien

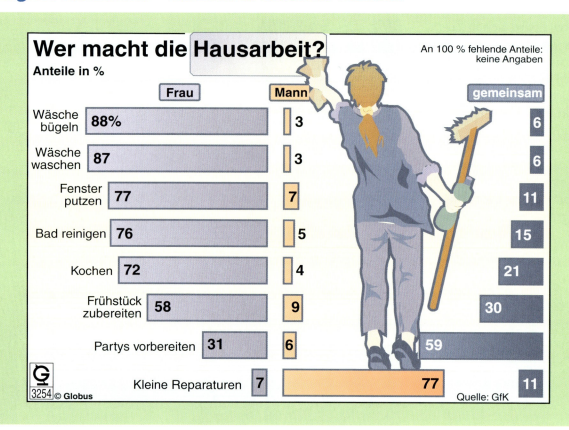

Wie in deutschen Familien die Hausarbeit verteilt wird, zeigt das Schaubild, in dem die Ergebnisse einer Umfrage dargestellt sind. Ihr könnt es so lesen: 88 von 100 Frauen bügeln die Wäsche, 3 von 100 Männern bügeln die Wäsche, 6 von 100 der Befragten wechseln sich beim Bügeln ab. Entsprechen die Ergebnisse euren Erfahrungen?

Gleichberechtigung von Mann und Frau – schon erreicht?

Heute sind sechs von zehn Frauen mit Kindern berufstätig. Allerdings verdienen Frauen im Durchschnitt immer noch deutlich weniger als Männer. Führungspositionen in Wirtschaft und Politik sind nach wie vor überwiegend mit Männern besetzt. Gegen diese Benachteiligungen im Berufsleben wehren sich die Frauen seit langem. Auch in der Familie finden Frauen häufig nicht die Unterstützung für ihre berufliche Entwicklung, die sie sich wünschen. Häufig werden sie mit der Doppelbelastung Familie und Beruf weitgehend alleine gelassen. Viele Männer weigern sich, mehr Aufgaben im Haushalt zu übernehmen.

Nach wie vor gibt es weder genügend Ganztagskindergärten noch eine ausreichende Zahl von Hortplätzen, sodass sehr viele Frauen die Betreuung der Kinder während ihrer Arbeitszeit organisieren müssen.

> Dem Gesetz nach sind Männer und Frauen gleichberechtigt. Was müsste geschehen, damit dieser Anspruch Wirklichkeit wird? Sammelt Ideen.
> **Tipp:** Ihr könnt auch eine berufstätige Mutter aus eurem Bekanntenkreis bitten einen Forderungskatalog zu dieser Frage zu schreiben.

3. Brauchen Familien mit Kindern mehr Geld?
Wir spielen einen Konflikt im Rollenspiel

Jede Familie muss versuchen mit ihrem Einkommen so zu wirtschaften, dass alle wichtigen Bedürfnisse der einzelnen Familienmitglieder befriedigt werden können. Auf dieser Seite betrachten wir die finanzielle Situation von Familie Schubert. Sie besteht aus den Eltern Sylvia (38 Jahre) und Dirk (37 Jahre) sowie den beiden Kindern Ariane (15 Jahre) und Pascal (11 Jahre).

Dirk Schubert arbeitet als Werklehrer an einer Schule für Erziehungshilfe. 30 150 Euro gibt es dafür im Jahr. Wenn alle Steuern und Abgaben abgezogen sind, bleiben der Familie rund 2000 Euro im Monat. In diesen Betrag ist das Kindergeld mit eingerechnet. 450 Euro gehen für die Miete ab. Nebenkosten (Heizung, Müll): 90 Euro, Strom: 60 Euro, Telefon: 40 Euro, Lebens- und andere Versicherungen: 145 Euro, laufende Kosten fürs Auto: 110 Euro, Kleidung und Lebensmittel: 600 Euro, Schulgeld für die Waldorfschule: 190 Euro, Busfahrkarten: 55 Euro, Musikunterricht für Ariane und Pascal inklusive Miete für eine Querflöte und eine Trompete: 115 Euro. Bleiben knapp 200 Euro, von denen die Schuberts Möbel, Urlaub, Reparaturen am Auto, Klassenfahrten, Restaurantbesuche, Kinokarten und Besuche im Schwimmbad bestreiten.

(Zahlen nach: Stern, 9/2001, S. 62, in Euro umgerechnet)

1. Stellt Einnahmen und Ausgaben der Familie in einer Tabelle gegenüber. Kommt euch das Einkommen der Familie eher hoch oder eher niedrig vor?
2. Die Familie hat rund 200 Euro im Monat zur freien Verfügung. Überlegt, was sie damit machen könnte.

STICHWORT
Staat und Familie

1. Warum fördert der Staat Familien?
2. Welche Leistungen erhalten alle Familien, welche Leistungen bekommen Familien nur in besonderen Situationen?
3. Erklärt, welche Meinungsverschiedenheiten es beim Thema Familienpolitik geben kann.

Familien stehen unter dem besonderen Schutz des Staates, weil Familien für die Gesellschaft sehr wichtig sind. Kinder sind für die Gesellschaft besonders wichtig. Sie bedürfen des besonderen staatlichen Schutzes. Kinder sichern das Überleben der Gesellschaft. Ohne Kinder hätte der Staat keine Zukunft.

Der Staat fördert Familien in besonderer Weise: indem er zum Beispiel Kindergärten, Schulen und Horte sowie Freizeiteinrichtungen wie Spiel- und Sportplätze baut. Familien bekommen auch verbilligten Eintritt in Museen, Schwimmbädern, Theatern und anderen Einrichtungen der Gemeinden. Darüber hinaus unterstützt der Staat Familien mit Kindern durch Steuererleichterungen und direkte finanzielle Hilfen:

Alle Familien mit Kindern bekommen Kindergeld. Es beträgt seit Januar 2002 für das erste bis dritte Kind monatlich 154 Euro, ab dem vierten Kind 179 Euro.

Nach der Geburt eines Kindes erhalten Eltern Erziehungsgeld, wenn ihr Einkommen unterhalb eines bestimmten Betrages liegt. Sie können wählen, ob sie lieber zwei Jahre lang 300 Euro im Monat oder ein Jahr lang 460 Euro monatlich bekommen möchten.

Väter und Mütter können nach der Geburt eines Kindes gemeinsam bis zu drei Jahren Elternzeit nehmen. Während dieser Zeit darf ihnen vom Arbeitgeber nicht gekündigt werden.

Wenn Eltern ein Haus kaufen oder bauen möchten, erhalten sie besonders billige Kredite. Sie können auch einen Zuschuss zur Miete der Wohnung bekommen, wenn das Einkommen nicht ausreicht. Das nennt man Wohngeld.

Wenn Eltern finanziell nicht in der Lage sind, ihren Kindern eine Ausbildung oder ein Studium zu finanzieren, springt ebenfalls der Staat ein. Diese Jugendlichen bekommen dann monatlich einen Zuschuss zu ihren Studienkosten. Man nennt diese Förderung BAföG. Einen Teil dieser Summe müssen sie dann später, wenn sie selbst Geld verdienen, zurückzahlen.

Wenn Familien in Not geraten, erhalten alle Mitglieder der Familie Sozialhilfe. Sie bekommen dann jeden Monat vom Staat Geld, um die zum Leben notwendigen Dinge einzukaufen. Diese Leistungen erhalten nicht nur Familien, sondern alle Menschen, die Hilfe benötigen.

Die staatliche Familienpolitik ist ein umstrittenes Thema. Viele sind nämlich der Meinung, der Staat müsse mehr für die Familien tun. Für allein Erziehende gäbe es zum Beispiel nicht genügend Kindertagesstätten, für kinderreiche Familien nicht genug Geld; für Kinder selbst gäbe es zu wenig Spielmöglichkeiten und zu viel Kinderfeindlichkeit. Andere weisen darauf hin, dass der Staat den Familien nicht alle Probleme abnehmen kann und dass er nicht mehr Geld zum Ausgeben hat, als er Steuern einnimmt.

Brauchen Kinder Taschengeld?

Sicherlich wurde in fast jeder Familie schon einmal über das Taschengeld diskutiert. Eltern können zu diesem Thema unterschiedliche Ansichten vertreten. Ein Beispiel findet ihr auf dieser Seite.

Taschengeld? Das ist doch überflüssig. Meine Kinder bekommen von uns doch alles, was sie brauchen.

1. Was würdet ihr der Mutter antworten? Lest die Informationen auf dieser Seite, bevor ihr eure Antwort formuliert.
2. Soll das Taschengeld von der Erfüllung bestimmter Bedingungen abhängen, wie etwa gute Schulleistungen, gutes Benehmen, Erledigung häuslicher Pflichten?

Warum ist Taschengeld notwendig?

Taschengeld ist wichtig, …
… damit Kinder lernen, ihr Geld einzuteilen und damit auszukommen. Wer das als Kind und Jugendlicher nicht lernt, hat es später schwer.
… damit Kinder Freude an ihrer wachsenden Selbstständigkeit und Verantwortlichkeit entwickeln und behalten.
… weil andere ebenfalls Taschengeld bekommen. Kinder wollen dazugehören. Das bedeutet natürlich nicht, dass sie in jedem Fall genauso viel bekommen müssen wie die anderen.
… weil das Thema Taschengeld Eltern und Kindern eine Chance gibt, miteinander über „Wirtschaften", „Haushalten" und „Planen" zu sprechen.

Taschengeld sollte dem Kind zur freien Verfügung stehen, …
… weil Kinder nur dann wirksam lernen, wenn sie eigene Erfahrungen machen und auch mal Irrtümer begehen dürfen.

Über Taschengeld darf und muss in einer Familie offen verhandelt werden, …
… weil Taschengeld nicht nach einer vorgegebenen Norm bezahlt werden kann, sondern angepasst an die jeweilige wirtschaftliche und soziale Situation der Familie.
… weil die Geldbedürfnisse ebenso wie die Fähigkeiten mit Geld umzugehen sich mit wachsendem Lebensalter verändern.
… damit Kinder lernen, dass und wie über Geld gesprochen werden kann.

(Aus: Ursula Schubert, Die Taschengeldfrage, Deutscher Sparkassen- und Giroverband, Bonn 2000)

Orientierungswerte für Kinder und Jugendliche ab 10 Jahren			
10–11 Jahre	12–13 Jahre	14–15 Jahre	16–17 Jahre
etwa 13 EURO	etwa 18 EURO	etwa 23 EURO	etwa 30–40 EURO
monatlich			

Streitfall Taschengeld: Soll Sinas Taschengeld erhöht werden?

Sina runzelt die Stirn und zählt nochmals das Geld in ihrer Geldbörse nach. „Nein, es reicht einfach nicht." Und dabei würde sie doch so gerne heute Nachmittag zusammen mit ihren Freundinnen ins Kino gehen. Wie peinlich, wenn sie sagen muss, dass sie nicht genug Geld fürs Kino hat! „Mit den paar Cents Taschengeld kann man sich wirklich gar nichts leisten", beschwert sie sich bei ihrer Mutter. „Nun mal langsam, immerhin bekommst du 10 Euro im Monat – und ich finde, dieser Betrag reicht aus", wendet ihre Mutter ein. Doch Sina ist nicht auf den Mund gefallen: „Ich habe mich mal in der Klasse erkundigt, niemand bekommt so wenig Taschengeld wie ich. Ich brauche mindestens das Doppelte, um einigermaßen über die Runden zu kommen. Und wenn ihr mir das Taschengeld nicht bald erhöht, werde ich überall herumerzählen, dass ich total geizige Eltern habe."

> Wie könnte der Konflikt zwischen Sina und ihren Eltern gelöst werden? Ihr könnt das Gespräch im Rollenspiel nachspielen. Die Methodenkarte zeigt euch, wie ihr vorgehen könnt.

Uwe Kleinert
42 Jahre, Ingenieur

Herr Kleinert ist auf keinen Fall bereit, Sinas Taschengeld zu erhöhen. Er verweist darauf, dass die Familie die teuren Kredite für das vor kurzem gekaufte Haus bezahlen muss und im Moment sehr gut überlegen muss, welche Ausgaben wirklich nötig sind. An seinen persönlichen Ausgaben möchte er nicht sparen, um Sinas Taschengeld zu erhöhen. Zudem ist er der Auffassung, dass Kinder lernen müssen zu akzeptieren, dass manche Kinder mehr Taschengeld bekommen. Schließlich haben Familien unterschiedlich hohe Einkommen. Sina könnte sich mit ihren Freundinnen auch zu Hause treffen. Das kostet gar nichts.

Helen Kleinert
43 Jahre, Arzthelferin

Frau Kleinert hat Verständnis für Sinas Wunsch nach mehr Taschengeld. Sie weist jedoch auch darauf hin, dass die Familie zurzeit kein zusätzliches Geld für solche Ausgaben zur Verfügung hat. Sie könnte sich allerdings vorstellen, dass ihre Kinder sie mehr im Haushalt entlasten. Die Haushaltshilfe, die zurzeit fünf Stunden in der Woche aushilft (sie bekommt acht Euro die Stunde) könnte so vielleicht auf vier Stunden reduziert werden. Vielleicht könnte man auch am Urlaub und an den Ausgaben für Kleidung sparen.

Sina Kleinert
12 Jahre, Schülerin

Sina verlangt von ihren Eltern, dass sie ihr Taschengeld auf einen Betrag erhöhen, der den Empfehlungen des Sparkassenverbandes entspricht. Sie ist überzeugt, dass sie Anspruch auf diesen Betrag hat. Deswegen kommen für sie Gegenleistungen wie etwa verstärkte Mithilfe im Haushalt nicht infrage.

Fabian Kleinert
17 Jahre, Schüler

Auch Fabian hat Geldprobleme. Er ist nicht damit einverstanden, dass nur Sina mehr Geld im Monat bekommen soll. Zurzeit bekommt er fünfundzwanzig Euro im Monat. Er fordert ebenfalls eine kräftige Erhöhung seines Taschengeldes. Andererseits sieht er ein, dass das Geld irgendwo eingespart werden muss. Er könnte sich vorstellen, dass der Familienurlaub von drei auf zwei Wochen im Jahr reduziert wird.

Rollenspiel

Thema: Taschengeld

Was ist ein Rollenspiel?

Im Rollenspiel schlüpfen die Spielerinnen und Spieler in die Haut einer anderen Person. Das ist ungefähr so wie bei einer Theaterrolle. Allerdings ist das Spiel nicht fest vorgeschrieben. Ihr müsst überlegen, wie sich die Person, die ihr spielt, in dieser Situation verhalten würde. Einige Informationen zu der Person, die ihr darstellen sollt, findet ihr auf der Rollenkarte. Wenn ihr euch in eine andere Person hineinversetzt, könnt ihr zum Beispiel erfahren, wie sich eure Eltern bei einem Streit fühlen, was sie denken. Auch kann man Regeln lernen, wie man in einem echten Streit zu Lösungen kommt, die die Interessen von allen Familienmitgliedern berücksichtigen.

Wie macht man das?

Ein Rollenspiel gliedert sich in Vorbereitung, Durchführung und Besprechung.

1. Schritt: Vorbereitung

Teilt zunächst eure Klasse in Spielgruppen auf.
Jede Spielerin und jeder Spieler bekommt ein Rolle zugeteilt. Lest den Text auf eurer Rollenkarte. Überlegt euch: Welche Meinung könnte die Person im Streit vertreten? Welche Vorschläge zur Lösung könnte sie machen? Welche Vorschläge wird sie wohl auf keinen Fall akzeptieren?
Sprecht dann in der Gruppe darüber, wie sich die einzelnen Personen verhalten sollen. Welche Lösung wollt ihr darstellen?

2. Schritt: Durchführung

Vereinbart vorher eine Spielzeit. Alle Gruppen bemühen sich diese Zeit einzuhalten.
Spielt den Streit und die Lösung so nach, wie es sich eurer Meinung nach tatsächlich abgespielt haben könnte. Jeder achtet darauf, seine Rolle einzuhalten: Eure eigene Meinung in diesem Streit solltet ihr während des Spiels nicht äußern.

Aufgaben der Beobachter

In einem Rollenspiel sind die Beobachter nicht nur Zuschauer. Sie sind sozusagen die Schiedsrichter und Mitdenker. Achtet als Beobachter besonders auf folgende Fragen:

- Haben die Personen ihre Rolle glaubwürdig dargestellt?
- Sind die Spielerinnen und Spieler fair miteinander umgegangen?

3. Schritt: Besprechung

Nach jedem Rollenspiel gibt es eine kurze Besprechungsrunde, in der sich die Beobachter zu den beiden Fragen äußern. Wenn alle Rollenspiele vorgespielt sind, könnt ihr die Ergebnisse vergleichen und darüber reden, welche Lösungen euch am besten gefallen haben. Alle Spielerinnen und Spieler sind nun nicht mehr an ihre Rolle gebunden und können ihre Meinung frei äußern. Sie dürfen auch nicht mehr auf ihre Rolle angesprochen werden. Sprecht auch darüber, was ihr aus den Rollenspielen für euer Verhalten in Wirklichkeit lernen könnt. Haltet die Ergebnisse schriftlich fest.

Welche Bedeutung hat die Familie?

STATION 1 — Wie sehen Familien heute aus?

Familienpuzzle

Wer kann möglichst viele Familien bilden? Dazu könnt ihr entweder alle der folgenden Personen verwenden oder nur einige. Jede Person darf auch mehrmals eingesetzt werden.

Martin (47 Jahre), Maren (23 Jahre), Nicky (13 Jahre), Timo (8 Jahre), Robin (6 Monate), Silke (43 Jahre), Andreas (16 Jahre), Karsten (24 Jahre)

Welche Gemeinsamkeiten gibt es zwischen den zahlreichen, von euch gebildeten Familien?

STATION 2 — Frauensache – Männersache

Beschreibt, was in der Karikatur dargestellt ist. Was wollte der Zeichner kritisieren?
Erklärt den Zusammenhang zwischen der Karikatur und dem Thema Gleichberechtigung.

„Ihr müsst halb verhungert sein, ihr Ärmsten! Aber ich habe nach Dienstschluss noch Tanjas Kleid abgeholt und den Staubsauger in Reparatur gegeben. Beim Metzger war es wieder so voll […] In zehn Minuten gibt es Abendbrot […]"

STATION 3 — Brauchen Familien mit Kindern mehr Geld?

Bei der Hotline einer Familienberatungsstelle trifft folgende Anfrage ein: Fabian und seine Freundin Steffi erwarten ein Baby. Sie möchten gerne wissen, mit welcher staatlichen Unterstützung sie rechnen können, wenn das Baby da ist.

Wer hat die meisten Tipps parat?

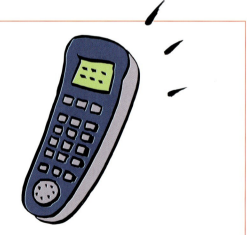

6 Umgang mit Medien – Wir machen uns fit!

Fast alle Kinder wollen nur spielen am PC.

Mit Computern kann man gut lernen.

Wenn ich mich zwischen PC und Fernsehen entscheiden müsste, würde ich den Computer wählen.

Die Bilder in der Wirklichkeit und die in den Medien kann man kaum voneinander unterscheiden.

Für mich gibt es noch viele Dinge, die wichtiger sind als Computer und Fernsehen.

Zu den wichtigsten Medien in der modernen Welt gehören das Fernsehen und der Computer. Sie liefern uns tagaus tagein riesige Mengen an Informationen. Fit sind diejenigen, welche die Medien so benutzen können, dass sie im Umgang damit klüger werden und die Welt besser verstehen können. Darum geht es in diesem Kapitel. Ihr könnt euch mit den Möglichkeiten des Mediums Fotografie beschäftigen, mit dem Fernsehen und mit dem Computer. Sprecht zunächst über die Meinungen von Kindern, die ihr auf dieser Seite findet.

Detektivaufgabe für das ganze Kapitel: Wo lassen sich die farbigen Mäuse züchten?

1. Fotos lügen nicht!?
Wir untersuchen die Wirkung von Bildern

War es so?

Tina war gerade wach geworden. Das Gezwitscher der Vögel hatte sie geweckt. Sie räkelte sich in ihrem Bett. „Schlaf weiter", sagte sie zu ihrer Lieblingspuppe. Die hatte früher schon ihrer Großmutter gehört. Kaffeeduft und der Geruch von frischen Brötchen zogen durch das Haus.

Tobi und Gitte warteten bestimmt schon auf sie. Sie hörte Stimmen im Haus. Jetzt aber schnell runter. Die Sonne lachte. Fröhlich nahm sie mehrere Stufen auf einmal.

Die anderen hatten das Frühstück schon vorbereitet. Der Tisch war wunderschön gedeckt. Nun konnte es losgehen. „Das wird bestimmt ein schöner Tag", dachte Tina.

Oder war es so????

Tina war gerade aufgewacht und ging noch etwas benommen ins Esszimmer. Der Frühstückstisch war verlassen. Wo waren Gitte und Tobi? Keiner hatte ihr Bescheid gesagt.

Im Haus war es gespenstisch ruhig. Was war denn nur los? Sie hastete die Treppe hinauf und nahm dabei mehrere Stufen auf einmal.

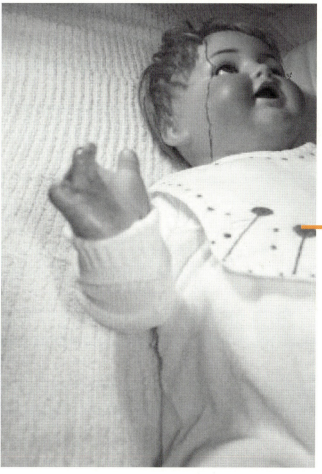

Um Himmels Willen! Was war mit ihrer Lieblingspuppe passiert? Die hatte sie doch von ihrer Großmutter zur Kommunion geschenkt bekommen. Und jetzt das!!!

1. Wodurch unterscheiden sich die beiden Geschichten?
2. Welche der beiden Geschichten erscheint euch glaubhafter?
3. Was sagen die zwei Fassungen über die Wirkung aus, die man mit Fotos und Texten erzielen kann?

Wie können Fotografen die Wirkung von Fotos beeinflussen?

> Viele Menschen sind der Ansicht, dass Fotos die Wirklichkeit so abbilden wie sie ist. Stimmt das?
>
> **1.** Lest den folgenden Text und formuliert dann eure Antwort.

A Traditionelle Möglichkeiten

„Wir sind gleich groß! Oder?"

Vielleicht habt ihr auch schon Urlaubsfotos gemacht und euch hinterher gewundert, dass das entwickelte Foto ganz anders aussah als das, was ihr von der wirklichen Situation in Erinnerung habt.

Selbst wenn man es will, können Fotos nicht die Wirklichkeit so zeigen wie sie ist. Fotos bieten immer nur einen bestimmten Ausschnitt. Sie sind zweidimensional, kennen also nur Breite und Höhe. Die Tiefe des Raumes entfällt. Fotos halten nur den Bruchteil einer Sekunde fest. Hat man sich gerade über die Augen gerieben, sieht man vielleicht schlecht gelaunt aus. Man kann die Wirkung eines Fotos beeinflussen und von diesen Möglichkeiten machen Fotografen auch Gebrauch.

Der Fotograf wählt zunächst einmal einen Ausschnitt aus der Wirklichkeit, den er abbilden will. Was ihm nicht gefällt, kann er weglassen. Er kann die Personen in die Mitte seines Fotos platzieren oder an den Rand. Stehen sie am Rand, wirken sie eher unbedeutend – Randfiguren eben. Sieht man sie in der Mitte und hat sich der Fotograf auch noch für eine Nahaufnahme entschieden, wirken die fotografierten Menschen groß und wichtig. Fotografen können andere Menschen von einem erhöhten Standpunkt aus fotografieren – das nennt man *Vogelperspektive* – oder eher von unten nach oben – das nennt man *Froschperspektive*. Einmal wird die Person klein und unscheinbar wirken, einmal groß und mächtig. Will der Fotograf Schauspieler, Sänger, Politiker oder andere berühmte Personen vorteilhaft oder unvorteilhaft, sympathisch oder unsympathisch zeigen, so kann er das mit der Wahl des Ausschnitts, der Perspektive und dem Zeitpunkt des Auslösens tun. Die feinen Veränderungen entstehen erst im Labor bei der Bearbeitung eines Negativs. Fotos kann man *retuschieren*, das heißt nachbessern oder nachzeichnen. Einem Menschen, den man sympathisch wirken lassen will, gestaltet man einen lächelnden Mund. Dem Bösewicht kann man die Frisur verändern und die Augen dunkler erscheinen lassen. Ein raffiniertes Mittel der Bildbearbeitung ist die *Montage*. Hier wird etwas in ein Foto hineinmontiert, was bei der Aufnahme gar nicht da war. Genauso gut kann man Dinge oder Personen entfernen. Passen dem Fotografen zum Beispiel bestimmte Personen nicht in ein Bild, so lässt er diese einfach verschwinden.

B Digitale und virtuelle Möglichkeiten

Gemorphte Bilder – allmählich wird aus einer Person eine andere

Heute ist es bereits selbstverständlich, dass Fotografen die Möglichkeiten des Computers nutzen um Fotos zu bearbeiten und ihre Wirkung zu beeinflussen. Eine relativ simple Möglichkeit ist die Benutzung eines Scanners. Mit diesem Gerät werden Fotos in den Computer eingelesen und abgespeichert. Sie können nun auf vielfältige Art und Weise bearbeitet werden. Man kann die Farbgebung verändern. Man kann Personen größer oder kleiner, dicker oder dünner, schön oder hässlich machen, alles kein Problem. Man kann mehrere Fotos miteinander kombinieren und so etwas entstehen lassen, was in der Wirklichkeit überhaupt nicht existiert. Schon lange bedient sich die Werbung dieser Möglichkeiten. So sind lila Kühe entstanden, Waschmaschinen mit großen Mündern, singende Erdbeeren usw. Mit einer Digitalkamera werden Filme und Negative überflüssig. Hier wird die Aufnahme digitalisiert, das bedeutet, dass der Computer das echte Bild in Informationspunkte umwandelt, die dann auf einem Mikrochip gespeichert werden. Je kleiner und feiner die einzelnen Informationspunkte sind, desto besser ist nachher die Bildqualität.

Für den Computer ist ein digitales Bild im Prinzip nichts anderes als ein gespeicherter Text, mit dem man beliebig verfahren kann. Bei der Bearbeitung digitaler Fotos gibt es kaum noch Grenzen. Mit einem Bildbearbeitungsprogramm kann man zwei oder mehrere Fotos miteinander kombinieren oder auch eine Zeichnung mit dem Foto einer realen Person. Eine beliebte Technik ist das Morphing der Bilder. Damit kann der Computer ein Foto in mehreren Stufen in ein anderes Foto umwandeln. Mittlerweile brauchen Fotografen gar keine Kamera mehr, um Bilder entstehen zu lassen, die den Eindruck von Wirklichkeit erzeugen. Der Computer schafft seine eigene virtuelle Bilderwelt. Ihr kennt sie aus den Computerspielen und aus Spielfilmen mit Dinosauriern, fremden Galaxien, Heldinnen und Helden, die viele toll finden, aber die es eigentlich gar nicht gibt.

Roger Rabbit und ein Mann fahren in einem merkwürdigen Auto durch die Gegend: Von wo nach wo?

O Schreck: Das Schiff der Umweltorganisation Greenpeace wird nicht mehr zu retten sein – oder doch?

2. Ein Kind, das einen Spielfilm mit Dinosauriern gesehen hat, kann fest davon überzeugt sein, dass die Dinos existieren und nachts in sein Zimmer kommen können. Was erklärst du ihm?
3. Haltet ihr es für möglich, dass eine Tageszeitung Fotos nutzt um die Meinungen ihrer Leser zu beeinflussen?
4. Virtuelle Bilderwelt und reale Welt: Ist es gefährlich oder harmlos, wenn man dazwischen nicht mehr unterscheiden kann? Diskutiert miteinander.

Trainingsplatz

Welche Fotos für welchen Zweck?

Wir kombinieren Fotos und passende Texte

Die Fotos sind an einer Realschule entstanden. Welche würdet ihr auswählen
– für einen Schulprospekt?
– für einen Bericht an den Schulausschuss der Gemeinde, in dem z. B. über die Renovierung von Schulen gesprochen wird?

Schreibt für beide Anlässe passende Texte zu den ausgewählten Fotos.

Tipp: Ihr könnt auch selbst Fotos von eurer Schule machen und damit zum Beispiel einen Prospekt erstellen.

2. Wie kommt die Welt ins Fernsehen?
Wir blicken hinter die Kulissen von Nachrichtensendungen

Vulkan Mayon ausgebrochen

Am Sonntag, dem 24. Juni 2001 um 13.00 Uhr brach auf den Philippinen der Vulkan Mayon aus. Stellt euch einmal die Zeit vor, als es noch kein Fernsehen gab, kein Internet, kein Telefon und keine Flugzeuge oder andere schnelle Reisemöglichkeiten. Niemand in Deutschland hätte davon erfahren, höchstens nach vielen Monaten, wenn ein Reisender von diesem Ereignis berichtet hätte. Und heute? Schon zwei Stunden später, nämlich um 15.00 Uhr wurde in der Tagesschau der nebenstehende Text vorgelesen:

„Auf der philippinischen Insel Luzon ist der Vulkan Mayon ausgebrochen. Aus dem Berg schossen mehrere Kilometer hohe Fontänen glühender Lava und Asche. Die Behörden ordneten die Räumung aller nahe gelegenen Ortschaften an – mehr als 11 000 Menschen haben ihre Häuser inzwischen verlassen. Verletzt wurde bislang niemand. Experten befürchten, dass sich die Eruptionen in den nächsten Tagen noch verstärken könnten."

1. Was wisst ihr schon darüber, wie solche Nachrichten wie die über den Vulkanausbruch auf den fernen Philippinen ins Fernsehen kommen? Sprecht darüber in der Klasse.
2. Sammelt zur nächsten Stunde Meldungen aus Nachrichtensendungen im Fernsehen und sucht auf einer Weltkarte heraus, von wo überall auf der Welt die Nachrichten kommen.

Woher erhält das Fernsehen seine Informationen?

Vulkanausbrüche auf den Philippinen oder auf Sizilien, Präsidentschaftswahlen in den USA, politische Unruhen in Afrika, Überschwemmungen in Asien, ein Tennisturnier in Australien, die Eröffnung einer Kunstausstellung in Paris – wenn sich irgendwo auf der Welt etwas ereignet, wird häufig noch am selben Tag im Radio und im Fernsehen darüber berichtet.

Woher erhält das Fernsehen diese vielen Informationen? An vielen wichtigen Orten auf der Welt haben die großen Fernsehsender ihre eigenen Berichterstatterinnen oder Berichterstatter. Sie berichten direkt vor Ort, wobei sie ihre Texte, Bilder und Filme auch per Internet an ihre Redaktionen übermitteln können. Beim Ausbruch des Vulkans Mayon mussten die Berichterstatter von der Hauptstadt der Philippinen Manila auf die Insel Luzon fliegen. Deshalb gab es zunächst in den Nachrichtensendungen nur einen Text, den man per Telefon von einem Beobachter vor Ort übermittelt bekommen hatte. Einige Stunden später waren dann die ersten Fotos und Filmaufnahmen hergestellt.

Die Fernsehanstalten können nicht überall auf der Welt ihre Berichterstatter haben. Deshalb bedienen sie sich zusätzlich der großen Nachrichtenagenturen. Eine Nachrichtenagentur ist eine große Firma, die überall auf der Welt Mitarbeiterinnen und Mitarbeiter hat, die Nachrichten sammeln und diese an die Fernsehanstalten, aber auch an Radiosender und Zeitungen weiterleiten. Wenige Stunden nach dem Vulkanausbruch hatten die Nachrichtenagenturen Texte, Fotos und Filmmaterialien über das Ereignis auf den Philippinen produziert und lieferten das Material weiter an die Fernseh- und Zeitungsredaktionen. Die Fernsehsender haben eine oder mehrere dieser Nachrichtenagenturen abonniert. Sie erhalten so ständig neue Informationen und zahlen dafür eine feste Gebühr.

Würde eine Nachrichtensendung alle Informationen senden, die sie geliefert bekommt, müsste die Sendung mehrere Stunden dauern. Da das nicht geht, muss für die aktuellen Sendungen immer eine Auswahl getroffen werden. Dies geschieht in den täglichen Redaktionskonferenzen. Hier wird darüber entschieden, was die Fernsehzuschauer erfahren und was nicht. Darüber hinaus muss festgelegt werden, in welcher Form über die Ereignisse berichtet werden soll. Nach dem Ausbruch des Mayon zeigten die Fernsehanstalten Tag- und Nachtaufnahmen des Ausbruchs. Es gab Interviews mit Menschen, die dort leben und die ihre Häuser verlassen mussten. Eine Karte von der geographischen Lage des Mayon auf den Philippinen wurde eingeblendet.

1. Ihr könnt jetzt genauer erzählen, wie das Ereignis vom spuckenden Mayon in die Nachrichtensendungen kam.
2. Jemand behauptet: „Nachrichtensendungen im Fernsehen zeigen alles, was es auf der Welt an wichtigen Ereignissen gibt!" Was antwortet ihr?
3. Erläutert, was Nachrichtenagenturen sind und wie sie arbeiten?

Was macht das Fernsehen mit seinen Informationen?

Vielleicht kennt ihr die ZDF-Nachrichtensendung logo!, die von montags bis freitags um 17.20 Uhr im KI.KA ausgestrahlt wird. Sie richtet sich speziell an Kinder und Jugendliche. Aktuelle logo!-Nachrichten gibt es auch im Internet unter http://logo.tivi.de.
Am Beispiel von logo! könnt ihr untersuchen, wie eine solche Sendung entsteht.

1. Notiert, wer bei dieser Sendung welche Aufgabe zu erfüllen hat.
2. Vom Ereignis bis zum Fernsehbericht werden mehrere Stationen durchlaufen. Wer kann wo welchen Einfluss auf die Berichterstattung nehmen?

Ein Tag bei logo!

Wenn Yve, Andreas oder Kim am frühen Abend die logo!-Zuschauer begrüßen, haben sie schon einen langen Arbeitstag hinter sich. Ein Team von ungefähr zehn Leuten hat Informationen gesammelt und Fernsehbilder zusammengestellt, damit ihr von logo! Nachrichten rund um die Welt bekommt. Wir haben Yve und das logo!-Team einen Tag lang mit der Kamera begleitet.

Morgens treffen sich logo!-Moderatorin Yve und das logo!-Team zur ersten Besprechung. Sie wählen aus den vielen Meldungen der Nachrichtenagenturen aus, worüber logo! an diesem Tag berichten wird.

Michael ist logo!-Redakteur und wird erklären, was die Politiker der verschiedenen Parteien gegen die Arbeitslosigkeit unternehmen wollen. Er informiert sich im ZDF-Computer und schreibt einen Text, der genau erklärt, worum es bei diesen Ideen geht und wie den Menschen ohne Arbeit damit geholfen werden kann.
Seinen Text bespricht er mit Peter, dem logo!-Grafiker.

Peter zeichnet dazu die passenden Bilder. Diese Bilder werden dann auf eine Video-Kassette aufgezeichnet.

Helen war gestern mit dem logo!-Mobil und einem Kamera-Team für die logo!-Redezeit unterwegs.

Mit den Video-Kassetten, die das Kamera-Team aufgenommen hat, geht sie zu Jörg, dem logo!-Cutter.

logo!-Cutter Jörg schneidet die logo!-Beiträge. Das bedeutet: Die besten gefilmten Szenen, die besten gezeichneten Bilder oder Teile aus Nachrichtenfilmen werden ausgesucht und zu einem Bericht von einigen Minuten zusammengesetzt.

Delia macht eine kurze Meldung über die Waldbrände in Australien und den Tourstart von Sasha.

Mehrere Nachrichtenagenturen schicken ihre Nachrichten-Filme aus aller Welt an Nachrichtensender wie das ZDF. Dieses Film-Material können alle Nachrichtensendungen verwenden.

Alle Beiträge müssen später noch vertont werden. Die Redakteure sprechen ihre Texte passend zum Bild in ein Mikrofon, dieser Text wird dann gleichzeitig mit dem Bild gesendet.

Außerdem soll in der Sendung ein Projekt für Straßenkinder in Brasilien vorgestellt werden. Der ZDF-Korrespondent in Rio de Janeiro hat extra für logo! einen Bericht gemacht und mit dem Flugzeug nach Deutschland geschickt. Ein Bote bringt seinen Bericht zur logo!-Redaktion.

Inzwischen hat sich Yve über alle Themen dieses Tages informiert und ihre Moderationstexte geschrieben.

Kurz vor der Sendung muss sie dann noch zur Maskenbildnerin und wird geschminkt. Im hellen Licht der Fernsehstudios würde ihre Haut sonst glänzend und blass aussehen.

Dann ist es so weit: „Achtung Aufnahme!" Yve begrüßt die Zuschauer mit „Hallo bei logo!".

(Text: ZDF/logo, Christa Vogt, Februar 2002)

> **3.** Welche Merkmale muss eurer Meinung nach eine Nachrichtensendung im Fernsehen haben, damit sich die Zuschauerinnen und Zuschauer ein möglichst genaues und wahrheitsgetreues Bild von der Wirklichkeit machen können? Sammelt mehrere Qualitätsmerkmale.

Fernsehbild und Wirklichkeit: Muss man unterscheiden können?

Viele Leute können zwischen den Bildern im Fernsehen und der Wirklichkeit nicht unterscheiden. Erklärt nach dem Betrachten des Bildes und dem Lesen der Texte, warum man das dennoch können sollte.

Landschaften, die nicht existieren

Für das Fernsehen lassen sich Bilder erfinden, die nur in der virtuellen, das heißt in der künstlichen Welt der Bildschirme existieren. In den Nachrichtensendungen geschieht das mithilfe einer Blue Box. Die Sprecher im Studio stehen in einem blauen Raum wie in einem blauen Kasten und verlesen ihren Text. Computertechnik fügt Landschaften oder Karten in das Bild hinein, die in Wirklichkeit gar nicht existieren. So kann es sein, dass die Nachricht aus Paris, bei der die Reporterin vor dem Eiffelturm steht, in Wahrheit in der Blue Box entstanden ist und der Mann, der das Wetter erklärt, steht auch nicht wirklich vor einer Wetterkarte.

„Stimmt, hab' ich in den Nachrichten gesehen!"

Wenn eine Nachricht im Fernsehen gezeigt wird, denken aber viele Menschen, dass sich das Ereignis genauso zugetragen hat, wie es im Fernsehen gezeigt wird. Das haben Umfragen ergeben. „Bilder können nicht lügen", denken die meisten. Richtig ist, dass die Redakteure einer Nachrichtensendung dazu verpflichtet sind, die Menschen so wahrheitsgetreu wie möglich zu informieren. Man kann annehmen, dass die meisten von ihnen diese Verpflichtung erfüllen wollen. Andererseits gilt beim Fernsehen das eiserne Prinzip, dass man nur berichten kann, was sich auch mit Bildern zeigen lässt. Die Zuschauer erwarten auch, dass die Bilder nicht langweilig, sondern interessant sind. Also übertreibt man leicht ein bisschen. Um der Nachricht über Staus auf den Autobahnen am Beginn der Schulferien besondere „Würze" zu geben, kann man Bilder von endlosen Blechlawinen einspielen, gestresste Autofahrer in Nahaufnahmen, weinende Babys. Gibt es zu einer Nachricht keine Bilder, die den Text anschaulich machen (zum Beispiel bei einem Text über die Entwicklung der Arbeitslosigkeit), so müssen sie erfunden werden. Veränderungen und Erfindungen von Bildern sind aber – wie ihr bereits gesehen habt – für Computer kein Problem mehr.

Manipulation durch Bilder?

Menschen, die die Möglichkeiten zur Erschaffung einer künstlichen Bilderwelt im Fernsehen nicht erkennen, glauben leicht, dass die Wirklichkeit hinter dem Bildschirm der tatsächlichen Wirklichkeit entspricht. Damit sind sie manipulierbar. Das bedeutet: Man kann sie beeinflussen, ohne dass sie es merken. Angenommen, ein Fernsehmacher wollte ihnen die Meinung vermitteln, die Jugendlichen von heute würden zu viel feiern, rauchen und Alkohol trinken, so kann er ausschließlich Bilder von feiernden, trinkenden und rauchenden Jugendlichen zeigen. Er wiederholt sie am besten so oft wie möglich.

1. Was antwortest du jemandem, der alles, was er im Fernsehen sieht, für die Wahrheit hält?
2. Erklärt, was Manipulation bedeutet und warum sie gefährlich ist.

Tipp: Das Gespräch zwischen einem leichtgläubigen Fernsehzuschauer und einer klugen Schülerin oder einem klugen Schüler könnt ihr im Rollenspiel vorspielen.

Trainingsplatz

Wir gestalten unsere eigene Nachrichtensendung

Guten Tag, liebe Zuschauerinnen und Zuschauer!

Das Nachrichtenteam der Erich-Kästner-Schule begrüßt euch zur neuesten Ausgabe ...

Unsere Schule live: Gestern kam es auf dem Schulhof zu einer großen Müllbeseitigungsaktion, die auf eine Idee der SV zurückging. Schülerinnen und Schüler der fünften und sechsten Klassen hatten sich dazu bereit erklärt, Dosen, Papier und anderen Müll einzusammeln. Sie machten sich in der sechsten Stunde gemeinsam ans Werk.

Streit erfolgreich beigelegt: Wieder einmal ist es unseren Streitschlichtern Hanna und Mirko gelungen, zwei Streithähne aus der sechsten Klasse zu einer friedlichen Beilegung ihrer Auseinandersetzung zu bewegen. ...

Wenn ihr in eurer Schule über eine Videokamera verfügt, könnt ihr eine echte Fernsehnachrichtensendung produzieren. Wenn das nicht der Fall ist oder der Aufwand zu groß ist, muss die Fantasie die Technik ersetzen. Das Lehrerpult wird dann zum Nachrichtensprecher-Platz! Und so könnte es gehen:

1. Teilt zunächst die Klasse in Gruppen auf. Jede Gruppe bildet ein Redaktionsteam. Die Gruppenarbeit beginnt mit einer Redaktionskonferenz. Alle notieren auf Zetteln Themen, über die in der Sendung berichtet werden soll.

   Zum Beispiel:
   – Neues aus unserer Schule, aus der Arbeit der SV, besondere Vorkommnisse und Aktionen, unsere Lehrerinnen und Lehrer, Rückblick auf ein Schulfest, ein Fußballspiel zwischen Lehrern und Schülern usw.
   – Neues aus unserer Stadt, über Musik, Konzerte, Filme
   – Wichtige Sportereignisse
   – Neues aus der großen Politik usw.

2. Die Redaktionskonferenz prüft die verschiedenen Vorschläge und entscheidet dann, über welche Themen in welcher Reihenfolge berichtet werden soll.

3. Nun könnt ihr auch in den Gruppen die Arbeit aufteilen:
   – Wer schreibt einen Text zu welcher Nachricht?
   – Wer wird Nachrichtensprecherin oder Nachrichtensprecher sein?
   – Wer macht mit wem ein Interview?
   – Wer sagt seine persönliche Meinung zu einer der Nachrichten?
   – Wer gestaltet den äußeren Rahmen der Sendung (Vorspann, Abspann, eventuell Musik)?

4. Wenn alle Beiträge zusammengestellt sind, bespricht die Redaktionskonferenz die letzten Einzelheiten. In der nächsten Stunde wird es ernst und alle Teams gehen auf Sendung.

5. Nach den einzelnen Sendungen werden die Beiträge in der Klasse besprochen:
   - Sind die Zuschauer genau und wahrheitsgetreu informiert worden?
   - Waren die Beiträge gut verständlich und ausführlich genug gestaltet?

3. Was bringt uns die Computerwelt?
Wir untersuchen Spiel-, Lern- und Informationsmöglichkeiten

Lars und seine Computerspiele: Könnte euch das auch passieren?

Computerspiele:
Sind sie mehr als Zeitvertreib?

Lars ist sechzehn Jahre alt. Er ist jetzt ein ganz guter Schüler. Das war aber nicht immer so. Lars erzählt:
So zwischen 12 und 14 hatte ich nichts anderes mehr im Kopf als Computerspiele. Ich hatte unzählige Spiele durch, erst mal alle *Pokémon Editions* auf meinem Gameboy, dann *Advance Rally, Diddy Kong Pilot, Supercar Street Challenge* und zig andere Jump-and-Run-Rennspiele. Ich war total geschickt, entwickelte ein superschnelles Reaktionsvermögen. Mein Vater konnte da nicht mithalten.
James Bond war mein erstes Actionspiel, das ich heimlich einlegen musste. Klar hatte ich auch eine Menge „Schlag-sie-tot-Spiele", von denen meine Eltern nichts wissen durften.
Star Treck, Tomb Raider und viele andere konnte man dann im Kino sehen und zu Hause stundenlang nachspielen. Die fand auch mein Vater Klasse. Dann fing ich verstärkt mit Abenteuer- und Strategiespielen an. *Civilization* fand ich toll. 4000 Jahre vor Christus begann ich damit meinen Staat einzurichten. Bis zum Jahr 2000 nach Christus musste ich mich hocharbeiten und konnte dann mein erstes Raumschiff starten.
Super waren auch *Die Siedler 1 und 2* oder *Ages of Empires*. Soll bloß keiner behaupten, dass man mit Computerspielen nichts lernen kann.
Meine Freunde und ich fingen an gemeinsam zu spielen, weil die Aufgaben immer schwieriger zu lösen waren. Mit den Internetspielen wurde alles noch besser.
Jetzt spielten wir mit und gegen Gleichaltrige überall auf der Welt. Ich hätte am liebsten gar nicht mehr damit aufgehört.
Als ich vierzehn geworden war, kam es zum großen Krach mit meiner Mutter. Sie hatte sich meine Schulhefte angeschaut. „Deine Schrift wird immer schlechter. Du machst immer mehr Fehler. Du lernst nicht mehr für die Schule, weil du nur noch für deine Computersachen lebst. Das muss anders werden!" Sie schrie mich richtig an.
Ich war sauer, weil die Erwachsenen sowieso etwas gegen Computerspiele haben. Sie meinen ja immer, es ginge nur um Autorennen, Mord und Totschlag. Nach und nach sah ich ein, dass meine Mutter nicht ganz Unrecht hatte. Ich hatte zu wenig für die Schule getan. Ich war auch oft morgens hundemüde, weil ich nachts noch mit *X-Beyond the Frontier* in galaktischen Milchstraßen unterwegs war.
Es hatte sich einfach so entwickelt, als ob man zu viel Fernsehen guckt.
Wir haben dann zu Hause einen Computerspiel-Vertrag gemacht. Es gab jetzt feste Zeiten, die ich einhalten musste. Ich fand das am Anfang gar nicht gut, habe oft mit meinen Eltern gemeckert. Im Nachhinein bin ich froh, dass es so gekommen ist. Ich glaube schon, dass man computersüchtig werden kann – ganz allmählich, ohne es zu bemerken. Im Moment ist mein Lieblingsspiel *Anachronox*. Ich muss darin das Universum retten, aber – wie gesagt – nur noch zu bestimmten Zeiten in der Woche.

1. Lars sagt einige Dinge, über die man diskutieren kann, zum Beispiel: „Soll bloß keiner behaupten, dass man mit Spielen am Computer nichts lernen kann." und „Erwachsene haben sowieso etwas gegen Computerspiele." oder „Ich glaube schon, dass man computersüchtig werden kann." Wie denkt ihr darüber?
2. Was haltet ihr von dem Kompromiss zwischen Lars und seinen Eltern?
3. **Tipp:** Schreibt eure Meinung über Computerspiele auf. Welche Vorzüge und Chancen seht ihr? Welche Gefahren? Wie sollte man damit umgehen?

Lernen mit Computern:
Welche Vor- und Nachteile hat das?

In dem Text auf dieser Seite beschreiben Computerspezialisten die Möglichkeiten des Lernens mithilfe von Computerprogrammen.

1. Sammelt und notiert die genannten Vor- und Nachteile.

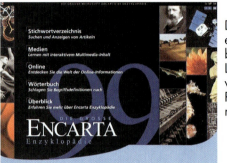

Den Inhalt eines 30-bändigen Lexikons vereint diese Software auf einer CD-ROM. Dazu kommen Videos, Tondokumente, Trickfilme.

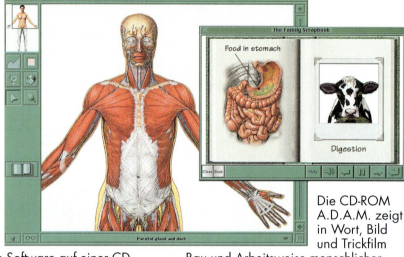

Die CD-ROM A.D.A.M. zeigt in Wort, Bild und Trickfilm Bau und Arbeitsweise menschlicher und tierischer Körper.

Es gibt Menschen, die lernen am besten, wenn sie den Wissensstoff geschrieben oder abgebildet sehen. Andere haben eher ein Gedächtnis für die Sprache und Töne. Aber am besten lernen wir alle, wenn wir die Informationen gleichzeitig über mehrere Sinne aufnehmen. Und gerade das kann Multimedia ideal bieten. […]
Multimedia-Lernen besitzt gegenüber herkömmlichen Lernverfahren im Wesentlichen drei Vorteile:
Eine einzige CD-ROM kann den Wissensstoff Dutzender von Büchern speichern und erspart daher neben Regalplatz auch viel Zeit beim Durchsuchen von Bibliothekskatalogen und Inhaltsverzeichnissen. Sie präsentiert diesen Wissensschatz, durch Grafiken, Bilder und Töne aufgelockert, besonders einprägsam, sodass multimediales Lernen viel Spaß macht. […]

Bei guten Multimedia-Produkten ist der Unterschied zwischen Spielen und Lernen nicht mehr groß. Man vermehrt fast unbemerkt sein Wissen beim Spielen oder durch unterhaltsames Stöbern im spannenden Inhalt etwa einer CD-ROM.
Der dritte Vorteil ist, dass man „im Gespräch" mit dem Computer ist: Man kann ihm konkrete Fragen stellen und erhält schnell die Antwort. Aber auch er stellt Fragen, um den Benutzer zum gewünschten Themengebiet zu führen oder den Lernfortschritt zu prüfen.
Viele Schulfächer profitieren von den Möglichkeiten des multimedialen Lernens […] Es gibt bereits Experimentierprogramme für Chemie, Physik und Biologie, bei denen weder Explosionen oder Vergiftungen zu befürchten sind, noch Tiere leiden müssen. In Biologie lassen sich etwa – per Computer und elektronisch beschleunigt, farbige Mäuse züchten und miteinander kreuzen,

um die Erbgesetze anschaulich vorzuführen. […]
Es gibt freilich auch Nachteile. Zum Beispiel sind nicht alle Sinne beteiligt. Den stechenden Geruch etwa von Ammoniak oder den Duft des Schwefelwasserstoffgases nach faulen Eiern kann der Computer nicht wiedergeben – und gerade die Nase ist ein für den Chemiker sehr wichtiges Organ.
Auch das erhebende Gefühl, mit einem kleinen Fernrohr die Sternenwelt zu bewundern, wird von keinem Multimedia-Astronomieprogramm ersetzt. Dafür aber zeigt es Sonnen- und Mondfinsternisse auf dem Bildschirm, den Himmel über Bethlehem im Jahre 7 vor Christus, den Aufgang des Ringplaneten Saturn, gesehen von seinem größten Mond Titan und zahlreiche andere schöne Astro-Fotos mehr.

(Nach: Andreas Schmenk, Arno Wätjen und Dr. Rainer Köthe: Multimedia und virtuelle Welten, Reihe: Was ist Was, Bd. 100, Tessloff Verlag, Nürnberg 1999, S. 12ff.)

Sollen schon die Erstklässler am Computer lernen?

In einem Interview mit der Zeitschrift GEO WISSEN diskutierten zwei Experten miteinander über diese Frage. Versucht zunächst einmal herauszufinden, wie sich die Meinungen der beiden unterscheiden. Vielleicht könnt ihr selbst aus eurer eigenen Erfahrung heraus die Frage anders oder noch besser beurteilen.

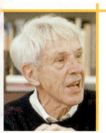

Hartmut von Hentig ist einer der bekanntesten Pädagogen in Deutschland. Er ist nicht generell gegen das Lernen am Computer, aber er warnt davor, schon bei den Kleinen damit anzufangen:

„Es wäre aber auch denkbar, dass die Lehrer den Eltern und Schülern sagen: Verschwendet eure Zeit nicht mit Geräten, die bald überholt sein werden. Alles, was wir euch heute beibringen, ist morgen schon wieder veraltet.

Gebt den Kindern erst einmal das, was in dieser Welt selten geworden ist: […] Geht in den Wald und schaut den Käfern zu. In dem Maße, wie man Kindern so etwas mitgibt, werden sie auch später ausgeruht, kritisch und klug mit Computer und Handy umgehen.

Meist jedoch verführt uns die erbärmliche Software dazu, die Wirklichkeit durch Virtuelles zu ersetzen. So wird begeistert von einem Gymnasium berichtet, an dem sich eine Klasse 6 einen virtuellen Zoo erschafft. […] Stattdessen sollte die Klasse in die Straßenbahn steigen und in den Zoo fahren.

Das Bild oder der Schein, den das Gerät hervorbringt, kann die Wirklichkeit nicht ersetzen."

Michael Drabe ist Bereichsleiter für „Schule online" und „Schulen ans Netz". Er setzt sich dafür ein, dass Kinder so früh wie möglich mit dem Lernen am Computer beginnen sollen:

„Was mich sehr beeindruckt hat, ist das Beispiel einer Klasse 2, die Ausflüge an einen nahen See unternommen und festgestellt hat, dass die Zahl der Enten im Laufe der Jahre stark zurückgegangen ist. Da die Schulen in der Umgebung Homepages hatten, konnte die Klasse mit diesen Kontakt aufnehmen und fragen: Habt ihr auch Teiche in der Nähe? Wie geht es den Enten dort? Andere Klassen haben begeistert mitgemacht und am Ende eine Informationsseite ins Internet gestellt. Die zeigte, dass die Enten überall weniger geworden waren. Darüber hat die Tageszeitung berichtet, der Bürgermeister wurde aufmerksam, schließlich hat die Stadt etwas für die Lebensräume der Tiere getan. Zwei Jahre später haben die Kinder durch erneute Recherche festgestellt, dass die Enten sich wieder erholt haben. Ein unglaublicher Lern- und Erkenntniserfolg …"

(sprachlich etwas vereinfacht aus: Geo Wissen, Mensch und Kommunikation, Heft Nr. 27/2001, S. 44ff.)

Was sie am Rechner tun

Wozu 6- bis 13-jährige Computernutzer mindestens einmal wöchentlich den Rechner gebrauchen

Mädchen		Jungen
58%	Computerspiele (allein)	66%
42%	Computerspiele (mit anderen)	49%
50%	Lernen/Lernprogramme	44%
40%	CD-ROMs nutzen	44%
40%	Malen/Zeichnen	34%
32%	Texte schreiben	24%
14%	Internet/E-Mail nutzen	16%

Spielen oder lernen Kinder am Computer? Gibt es Unterschiede zwischen Mädchen und Jungen?

Kinder im Kindergarten am PC: Sollen sie so früh wie möglich beginnen?

2. Erstklässler an die Computer? Wie lautet eure Meinung dazu.

3. Was möchtet ihr selbst gerne mithilfe des Computers lernen, was lernt ihr lieber ohne die Technik? Sprecht miteinander.

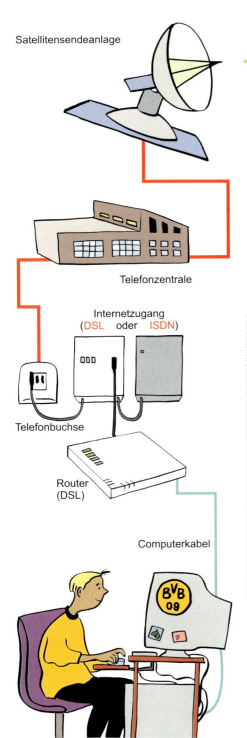

Was ist das Internet?

Für viele von euch wird die Nutzung des Internet bereits zum Alltag gehören. Kontakt mit Freunden in aller Welt pflegen, in Chat-Foren oder Chatrooms miteinander reden, Fotos hin- und hersenden, Musik hören und downloaden, Informationsmaterial besorgen. All das wird immer leichter. Schon heute gibt es Minicomputer, die man in der Tasche trägt und mit denen man überall ins weltweite Netz einsteigen kann.
Was aber verbirgt sich wirklich hinter diesem Datennetz? Lest dazu den Text und beschreibt die Bildfolge von Thorben in Deutschland bis zu Helen und Christopher in den USA.
Dann solltet ihr die Frage ausführlich beantworten können.

Das Internet ist das bekannteste Datennetz. Es hat seinen Ursprung in den USA und verband ursprünglich als „Arpanet" aus militärischen Gründen die wichtigsten Universitäten und Hochschulen den USA miteinander. Heute sind die Militärs längst aus dem Internet verschwunden. Dafür aber schließen sich immer mehr Computerbesitzer in aller Welt an: Verband das Internet im Gründungsjahr 1969 gerade vier Rechner, war die Zahl 1990 schon auf 400 000 gestiegen. 1999 lag sie bei rund 100 Millionen in fast allen Ländern der Erde. (2002 wurde die Zahl der Menschen mit Zugang zum Internet weltweit auf mehr als eine Milliarde geschätzt, das ist jeder sechste Mensch auf der Erde – Anmerkung des Herausgebers). Im Internet gibt es keine steuernde Zentrale. Jeder hat freien Zugang und kann an all seinen Einrichtungen teilnehmen. Zum Beispiel enthalten viele der angeschlossenen Rechner allgemein zugängliche Informationen; praktisch für jedes denkbare Sachgebiet lässt sich dieser Wissensschatz anzapfen. Es gibt auch zu den unterschiedlichsten Themen Diskussionsforen, in denen Meinungen und Nachrichten ausgetauscht werden.

1. Beschreibt, (a) wie das Internet funktioniert und (b) wie es sich entwickelt hat.
2. Warum wird es auch als „Chaos-System" bezeichnet?
3. Sprecht miteinander über die Probleme des Internet. Wie ernst muss man sie nehmen?

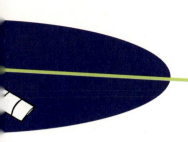

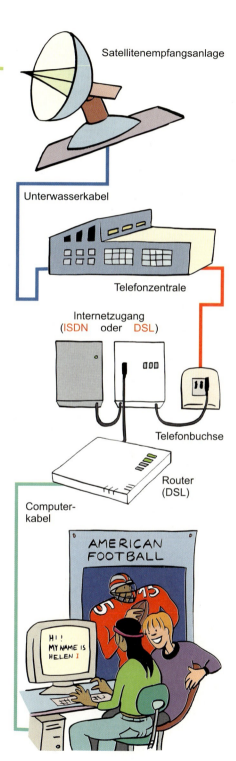

Viele Wissenschaftler nutzen das Internet, um mit ihren auf gleichen Forschungsgebieten arbeitenden Kolleginnen und Kollegen in anderen Ländern Verbindung zu halten. Denn wissenschaftliche Veröffentlichungen und Forschungsergebnisse lassen sich auf diese Weise viel rascher als per Post verbreiten und diskutieren. Manche Professoren gehen sogar schon dazu über, ihre Vorlesungen per Internet zu halten. Sie speisen den Text und die Bilder oder graphische Darstellungen mithilfe ihres Computers ein, sodass die Studenten sie in Ruhe zu Hause durcharbeiten.

(Aus: Andreas Schmenk, Arno Wätjen und Dr. Rainer Köthe: Multimedia und virtuelle Welten, Reihe: Was ist Was, Bd. 100, Tessloff Verlag, Nürnberg 1999, S. 30ff.)

Probleme des Internet

Einerseits ist das Internet das weltweit größte zugängliche Netz zum Austausch von Informationen aller Art. Jeder Nutzer kann Informationen empfangen und versenden. Das ist ein großer Unterschied zum Fernsehen. Andererseits ist das Internet in vieler Hinsicht ein „Chaos-System". Es wächst täglich mit rasanter Geschwindigkeit. Da jeder seine Informationen hineinstellen kann, nutzen auch zahlreiche radikale Gruppen diese Möglichkeit. Neonazis und Kriminelle können ebenso ihre Informationen verbreiten, wie alle anderen auch. Kinder müssen besonders davor geschützt werden, damit sie nicht über das Internet mit für sie schockierenden und gefährlichen Bildern und Informationen belastet werden. Der berühmte Computerspezialist Joseph Weizenbaum bezeichnete das Internet sogar „als einen großen Misthaufen, in dem man ab und zu auch Schätze und Perlen finden kann."

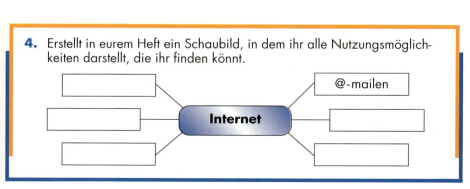

4. Erstellt in eurem Heft ein Schaubild, in dem ihr alle Nutzungsmöglichkeiten darstellt, die ihr finden könnt.

METHODEN-KARTE 5

Informationen suchen im Internet

Thema: Gezielte Recherche

Worauf kommt es an?

Stellt euch das Internet wie einen riesigen Heuhaufen vor. Er besteht aus wild zusammengewürfelten Informationen. Die Menge der Informationen ist unvorstellbar groß und sie wächst von Tag zu Tag.

Die Suche nach einer bestimmten Information ist daher mit der Kunst vergleichbar, in einem riesigen Heuhaufen eine winzige Stecknadel zu finden. Wenn ihr Informationen zu einem bestimmten Thema sucht, müsst ihr klug wie Detektive vorgehen. Dann werdet ihr bestimmt den ein oder anderen Schatz oder die ein oder andere Perle finden.

Bei vielen Adressen im Internet findet ihr spezielle Informationen für Schülerinnen und Schüler in eurem Alter.

Wie könnt ihr bei der Suche vorgehen?

1. Schritt: Ihr müsst wissen, was ihr sucht

Zunächst solltet ihr genau überlegen, was ihr wissen wollt. Am besten formuliert ihr das in einer Frage, zum Beispiel: Wie finden wir heraus, was in unserer Stadt für die Kinder getan wird? Oder: Wo finden wir Informationen zum Thema Umweltschutz in unserer Umgebung? und vieles andere mehr.

2. Schritt: Informationswege im Internet auswählen

Drei Wege auf der Suche nach der Information können Erfolg bringen:

→ Erste Möglichkeit: Surfen ohne einen genauen Plan. Man gibt zum Beispiel bestimmte Begriffe bzw. mögliche Adressen ein, die mit der Suchfrage zu tun haben und wartet ab, ob sich etwas tut. Sucht man zum Beispiel Material zum Thema Umweltschutz, kann man es einmal mit *www.umwelt.de* versuchen.

→ Eine zweite Möglichkeit besteht darin, Namen von Zeitschriften, Zeitungen, Fernsehsendern und anderen Einrichtungen einzugeben, von denen man annehmen kann, dass sie Informationen zum Suchthema anbieten. Viele Organisationen (wie zum Beispiel die Fernsehanstalten) bieten oft auch gezielt Informationsmaterial für Kinder an.

Ihr könnt auch Namen von politischen Parteien, Vereinen und anderen Organisationen eingeben. Hier müsst ihr daran denken, dass solche Einrichtungen nicht nur Informationen, sondern auch ihre Meinungen verbreiten wollen.

→ Die dritte Möglichkeit ist die Benutzung von Katalogen und Suchmaschinen. Hier haben Menschen oder Computer alle möglichen Informationen gesammelt und ordnen sie in bestimmte Themenbereiche ein. Wenn ihr *www.suchmaschinen.de* eingebt, zeigt euch der Computer einen Überblick über das aktuelle Suchmaschinenangebot.

3. Schritt: Suchmaschinen gezielt zur Informationssuche nutzen

Die gezielte Suche nach Informationen mit Suchmaschinen ist eine Kunst, welche die gute Detektivin und den guten Detektiv auszeichnet. Hier muss man oft die Suchbegriffe miteinander kombinieren, damit einem nicht zu viele Informationen geliefert werden. Bei der Eingabe des Suchbegriffs „Umwelt" in eine große Suchmaschine erhielten wir zum Beispiel 2778 Informationsangebote. Bei der Kombination der Suchbegriffe „Umwelt+Ozonloch" waren es nur noch 29.

4. Schritt: Nur eine begrenzte Menge von Material ausdrucken

Oft kommen Schülerinnen und Schüler mit einer ungeheuren Blätterzahl von Materialien in die Schule und freuen sich darüber, dass sie so viel ausgedruckt haben. Diese Art des Vorgehens nützt gar nichts. Druckt daher nur solche Materialien aus, die sich genau auf eure Forschungsfrage beziehen und deren Menge ihr auch durcharbeiten könnt.

5. Schritt: Die gefundenen Informationen durcharbeiten

Das Internet liefert uns zahlreiche Informationen, aber es arbeitet sie nicht für uns durch. Ohne die eigene Bearbeitung der Texte und Bilder hat man nichts durch die Suche gelernt. Wenn ihr Material zu eurer Suchfrage gefunden habt, müsst ihr es genauso sorgfältig bearbeiten, wie ihr es sonst mit den Materialien aus Schulbüchern, Arbeitsheften und so weiter tut.

Trainings-platz A

Lernen mit dem Computer

Was sollen Schülerinnen und Schüler können?

Hier findet ihr 15 verschiedene Dinge, die man an einem Computer lernen kann. Vielleicht könnt ihr einiges davon schon, vielleicht auch noch nicht. Zunächst sollte jeder von euch den Fragebogen für sich durchgehen und jeweils A, B oder C auswählen. Danach könnt ihr mit den Bank- oder Tischnachbarn vergleichen.

A Das kann ich schon.	B Das möchte ich noch lernen.	C Das ist mir nicht so wichtig.

Bereich 1
Texte schreiben und Bildmaterial einbauen

1. Texte mithilfe des PC schreiben und abspeichern
2. Tabellen und Kreisdiagramme entwerfen und in einen Text einfügen
3. Ein Bild einscannen und in einen Text an die passende Stelle einbauen

Bereich 2
Üben und Wiederholen

4. Mathematikaufgaben, Rechtschreibübungen und Ähnliches mit einem Lernprogramm lösen
5. CD-ROMS mit neuen Aufgabenstellungen für Biologie, Politik, Erdkunde und andere Fächer richtig nutzen
6. Ein Computerlexikon benutzen

Bereich 3
Materialien gestalten

7. Meine Hausaufgaben mithilfe des Computers schön gestalten
8. Folien und Plakate für einen Vortrag oder eine andere Präsentation mit dem PC erstellen
9. An einer Homepage der Klasse oder der Schule mitarbeiten

Bereich 4
Suche nach Informationen

10. Mithilfe von Internetadressen und Suchmaschinen Informationen zu einem bestimmten Thema suchen und ausdrucken
11. Texte und Bilder aus dem Internet kopieren und in einem Schreibprogramm (z.B. Word) abspeichern
12. Herausfinden, wer welche Information mit welcher Absicht in das Internet eingestellt hat

Bereich 5
Kont@kt aufnehmen

13. E-Mails senden können und empfangen
14. Mit Kindern in anderen Orten, Ländern oder Staaten Kontakt aufnehmen und pflegen
15. Kontakte zu Organisationen herstellen und Broschüren und andere Informationsmaterialien kostenlos bestellen

Erstellt nach der Bearbeitung des Fragebogens in der Klasse eine Liste zum Thema:
Was Mädchen und Jungen in unserem Alter am Computer können sollten
(Einigt euch dabei auf die fünf bis maximal zehn wichtigsten Qualifikationen.)

Trainingsplatz B

Machen Computer die Kinder schlau?

Wir spielen vor der Klasse einen Elternabend zu diesem Thema

Eltern scheinen manchmal ein wenig hilflos zu sein, wenn es um die Vor- und Nachteile des Lernens mit Computern geht. Ihr habt bereits einiges darüber in Erfahrung bringen können. Auch fallen euch wohl noch weitere Gründe ein, die für oder gegen das Lernen mit Computern sprechen.

Ihr könnt nun in die Rolle von Experten schlüpfen. In Gruppen bereitet ihr euch auf die Durchführung eines Elternabends vor, den ihr dann vor und mit der Klasse spielen könnt.

So könnt ihr vorgehen:

1. Teilt euch in kleine Gruppen auf.

2. Sammelt möglichst viele Gründe für und gegen das Lernen mit Computer und schreibt sie auf.

3. Bereitet euch dann auf den Elternabend vor. Einer oder zwei von euch übernehmen die Rolle von Experten, die lieber nicht zu früh mit dem Computerlernen beginnen wollen, andere aus der Gruppe übernehmen die Rolle von Befürwortern. Diese Expertinnen und Experten tragen dann die Ja- und die Nein-Gründe vor der Klasse vor.

4. Während der Präsentation übernehmen die zuschauenden Schülerinnen und Schüler die Rolle der Eltern. Sie stellen am Ende Fragen – aus der Sicht der Eltern – und erhalten von den Expertinnen und Experten Antworten. Am Ende solltet ihr den Schülern in der Rolle der Eltern mitteilen, wie ihr als Gruppe zu dieser Frage steht.

Für das Lernen mit Computern spricht:	Gegen das Lernen mit Computern spricht:
? ? ?	? ? ?

Umgang mit Medien – Wir machen uns fit!

 Fotos lügen nicht!?

Eine Erklärung für Tante Luise abgeben

Tante Luise begreift das einfach nicht: „Das kann doch nicht sein, dass man dieses Auto auf einen anderen Planeten transportiert hat! Wie kann jemand bloß so ein Foto machen?
- Kannst du Tante Luise den Vorgang so erklären, dass die Begriffe *digitale Kamera* und *virtuelles Foto* darin vorkommen?

STATION 2 Wie kommt die Welt ins Fernsehen?

Ein Rätsel über die Entstehung einer Nachrichtensendung lösen

 +  +  =

STATION 3 Was bringt uns die Computerwelt?

Papas Fragen beantworten

Mal angenommen, Papa hätte wirklich keine Ahnung vom PC und er fragt dich:

1. Gibt es bei den Computerspielen nur Autorennen und Mord-und-Totschlagspiele?
2. Kann ein Lexikon auf CD-ROM mehr bieten als ein Buch?
3. Wie kann man in dem riesigen Heuhaufen des Internet Informationen gezielt finden?

Erkläre es ihm so, dass er alles versteht!

7 Wie können wir die Umwelt schützen?

 Ich bin die Erde und mir geht es, wie man sieht, gar nicht gut! Probleme, nur Probleme, überall …

 Ich bin die Erde. Ich habe zwar ein paar Probleme, aber die bekomme ich in den Griff.

 Ich bin die Erde. Mir geht es richtig gut! Meine kleinen Probleme, die beunruhigen mich nicht!

Dieses Kapitel befasst sich mit dem Zustand unserer Umwelt. Deshalb wollen wir zuerst unsere eigenen Einstellungen zum Umweltschutz kennen lernen. An einem Beispiel erfahren wir, was wir im Kleinen tun können, um die Umwelt zu schützen. Schließlich werfen wir einen Blick auf die großen Probleme, denn bei deren Lösung wollen wir mitreden können.

Welcher Aussage der Erde stimmst du zu? Begründe deine Entscheidung durch ein Beispiel und stelle sie deiner Klasse vor!

Detektivaufgabe für das ganze Kapitel:
Findet heraus, was Mumpfi mit der Umwelt im Sinn hat!

1. Unser Handeln hat Folgen
Wir untersuchen, wie wir mit unserem Müll umgehen

Neulich in unserer Schule

1. „Das kehrt doch der Hausmeister weg, oder?" Was haltet ihr von Teresas Bemerkung?
2. Die beiden sind auf dem Weg zur Umwelt-AG. Stellt euch vor, ihr würdet mit ihnen gehen und ihr dürftet dort Themen vorschlagen, mit denen ihr euch befassen wollt. Schreibt die Themen auf. (Partnerarbeit)

Dem Müll auf der Spur

Wie Teresa und Dominik könnt auch ihr genauer hinschauen. Beide haben folgendes Foto auf dem Schulhof geschossen und es in die Umwelt-AG mitgebracht. Es zeigt, welche Verpackungen in der Pause achtlos in den Grünanlagen der Schule landen.

> 1. Was fühlst du, wenn du das Foto betrachtest?
> 2. Als Umweltdetektiv müsst ihr genau hinsehen. Schreibt eine Liste der weggeworfenen Verpackungen, die ihr auf dem Foto erkennt!

Für die Bearbeitung der folgenden Materialien (A und B) habt ihr zwei Möglichkeiten. Wer gerne fotografiert und einen Fotoapparat besitzt, kann sich den Abschnitt **A** ansehen; wer sich lieber mit anderen über den Zustand der Umwelt unterhalten möchte, kann sich mit dem Abschnitt **B** beschäftigen.

Vier Augen sehen mehr als zwei. Arbeitet im Team!

A Wir erstellen eine Fotodokumentation unseres Mülls, um zu erkennen, was an unserer Schule verbessert werden kann

Auch an eurer Schule fällt jeden Tag eine Menge Müll an. Jede Mülltonne, die mit eurem Müll gefüllt ist, kostet Geld. Jede Mülltonne, die nicht gefüllt wird, spart Geld. Hinzu kommt die jährliche Grundreinigung der Schulanlagen, die oft noch schlimmer vermüllt sind, als ihr es auf dem Foto seht. Das schadet der Umwelt und dem Geldbeutel eurer Schule. Durch sorgfältigen Umgang mit dem Müll und durch bewusste Müllvermeidung könnt ihr eurer Schule helfen, Geld zu sparen, mit dem dann zum Beispiel Sport- und Spielgeräte für die Pause angeschafft werden können. Die Müllprobleme eurer Schule könnt ihr erkunden und durch Fotos dokumentieren. Die wichtigsten Kniffe des Fotografen erfahrt ihr im Medienkapitel auf der Seite 110f. Die Ergebnisse eurer Arbeit könnt ihr auf Plakaten festhalten und sie in eurer Klasse oder in der Pausenhalle ausstellen.

B Wir führen eine Umfrage zum Müllverhalten durch

Um eine Befragung unter euren Mitschülern durchzuführen, solltet ihr diesen Fragebogen vergrößert kopieren. Wie eine Befragung durchgeführt, ausgewertet und wie die Ergebnisse präsentiert werden, steht auf der Methodenkarte 3 auf der Seite 51.

Junge ❑   Mädchen ❑   Alter: _____

1. **Stört dich der Müll an deiner Schule?**
   ❑ ja
   ❑ gelegentlich
   ❑ nie

2. **Ich trinke in der Pause aus ...**
   ❑ Dose
   ❑ Trinkpäckchen
   ❑ Einwegflasche
   ❑ Mehrwegflasche
   ❑ ....

3. **Was machst du mit dem Abfall vom Pausenfrühstück?**
   ❑ kommt in die gelbe Tonne
   ❑ nehme ich mit nach Hause
   ❑ landet im Restmüll
   ❑ lass ich einfach fallen

4. **Würdest du Dosen und Einwegflaschen nicht mehr benutzen, wenn es deine Getränke in Pfandflaschen gäbe?**
   ❑ ja
   ❑ nur, wenn sie nicht zu teuer sind
   ❑ nein, ist mir zu umständlich

5. **Achtest du bei deiner Pausenversorgung darauf, auf bestimmte Verpackungen zu verzichten?**
   ❑ nein
   ❑ ja, ich verzichte auf ....

6. **Wie findest du es, eure Schule müllfrei zu machen?**
   ❑ gut
   ❑ macht zu viel Arbeit
   ❑ hat keinen Zweck

7. **Würdest du in einer Umwelt-AG mitarbeiten?**
   ❑ ja
   ❑ nein
   ❑ vielleicht

8. **Mit welchen Themen sollte sich eine Umwelt-AG beschäftigen?**
   ❑ Umweltschutz an der Schule
   ❑ Schulgarten
   ❑ Tierschutz
   ❑ Klimaschutz, Waldsterben ...
   ❑ ....

Trainings-platz

Wir entwickeln Lösungsvorschläge für das Müllproblem an unserer Schule

Die Fotodokumentation auf dieser Seite wurde von Schülerinnen und Schülern einer Realschule erstellt. Bildet Gruppen. Sprecht dann die dargestellten Situationen durch: Wie und warum entsteht so etwas? Soll das so bleiben oder nicht? Erarbeitet Lösungen für mindestens drei der dargestellten Probleme. Begründet sie und stellt sie eurer Klasse zur Abstimmung vor. Orientiert euch dabei an den folgenden Fragen:

1. Wie muss sich das Müllverhalten der Schülerinnen und Schüler ändern?
2. Was kann die Schulleitung tun?
3. Sind Strafen nötig, wenn sich Einzelne nicht an abgemachte Verhaltensregeln halten?
4. Welche Strafen sind angemessen?

Mit den Abstimmungsergebnissen eurer Klasse könnt ihr euch an die SV wenden. Sie vertritt eure Interessen. Zu denen gehört auch, in einer sauberen Schule zu lernen.

Wie denken die Menschen in Deutschland über Umweltschutz?

Wir erkennen Umwelteinstellungen und werten die Ergebnisse einer Befragung aus

Umweltbewusstsein in Deutschland 2000

Um etwas über die Umwelteinstellungen der Menschen bei uns zu erfahren, hat das Umweltbundesamt eine Bevölkerungsumfrage mit dem Titel „Umweltbewusstsein in Deutschland 2000" in Auftrag gegeben.

Dabei stellte sich heraus, dass die meisten Menschen eine positive Einstellung zum Umweltschutz haben. Allerdings meinen 73 von 100 Befragten, dass die Regierung noch mehr für den Umweltschutz tun müsse. Etwa die gleiche Anzahl der Befragten wäre sogar bereit, für einen verbesserten Umweltschutz Unbequemlichkeiten in Kauf zu nehmen und Abstriche von ihrem Lebensstandard zu machen.

Dabei zeigte sich außerdem, dass etwa zwei von drei Befragten die Qualität der Umwelt heute hier bei uns gut oder sehr gut einschätzen. Doch je weiter die Umweltprobleme von Deutschland entfernt sind, desto bedrohlicher wird der Zustand der Umwelt empfunden. Die weltweiten Umweltprobleme werden von den meisten als groß beurteilt; nur einer von hundert Befragten meint, der globale Zustand der Umwelt sei sehr gut.

(Nach: Umweltbewusstsein in Deutschland 2000. Ergebnisse einer repräsentativen Bevölkerungsumfrage. Hrsg.: Bundesministerium für Umwelt, S. 6 u. 43, Berlin 2000)

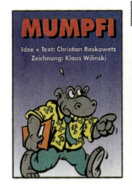

(Aus: Was werden? Hrsg.: Bundesanstalt für Arbeit, Nürnberg)

1. Warum wird Mumpfi von seinem Freund kritisiert?
2. Wie denken die Menschen in Deutschland über Umweltschutz? Notiere die vier Ergebnisse der Befragung!
3. Was fällt dir auf, wenn du Mumpfis alltägliches Verhalten und seine Träume mit den Ergebnissen der Umfrage vergleichst?

Was passiert eigentlich mit dem Müll?
Wir informieren uns und erarbeiten schwierige Texte

Mit Müll kann man unterschiedlich umgehen, aber nicht jede Möglichkeit ist gleich gut für die Umwelt. Auf den folgenden Seiten werden drei Möglichkeiten vorgestellt, wie man mit dem Müll verfährt. Die Methodenkarte hilft euch die Texte besser zu verstehen.

„Jetzt reicht's", denkt Teresa angesichts dieser Müllflut. Und Dominik meint nachdenklich: „Wo landet eigentlich unser ganzer Müll?"

Ohne ein besonderes Müllvermeidungskonzept werden an einer Schule mit 500 Schülerinnen und Schülern pro Unterrichtswoche etwa 2500 Liter Müll produziert (Altpapier nicht mitgerechnet). Der Müll wird zum Beispiel in Containern gesammelt. In diese Mülltonnen passen 1100 Liter. Sie werden wöchentlich abgefahren – doch wohin?

Wohin, glaubt ihr, fährt das Müllauto und was passiert dann mit dem Müll? Erzählt euch, was ihr vermutet!

Schwierige Texte erarbeiten

Thema: Müll

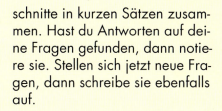

Was ist das?

So wie den beiden in der Zeichnung ist es euch wahrscheinlich auch schon ergangen. In der Schule, im Deutschunterricht und in den Sachfächern habt ihr es oft mit schwierigen Texten zu tun. „Schwierige Texte zu lesen macht keinen Spaß", behaupten Schülerinnen und Schüler oft, weil sie mit dem Ergebnis ihrer Arbeit nicht zufrieden sind. Schwierige Texte zu lesen ist eine Detektivarbeit, die zum Erfolg führt, wenn ihr das, was ihr schon wisst, mit dem verknüpft, was ihr noch wissen wollt.

Wie macht man das?

1. Schritt: Das Thema klären

Der Detektiv verschafft sich einen ersten Eindruck. Er zählt die Abschnitte und versucht herauszufinden, wovon der Text handelt. Dazu liest du die Überschrift, unterstreichst den Leitbegriff. Formuliere folgenden Satz zu Ende: „Der Text handelt von …" Jetzt kennst du das Thema.

2. Schritt: Den Text interessant machen

Der Detektiv hat nun eine Vorstellung davon, was er sucht.
Notiere dir alle Fragen, auf die du von dem Text eine Antwort erhalten möchtest. Es gibt keine unsinnigen Fragen!

3. Schritt: Den Überblick verschaffen

Ein guter Detektiv kann seinen Fall aber nur dann erfolgreich lösen, wenn er den Dingen auf den Grund geht. Schau dir die einzelnen Abschnitte genauer an und fasse den Inhalt der einzelnen Abschnitte in kurzen Sätzen zusammen. Hast du Antworten auf deine Fragen gefunden, dann notiere sie. Stellen sich jetzt neue Fragen, dann schreibe sie ebenfalls auf.

4. Schritt: Die Besonderheiten des Textes erkennen

Jetzt nimmt der Detektiv seine Lupe heraus und schaut ganz genau hin.
Lies den Text erneut, Abschnitt für Abschnitt, und unterstreiche, was dir besonders wichtig erscheint. Achtung: Unterstreiche sparsam!

5. Schritt: Dem Unbekannten auf der Spur

Der Detektiv klärt, was er nicht kennt.
Sollte sich jetzt herausstellen, dass du wichtige Begriffe noch nicht verstanden hast, dann musst du recherchieren. Das tust du, indem du im Lexikon die Bedeutung unbekannter Wörter nachschlägst. Du kannst aber auch jemanden um Rat fragen.

Das passiert mit dem Müll

Auf den folgenden Seiten lernt ihr drei Möglichkeiten kennen, wie wir mit unserem Müll umgehen können. In der Klasse könnt ihr euch die Arbeit teilen, indem ihr Gruppen bildet und zu Spezialisten für einen der drei Entsorgungs- oder Verwertungswege werdet. Die Methodenkarte auf der vorangehenden Seite erklärt euch, wie ihr es schafft, diese schwierigen Texte zu verstehen. Eure Arbeitsergebnisse stellt ihr in der Klasse vor. Danach kann jeder entscheiden, wie wir mit unserem Müll umgehen sollen.

Möglichkeit A: Lagern auf der Mülldeponie

Unser Müll enthält gefährliche Stoffe, die man nicht einfach in der Landschaft liegen lassen kann, weil sonst unsere Umwelt Schaden nimmt. Luft und Wasser würden verpestet, der Mensch würde krank werden. Deshalb ist eine moderne Mülldeponie weit mehr als nur ein großes Loch, in das der Müll geworfen wird.

Um das Grundwasser zu schützen, wird eine moderne Deponie unten und an den seitlichen Wänden abgedichtet. Zuerst werden mehrere Schichten Ton in die Deponie eingearbeitet; Ton ist ein wasserundurchlässiges Material. Darüber werden mehrere Schichten dichter Folie ausgelegt und miteinander verschweißt.

Da es in unseren Breiten oft regnet, sickert eine Menge Wasser durch den abgelagerten Müll. Dabei nimmt das saubere Regenwasser auf seinem Weg nach unten Schadstoffe auf. Das verschmutzte Wasser sammelt sich auf der wasserdichten Sohle der Deponie. Damit die Deponie nicht wie eine Badewanne überläuft, ist auf ihrem Folienboden ein Netz von Sickerwasser-Sammlern verteilt. Sie führen das Sickerwasser zu aufwändigen Kläranlagen. Moderne Kläranlagen funktionieren wie Meerwasserentsalzungsanlagen, die dem Meerwasser das Salz entziehen und so Süßwasser produzieren. Genauso werden dem Sickerwasser die Schadstoffe entzogen.

Irgendwann ist jede Deponie voll. Jetzt bekommt die Deponie einen Deckel. Sie wird mit Ton und Folien abgedichtet, damit kein Regenwasser mehr eindringen kann. Doch in der Deponie laufen nun permanent chemische Prozesse ab, bei denen Gase entstehen. Wegen der Oberflächenabdichtung können die Gase jedoch nicht unkontrolliert in die Atmosphäre entweichen. Sie werden in Gasbrunnen aufgefangen und zur Energiegewinnung genutzt.

Damit die verfüllte Deponie nicht als kahler Erdberg in der Landschaft steht, wird sie bepflanzt. Diesen Prozess nennt man Renaturierung. Nach wie vor ist die Deponie eingezäunt, sie wird nur von wenigen Menschen betreten, Tiere besiedeln diesen neuen Lebensraum.

Eine moderne Deponie vermindert die Risiken für Böden und Grundwasser. Allerdings braucht sie Platz und ihre Errichtung kostet viel Geld. In ihr lagern für lange Zeiträume unsortiert die verschiedensten Materialen. Wertvolle Metalle liegen ungenutzt neben gefährlichen Stoffen; chemische Prozesse laufen über Jahrzehnte ohne Kontrolle ab.

Leider existieren in Deutschland weit mehr alte Deponien als moderne. Von ihnen geht eine große Gefahr aus, weil bei ihrem Bau kaum Vorkehrungen getroffen worden sind, um die Umwelt zu schützen. Tausende solcher Altdeponien müssen für viel Geld in den nächsten Jahrzehnten geöffnet und saniert werden.

Folienabdichtung einer Mülldeponie

Renaturierte Mülldeponie

Möglichkeit B: Verfeuern in der Müllverbrennungsanlage

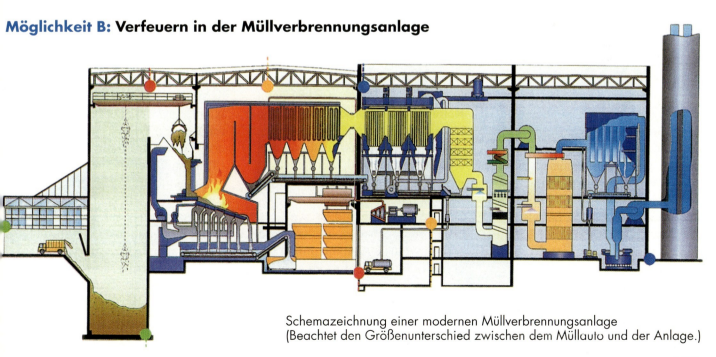

Schemazeichnung einer modernen Müllverbrennungsanlage
(Beachtet den Größenunterschied zwischen dem Müllauto und der Anlage.)

Wie funktioniert eine Müllverbrennungsanlage?

Wenn du die Modellzeichnung auf der vorangehenden Seite betrachtest, dann stellst du fest, dass Müllverbrennungsanlagen mehr sind als einfache Öfen zum Verbrennen des Mülls.

Sie sind nötig, weil zur Deponierung der gewaltigen Müllmengen, wie sie in Deutschland jährlich anfallen, große Landschaftsflächen verbraucht würden. In Müllverbrennungsanlagen wird das Volumen des Mülls reduziert, Schadstoffe im Müll werden zerstört oder zurückgehalten.

Das funktioniert so:
Der angelieferte Abfall wird zunächst im **Müllbunker** abgekippt, dort mithilfe eines Krans gemischt und dann dem **Ofen** zugeführt. Bei hohen Temperaturen bis 1000° C bleibt der Müll so lange in der Brennkammer, bis er restlos ausgeglüht ist. Die **Schlacke**, so nennt man die Rückstände der Verbrennung, wird weiterverarbeitet, Metalle werden aussortiert, was übrig bleibt, kann nach entsprechender Aufbereitung im Straßenbau als Verfüllmaterial verwendet werden. Bevor die heißen Rauchgase, die bei der Verbrennung entstehen, gereinigt werden, geben sie ihre Wärme ab. Dabei entsteht Dampf, der eine **Turbine** antreibt. So wird Strom erzeugt. Außerdem kann mit der Hitze der Öfen Fernwärme zum umweltfreundlichen Heizen gewonnen werden. Bei der Verbrennung entstehen Rauchgase. Sie werden im Elektrofilter entstaubt. Es schließt sich die **Rauchgaswä-**

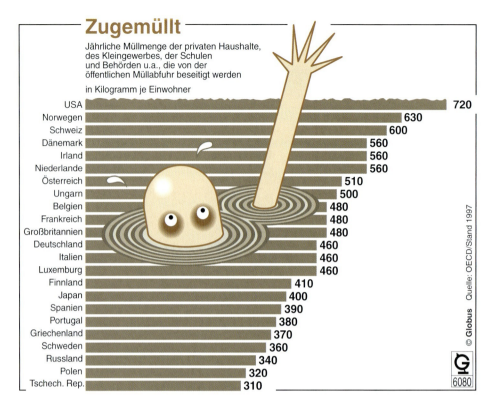

Zugemüllt
Jährliche Müllmenge der privaten Haushalte, des Kleingewerbes, der Schulen und Behörden u.a., die von der öffentlichen Müllabfuhr beseitigt werden
in Kilogramm je Einwohner

USA	720
Norwegen	630
Schweiz	600
Dänemark	560
Irland	560
Niederlande	560
Österreich	510
Ungarn	500
Belgien	480
Frankreich	480
Großbritannien	480
Deutschland	460
Italien	460
Luxemburg	460
Finnland	410
Japan	400
Spanien	390
Portugal	380
Griechenland	370
Schweden	360
Russland	340
Polen	320
Tschech. Rep.	310

© Globus Quelle: OECD/Stand 1997

sche an; dabei werden Schwermetalle, Schwefeldioxide und andere Stoffe chemisch gebunden. Im Anschluss durchlaufen die Rauchgase den **Katalysator**, der hochgefährliche Stoffe wie Dioxine teilweise zerstört. In einem besonderen Gewebefilter werden in der letzten Reinigungsstufe noch verbliebene Dioxine zurückgehalten. Nachdem die Rauchgase fast vollständig gereinigt worden sind, werden sie jetzt über den Schornstein in die Atmosphäre entlassen.
Bürgerinitiativen und Umweltschützer sprechen sich trotz all dieser Umweltschutzmaßnahmen gegen Müllverbrennungsanlagen aus, denn sie befürchten besonders in der näheren Umgebung eine gesundheitsgefährdende Erhöhung der Schadstoffe in der Luft. Zwar entlassen private Haushalte, Verkehr und Industrie 99% aller Dioxine in die Atmosphäre, doch knapp 1% der Dioxine stammt noch immer aus Müllverbrennungsanlagen. Außerdem verbrennt der angelieferte Müll nicht selbstständig, sondern muss mit hohem Energieaufwand, mit Erdöl, Erdgas oder anderen fossilen Energieträgern verfeuert werden. Nicht selten wird auch Plastikmüll aus der gelben Tonne als so genannte Beifeuerung dem Restmüll hinzugegeben, damit dieser besser verbrennt. Bis auf wenige Metalle, und auch das spricht gegen solche Anlagen, werden keine Wertstoffe in einer MVA aussortiert und wiederverwertet.

(Nach: EVS (Hrsg.): Entsorgungstechnologie für eine lebenswerte Zukunft. Abfallverwertungsanlage Velsen)

Möglichkeit C: Das Recycling

Recycling heißt „den Müll wieder zurückführen" und das funktioniert so: Wenn du eine leer getrunkene Dose in einen gelben Sack oder eine gelbe Tonne wirfst, dann wird sie von der Gesellschaft Duales System Deutschand GmbH eingesammelt und wiederverwertet. Für diese Leistung der Gesellschaft Duales System Deutschland entrichtet der Getränkehersteller ein Entgelt und darf dafür den grünen Punkt auf seine Dosen drucken. Das gilt für alle anderen Verpackungen mit dem grünen Punkt ebenso.

Der grüne Punkt ist die Eintrittskarte ins duale System. Verpackungen mit dem grünen Punkt werden eingesammelt, nach Stoffgruppen sortiert und wiederverwertet. Voraussetzung ist allerdings, dass so gekennzeichnete Verpackungen von den Verbrauchern auch in der gelben Tonne gesammelt werden. Also nur, wenn ihr mitmacht und eure leer getrunkene Dose in die gelbe Tonne werft, kann sie in der Sortieranlage aussortiert werden und nur dann kann aus ihr eine neue Dose hergestellt werden. Das ist sehr wichtig, denn Getränkedosen bestehen größtenteils aus Aluminium. Aluminium lässt sich beliebig oft und ohne Qualitätsverlust wiederverwerten. Und wenn man aus alten Dosen neue Dosen herstellt, dann spart man sehr viel Energie. Allerdings ist es eine anstrengende Arbeit, die gebrauchten Aluminiumdosen auszusortieren.

Papier und Glas fallen in großen Mengen an. Deshalb landen sie nicht in der gelben Tonne, sondern sie werden von den Verbrauchern vorsortiert und in großen Containern, wie ihr sie aus eurem Wohngebiet kennt, gesammelt. Glas wird farblich getrennt, also sortenrein eingesammelt. Das erleichtert seine Wiederverwertung.

Am dualen System wurden in der Vergangenheit immer wieder die geringen Verwertungsquoten für eingesammeltes Aluminium und Weißblech, für Papier und Kunststoffe kritisiert. Diese Verwertungsquote ist in einem Gesetz festgelegt worden. Sie liegt für Aluminium bei 60%. Das bedeutet, dass 60 von 100 Getränkedosen aussortiert und als Rohstoff wiederverwertet werden müssen. Das Aluminium von 40 Dosen kann dagegen verloren gehen. Deshalb muss in Zukunft die Verwertungsmenge erhöht werden. Das duale System setzt dabei auf neue Technologien, die Aludosen automatisch aussortieren und auch Kleinverpackungen, wie zum Beispiel Kaugummipapier, sortenrein erfassen können. Leider gibt es erst wenige solcher Anlagen.

Den größten Anteil an Verpackungen haben Kunststoffe. Von den eingesammelten Kunststoffen darf das duale System knapp ein Viertel „energetisch verwerten". Das heißt, sie werden in Kraftwerken oder Müllverbrennungsanlagen als Beifeuerung verbrannt. Das gefällt vielen Menschen nicht, weil so wertvolle Stoffe einfach verfeuert werden.

Sortieranlage für gelbe Säcke

Aussortiertes und zu Blöcken gepresstes Altaluminium

STICHWORT
Kreislaufwirtschaft

1. Wer muss was tun, damit die Kreislaufwirtschaft funktioniert? Lege dazu eine Tabelle an.
2. Erkläre mithilfe der Grafik den Weg der Verpackungen.

„Aus den Augen, aus dem Sinn", dieses Sprichwort hat im Umgang mit unserem Müll kaum noch Gültigkeit, denn seit Jahren wird in der Bundesrepublik Deutschland versucht, die Müllmenge zu verringern und Abfälle zu verwerten. Damit dies gelingt, müssen drei Dinge beachtet werden:

Abfälle müssen vermieden werden.

Die Hersteller müssen zum Beispiel darauf achten, dass ihre Produkte nicht übermäßig verpackt sind. Aber auch wir als Verbraucher dieser Produkte sind gefordert, denn schon beim Einkauf sollte man abfallarme Produkte auswählen.

Abfälle müssen verwertet werden.

Den Prozess der Wiederverwertung nennt man Recycling. Hierbei werden aus Abfällen Rohstoffe zurückgewonnen, aus denen dann neue Produkte hergestellt werden. Damit das Recycling funktioniert, müssen die Unternehmen Produkte herstellen, die möglichst sortenrein sind. Aber auch wir sind erneut gefordert, denn Voraussetzung für erfolgreiches Recycling ist eine ordentliche Mülltrennung.

Abfälle müssen beseitigt werden.

Sollte eine Wiederverwertung von Abfällen schwierig sein, weil dies unvertretbar teuer oder technisch nicht möglich ist, dann darf der Müll beseitigt werden. Dazu wird der Müll entweder auf Deponien endgelagert oder in modernen Müllverbrennungsanlagen verbrannt.

Der Staat verabschiedete ein Gesetz, das Hersteller und Verbraucher zu einem umweltschonenden Umgang mit Müll verpflichtet. Dieses Gesetz hat den etwas komplizierten Namen „Kreislaufwirtschafts- und Abfallgesetz". Darin steht, dass unsere Abfälle umweltverträglich beseitigt werden und die natürlichen Ressourcen an Rohstoffen geschont werden müssen. In besonderen Problembereichen regelt der Gesetzgeber die Kreislaufwirtschaft durch genauere Bestimmungen: Durch die Verpackungsverordnung werden seit 1991 Verpackungen mit dem grünen Punkt durch die Gesellschaft Duales System Deutschland vom Restmüll getrennt eingesammelt und wiederverwertet. Die Altautoverordnung verpflichtet die Autohersteller europaweit aus alten Autos Rohstoffe für Neuwagen zu gewinnen.

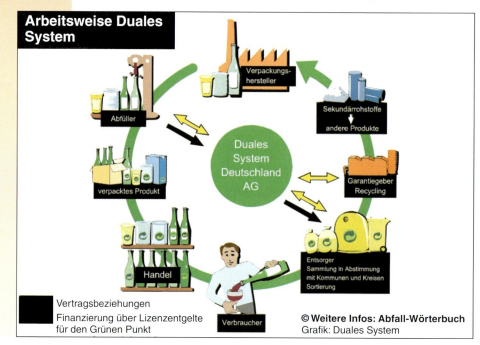

Arbeitsweise Duales System

Vertragsbeziehungen
Finanzierung über Lizenzentgelte für den Grünen Punkt

© Weitere Infos: Abfall-Wörterbuch
Grafik: Duales System

Diskussion in der Klasse: Löst ein Dosenpfand das Problem?

Mit dem Material dieser Seite könnt ihr in der Klasse über ein Dosenpfand diskutieren. So bereitet ihr euch auf die Diskussion vor. Macht euch zuerst mit dem Problem vertraut, lest alle Argumente durch und findet eure eigene Position: Seid ihr für oder gegen ein Dosenpfand?
Jetzt sucht ihr euch in der Klasse Verstärkung, bildet Gruppen und schreibt in der Gruppe die Argumente heraus, die eure Meinung begründen. Sucht Beispiele zu euren Argumenten.

Graue Energie nennt man die Energie, die aufgewendet wird, um einen Gegenstand herzustellen. Aluminium zum Beispiel ist ein wahrer Energiefresser. Zur Herstellung von einem Kilogramm Aluminium für knapp 47 Dosen am Pausenkiosk werden 72 kWh (Kilowattstunden) Energie verbraucht. 72 kWh würden ausreichen, um eine Stromsparlampe 7200 Stunden (10 Monate lang) ununterbrochen brennen zu lassen. Um dieses eine Kilo Aluminium zu erzeugen, werden vorher unter anderem 1,3 kg Braunkohle benötigt, 5 kg Bauxit abgebaut, 5 kg Heizöl eingesetzt und 2 bis 4 kg Rotschlamm (mit 40 bis 50 Prozent Wassergehalt) als Abfall erzeugt.
(Aus: Ökologie im Schulalltag, Ökotopia-Verlag)

Pro

Ein Dosenpfand auf Getränkedosen vermindert die Vermüllung der Landschaft. Wenn die Dose etwas wert ist, wird sie nicht weggeworfen, sondern zum Pfandautomaten gebracht.

Ein Fünftel des Landschaftsmülls besteht aus weggeworfenen Getränkedosen. Das Dosenpfand wird das Verhalten dieser Umweltsünder verändern.

Das Recycling wird erleichtert. Im Pfandautomat wird sortenrein gesammelt. Aluminiumdosen müssen also nicht mehr mühsam aussortiert werden. Wertvolles Aluminium geht nicht auf Mülldeponien oder in Müllverbrennungsanlagen verloren.

Ein Dosenpfand sichert 250 000 Arbeitsplätze in der Mehrwegindustrie, die durch die Wegwerf-Dose gefährdet werden.

Kontra

Die Einführung des Dosenpfandes ist zu teuer. Der Handel muss 2 Milliarden € investieren.

Arbeitsplätze werden durch das Dosenpfand gefährdet. Immerhin kostet ein Pfandautomat etwa 15 000 €. Das können sich kleine Geschäfte und Kiosk-Besitzer nicht leisten.

Das Dosenpfand ist kein angemessenes Mittel, um die Vermüllung der Landschaft zu stoppen. Denn Getränkedosen machen nur ein Fünftel des Landschaftsmülls aus.

Das Pfand verstärkt den Vormarsch der Dose. Händler werden sich für ein Pfandsystem entscheiden. Das wird das Dosenpfandsystem sein und nicht das Mehrwegpfandsystem, denn ohne die sperrigen Mehrweg-Getränkekisten sparen Händler Platz und Personal.

3. Die Hauptkrankheiten unserer Erde und was wir gegen sie tun

Wir erstellen ein Lernquiz zu einem Text

Auf den Fotos sind Umweltverschmutzungen zu sehen. Sie gefährden die Elemente unseres Lebensraumes. In diesem Kapitel werdet ihr über ein Element, nämlich die Luft, mehr erfahren. Ihr werdet erkennen, dass wir etwas tun können, um unsere Umwelt auch über die Grenzen unseres Landes hinaus zu schützen.

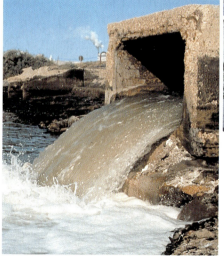

Wie wirkt die Bildmontage auf euch?
Unterhaltet euch in der Klasse über die auf den Bildern dargestellten Probleme!

Hilfe, unsere Atmosphäre hat ein (Ozon-)Loch!

A: Was ist die Ozonschicht?
1. ein Bereich in der Atmosphäre in etwa 15–25 Kilometern Höhe
2. eine Lufthülle von 15–25 Kilometern Höhe
3. ein Loch in der Atmosphäre von 15–25 Kilometern Höhe

B: Wozu brauchen wir die Ozonschicht?
1. Sie soll den Sauerstoff in der Atmosphäre schützen.
2. Sie schützt den Südpol vor den Sonnenstrahlen.
3. Sie schützt die Erde vor den schädlichen UV-Strahlen.

> Lies den Text auf der nächsten Seite aufmerksam durch und beantworte dann die Quiz-Fragen, ohne noch einmal im Text nachzulesen!

C: Wo wurde erstmals ein Ozon-Loch beobachtet?
1. über den USA
2. über dem Nordpol
3. über dem Südpol

D: Was ist für die Zerstörung der Ozonschicht verantwortlich?
1. FCKL
2. FCKW
3. FCKH

F: Wer hat etwas zur Rettung der Ozonschicht beigetragen?
1. die Bundesregierungen
2. die Umweltschützer
3. die chemische Industrie

G: Kann die Ozonschicht repariert werden?
1. ja, in den nächsten 5 Jahren
2. nein, da können wir nichts tun
3. ja, in den nächsten 50 Jahren

LERNQUIZ

OZONLOCH

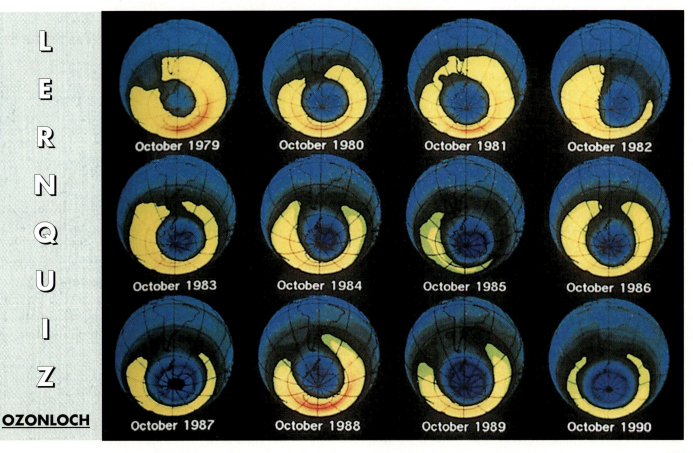

Ozonloch – was ist das?

Unsere Erde ist von einer Gasschicht, die wir Atmosphäre nennen, umhüllt. Die Atmosphäre besteht aus verschiedenen Schichten. In der Schicht zwischen 15 und 25 Kilometern Höhe befindet sich besonders viel von einem Spurengas mit dem Namen Ozon. Es wird durch Sonnenstrahlung vor allem über dem Äquator gebildet und verteilt sich um den ganzen Erdball. Diese Ozonschicht ist sehr wichtig für uns: Wie ein Schutzschild hält sie die UV-Strahlen zurück; das sind die schädlichen Anteile der Sonnenstrahlen. Bei jedem Sonnenbrand hast du deren schmerzhafte Wirkung schon einmal zu spüren bekommen.

Schon vor Jahren haben Forscher über dem Südpol ein Loch in der Ozonschicht entdeckt. Dort hat unser natürlicher Sonnenschirm ein Loch. Deshalb ist die schädliche UV-Strahlung dort viel höher. Menschen können krank werden, Pflanzen verkümmern in ihrem Wuchs. Und die Ozonschicht wird überall auf der Welt dünner, weil wir Menschen etwas erfunden haben, das das Ozon zerstört: Den Ozonkiller FCKW. Das ist die Abkürzung für Fluorkohlenwasserstoff. FCKW wird als Treibmittel in Spraydosen verwendet. Bei der Herstellung vieler Kunststoffe wird FCKW freigesetzt. FCKW steckt aber auch in alten Kühlschränken und Klimaanlagen.

Wird FCKW frei, macht es sich auf die Reise zur Ozonschicht. 10 bis 20 Jahre dauert das. Dort zerstört es dann die winzigen Ozonteilchen.

Heute wissen wir, dass wir auf FCKW verzichten müssen. Wir brauchen also Schaumstoffe, Kühlschränke, Reinigungsmittel ohne FCKW.

Deshalb fordern nicht nur Umweltschützer, FCKW zu verbieten. Auch die Bundesregierungen haben sich dafür eingesetzt. 1987 versprach die chemische Industrie bis Ende 1989 mindestens 90% weniger FCKW zu verbrauchen als 1986. Dieses Ziel wurde sogar schon ein Jahr früher, nämlich 1988, erreicht. Seit dem 1. August 1991 ist FCKW in Spraydosen ganz verboten. Seit Januar 1995 darf FCKW in der Bundesrepublik Deutschland überhaupt nicht mehr eingesetzt werden. Da FCKW auf dem Weg zum Ozon keine Ländergrenzen kennt, müssen andere Staaten genauso handeln. Wenn alle weltweiten Anstrengungen greifen, wird die Ozonschicht in 50 Jahren wieder repariert sein.

Schau doch auch mal in ein Lexikon!

(Nach: Ozon. Ihr fragt – und wir antworten. Hrsg.: Bundesministerium für Umwelt, Naturschutz und Reaktorsicherheit. Berlin, 1. Aufl. 2000)

Der Treibhauseffekt

Wir entwerfen ein Quiz zu einem schwierigen Text

Der vielleicht gefährlichste Eingriff des Menschen in das Klima ist die schleichende Temperaturerhöhung durch den Treibhauseffekt: Selbst bei niedrigen Außentemperaturen ist es in einem Gewächshaus warm, weil die Sonnenstrahlung zwar hineinkann, die Wärmestrahlung aber durch das Glas am Entweichen gehindert wird.

Einen ähnlichen Effekt gibt es in der Erdatmosphäre. Die Rolle des Glases übernehmen hier bestimmte Gase in der Luft. Vor allem Kohlendioxid, Wasserdampf und das Sumpfgas Methan helfen dabei, Wärme auf der Erde zurückzuhalten: Gäbe es sie nicht, läge die Durchschnittstemperatur der Erdoberfläche bei minus 18 statt bei plus 15 Grad Celsius.

In den letzten Jahrzehnten ist der Kohlendioxidgehalt der Lufthülle stetig angestiegen. Denn dieses Gas wird beim Verbrennen von Holz, Kohle, Öl, Benzin und Erdgas frei – und nie hat der Mensch so viel verbrannt wie heute. Allein aus Öl, Kohle und Gas entstehen pro Minute weltweit rund 40 000 Tonnen Kohlendioxid! Hinzu kommt die Brandrodung der tropischen Regenwälder.

Die Zunahme des Kohlendioxids führt – das schließen zumindest die Klimaforscher aus Computerberechnungen – zu einer messbaren Erwärmung der Erde. Wird sie nicht gestoppt, könnte die mittlere Temperatur bis zum Jahre 2030 um einige Grad Celsius steigen.

Diese Temperaturzunahme könnte in den wichtigsten Landwirtschaftsgebieten der Erde die Ernteerträge vermindern – Hungersnöte wären die Folge. Und in dicht besiedelten Gebieten – dazu gehört auch Mitteleuropa – könnte das Wasser knapp werden.

(Aus: Köthe, Rainer: Unsere Erde. Was ist was, Bd. 1, S. 21, Tessloff Verlag, Nürnberg 1998)

> Zu diesem Thema könnt ihr ein ähnliches Quiz erstellen wie auf der Seite 145. Damit euch das gelingt, müsst ihr euch die Methodenkarte 6 auf S. 137 nochmals durchlesen und auf diesen Text anwenden.
> **TIPP:** Partnerarbeit!

geringe Wärmeabgabe

Treibhauseffekt durch:
- natürliche Kohlendioxidabgabe
- Vernichtung der Tropenwälder
- Luftverschmutzung durch Industrie, Verkehr
- Landwirtschaft und Müll

Memorystationen

Wie können wir die Umwelt schützen?

STATION 1 — Unser Handeln hat Folgen

Müll sortieren

Welcher Müll muss wohin? Schau dir das Foto an und sortiere den Müll! Übertrage dazu folgendes Schaubild in dein Heft und ergänze es!

Müll	→	passende Entsorgung
Glasflasche	→	Glascontainer
…	→	Gelbe Tonne
…	→	Papiercontainer
…	→	Restmüll-Tonne
…	→	…

STATION 2 — Was passiert eigentlich mit dem Müll?

Was passiert wo? Übertrage die Übersicht in dein Heft und ergänze sie!

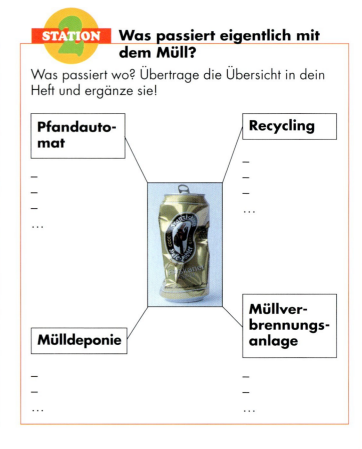

Pfandautomat
–
–
–
…

Recycling
–
–
–
…

Mülldeponie
–
–
…

Müllverbrennungsanlage
–
–
…

STATION 3 — Die Hauptkrankheiten unserer Erde und was wir gegen sie tun

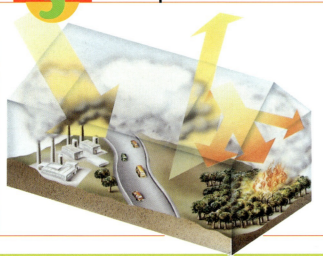

Treibhauseffekt

Schreibe für eure Schülerzeitung einen Bericht über den Treibhauseffekt! Er soll Antworten auf folgende Fragen geben:

- Was ist das „Treibhauseffekt"?
- Wie kommt er zustande?
- Welche Auswirkungen hat er für die Menschen?
- Welche Länder sind in besonderem Maße verantwortlich?
- Kann das Problem gelöst werden?

8 Menschen müssen wirtschaften – aber wie?

☐ Ich gehe sehr gerne einkaufen.

☐ Einkaufen macht mir zwar Spaß, aber ich komme mit meinem Geld oft nicht aus.

☐ Ich gehe nicht gerne einkaufen.

Zwei Kinder im Supermarkt – eine Situation, die ihr sicherlich schon häufig selbst erlebt habt. Auch wenn dort Waren in scheinbar unbegrenzter Menge angeboten werden, müssen wir das, was wir haben möchten, am Ausgang bezahlen. Es gilt also vor jeder Kaufentscheidung zu überlegen: Was brauchen wir? Wie viel Geld haben wir zur Verfügung? Wofür geben wir es aus? Woher bekommen wir das Geld? Das bedeutet, dass wir wirtschaften müssen. Darum wird es in diesem Kapitel gehen.

Detektivaufgabe für das ganze Kapitel:

Wir verwenden heute das Wort „Ochse" manchmal als Schimpfwort; bei den Griechen war das früher ganz anders. Warum?

1. Sind unsere Bedürfnisse grenzenlos?

Wir finden heraus, was Menschen zum Leben brauchen

Jeder Mensch hat Bedürfnisse. Ein Bedürfnis ist das Verlangen etwas zu bekommen, das einem in diesem Moment fehlt. Wenn ihr zum Beispiel müde seid, habt ihr ein Bedürfnis nach Schlaf. Seid ihr hungrig, habt ihr das Bedürfnis zu essen usw.

1. Aus den Fotos kann man verschiedene Bedürfnisse herauslesen. Welche sind das? Welche weiteren Bedürfnisse fallen euch ein?
2. Unterscheidet: Welche Bedürfnisse kann man durch Einkaufen erfüllen, welche nicht?

Nicky will ein neues Handy haben – Um welche Bedürfnisse geht es dabei?

„Ach Nicky, bleib doch kurz da. Ich wollte mit dir noch über deinen Geburtstag reden. Was wünschst du dir eigentlich in diesem Jahr?"
„Das weißt du doch, Mami! Ich wünsche mir ein neues Handy."
„Das kommt nicht infrage. Du hast doch erst zu Weihnachten ein Handy bekommen."
„Das ist mein einziger Wunsch. Wenn Omi, Tante Anne und ihr zusammenlegen würdet, ginge das schon. Sonst will ich überhaupt nichts geschenkt bekommen, bitte!"
„Warum muss es nach so kurzer Zeit ein neues Handy sein?"
„Das habe ich dir doch schon so oft erklärt: Fast alle in der Klasse haben inzwischen ein Nokens-Handy. Da komme ich mir mit meinem Motorella ganz blöd vor, wenn ich zusehen muss, wie meine Freunde in der Pause die tollsten Spiele machen und ich nicht mithalten kann. Das willst du doch sicherlich auch nicht."
„Aber Nicky. Wer sind denn ‚fast alle'? Das glaube ich dir nicht. Ich habe eher den Eindruck, dass es nur einige wenige sind. Und nun macht ihr euch gegenseitig wegen der Handys verrückt."
„Zumindest die, auf die es ankommt, haben ein Nokens. Zum Beispiel Sara. Die kennst du doch – die ist unheimlich beliebt in unserer Clique. Sie hat vor zwei Monaten das neue Handy von ihren Eltern bekommen – einfach so, ohne Weihnachten oder Geburtstag. Und die Monatsrechnung bezahlt ihre Oma."
„Na, dass Sara das neueste Modell hat, wundert mich nicht. Die setzt ihren Kopf doch immer durch. Gerade Sara musst du dir nicht unbedingt als Vorbild nehmen."
„Jetzt wirst du ungerecht. Sara ist wirklich supernett, das finden alle. Sie lässt mich jederzeit SMS auf ihrem Handy schreiben, wenn meine Karte leer ist. Und sie ist überhaupt nicht arrogant – obwohl sie das sein könnte. Sieh doch einfach auch einmal die Vorteile: Das Nokens-Handy ist viel kleiner als mein altes. Ich könnte es überallhin mitnehmen. Da kannst mich dann immer erreichen. Es hat viel mehr Klingeltöne, die könnte ich dann vom Internet herunterladen."
„Ich mach dir einen Vorschlag: Wie wäre es, wenn ich dir ab und zu mein Handy leihen würde? Ich benutze es sowieso nur selten."
„Ach, Mama! Das Uralt-Modell. Damit würde ich mich nur lächerlich machen. Außerdem sind auf deinem Handy keine Spiele drauf. Nein, ich möchte unbedingt das neue Modell von Nokens. Im Kino hab ich neulich eine tolle Werbung von denen gesehen. Das neue Modell, das Nokens 3315 – das finde ich klasse. Das Gehäuse möchte ich dann in dem Jeans-Design. Das wär's."
„Also, Nicky, ich bin nach wie vor der Ansicht, du brauchst kein neues Handy. Über das Thema werden wir noch einmal reden."

1. Warum möchte Nicky unbedingt ein neues Handy zum Geburtstag? Für welche Bedürfnisse?
2. Welcher Meinung stimmt ihr zu?
    a) Wenn Nicky sich das Handy so sehr wünscht, soll sie es auch bekommen.
    b) Nicky braucht kein neues Handy. Schließlich kann sie auch das Angebot ihrer Mutter annehmen.
3. Angenommen, Nicky hat nun das Handy bekommen. Dann wird sie wohl in den nächsten Jahren kein neues mehr brauchen. Was meint ihr?

STICHWORT *Bedürfnisse*

1. Es gibt verschiedene Arten von Bedürfnissen. Erklärt die Unterschiede.
2. Werbeanzeigen versprechen häufig die Erfüllung eines Bedürfnisses. Welches Bedürfnis spricht die Werbeanzeige an?

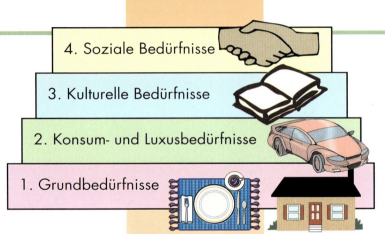

4. Soziale Bedürfnisse
3. Kulturelle Bedürfnisse
2. Konsum- und Luxusbedürfnisse
1. Grundbedürfnisse

Menschen haben ganz unterschiedliche Bedürfnisse. Einige Bedürfnisse müssen wir befriedigen um überhaupt leben zu können. So braucht jeder Mensch zum Beispiel Essen und Trinken, Kleidung und ein Dach über dem Kopf. Man spricht dann von Grundbedürfnissen. Daneben gibt es Dinge, die wir zwar nicht zum Überleben brauchen, die aber unser Leben sehr viel angenehmer und leichter machen: zum Beispiel Autos, Radios, Fernseher. Diese Art von Bedürfnissen nennt man Konsum- oder Luxusbedürfnisse.
Sicherlich verspürt ihr auch manchmal ein Bedürfnis, Musik zu hören, einen Film im Kino anzuschauen oder euch auf andere Weise zu unterhalten. In diesen Fällen befriedigt ihr kulturelle Bedürfnisse.
Nicht alle Bedürfnisse lassen sich mit Geld befriedigen. Wenn man ein Bedürfnis nach Zuwendung oder Freundschaft hat, so kann man nicht einfach in das nächste Kaufhaus gehen. Gerade deswegen kann es manchmal schwierig sein, solche Bedürfnisse zu befriedigen. Diese Art von Bedürfnissen nennt man soziale Bedürfnisse.

Bedürfnisse sind von Mensch zu Mensch verschieden. Sie werden beeinflusst
– vom Lebensalter: Ein 12-jähriges Mädchen wünscht sich vielleicht nichts so sehr wie einen Besuch in einem Freizeitpark, während eine 60-jährige Frau möglicherweise eher das Bedürfnis hat in Ruhe ein Buch zu lesen.
– von den Lebensverhältnissen: Es spielt eine Rolle, wo und in welchen Verhältnissen man lebt. Ein Jugendlicher, der auf dem Lande lebt, kann manchmal andere Bedürfnisse haben als ein Jugendlicher, der in der Stadt wohnt.
– von der Kultur und Religion: Der Bewohner einer Südseeinsel befriedigt sein Bedürfnis nach Kleidung und Nahrung auf ganz andere Weise als zum Beispiel jemand, der in einem arabischen Land lebt.
– von der Umgebung: Was die Familie, Verwandten und Freunde denken, ist den meisten Menschen sehr wichtig. Sie orientieren sich in ihren Wünschen und Bedürfnissen an ihnen. Was sie haben, möchte man auch selbst gerne besitzen.
– von der Werbung: Sie hat zum Ziel, Bedürfnisse gezielt zu beeinflussen und Wünsche nach ganz bestimmten Produkten zu wecken.

Trainings-platz

Was brauchen wir zum Leben?

Wir stellen unser Gepäck für einen Segeltörn zusammen

Gepäckstücke	nehme ich mit	für welches Bedürfnis?
1. Zahnbürste		
2. Duschgel		
3. Badeanzug/Badehose		
4. Discman		
5. Schlafsack		
6. Kopfkissen		
7. Feuerzeug		
8. Trinkwasser		
9. Schuhe		
10. Lebensmittel		
11. Taschenlampe		
12. Bücher		
13. Haarbürste		
14. CDs		
15. Schreibzeug		
16. Tagebuch		
17. Windjacke		
18. Jeans		
19. Unterwäsche		
20. Seekarte		
21. Taschenmesser		
22. Gaskocher		
23. Handtücher		
24. Nintendo		
25. Handy		
26. Spielkarten		
27. Schreibblock		
28. Wecker		
29. Foto meiner Familie		
30. Zahnpasta		
31. Radio		
32. Creme/Körperlotion		
33. Uhr		
34. Föhn		
35. Poster meiner Lieblingsband		
36. Strümpfe		
37. T-Shirts		
38. Pullover		
39. Coca Cola		
40. Sonnenschutzmittel		

Stellt euch vor, ihr nehmt an einer Schiffsreise teil. Das Segelschiff wird euch mit der Mannschaft zur Verfügung gestellt. Alles, was ihr zum Leben braucht, müsst ihr mitbringen. Allerdings ist der Platz an Bord sehr begrenzt. Deswegen könnt ihr insgesamt nur 20 Gepäckstücke mitnehmen.

1. Wählt aus der Liste die Gegenstände aus, die ihr für wichtig haltet. Entscheidet zunächst für euch allein.
2. Ordnet eure ausgewählten Gepäckstücke den vier Bedürfnissen zu.

2 Welche Rolle spielt das Geld?
Wir führen ein Interview

Einmal angenommen …

du blinzelst noch ganz verschlafen unter der Bettdecke hervor, nachdem dich dein Radiowecker wie jeden Morgen um halb sieben geweckt hat. „Jetzt erst noch ein bisschen bei schöner Musik dösen, das muss sein …", doch was tönt da aus dem Radio? Auf einen Schlag wirst du hellwach: „Achtung, wir unterbrechen die Sendung für eine Sondermeldung. Wir machen unsere Hörer darauf aufmerksam, dass ab morgen das Geld als Zahlungsmittel abgeschafft wird."
Stell dir vor, wie das wäre: Könntest du stundenlang im Internet surfen? Könntest du einfach zur nächsten Dönerbude gehen und dir nehmen, worauf du gerade Lust hast? Trendige Klamotten – kein Problem mehr für dich? Du suchst dir einfach aus, was dir gefällt? Müssten deine Eltern noch arbeiten gehen um Geld zu verdienen?

Schreibt auf, wie euer Leben unter diesen Bedingungen aussehen würde.

Wie ist das Geld entstanden?

Geld ist heute in unserer Gesellschaft unentbehrlich. Ohne Geld würde in unserem Leben das Chaos ausbrechen. Doch es gab einmal eine Zeit, in der die Menschen noch kein Geld kannten. Wie diese Menschen damals lebten und warum in späteren Zeiten das Geld erfunden wurde, erfahrt ihr aus dem folgenden Text.

In der Frühzeit versorgten die Menschen sich selbst. Die Männer gingen auf die Jagd, die Frauen sammelten Früchte und Beeren und hüteten die Kinder. Man nennt diese Zeit Altsteinzeit.

Viele tausend Jahre später, in der Mittel- und Jungsteinzeit lernten die Menschen Weizen, Gerste und Hirse anzubauen und Schafe, Ziegen und Rinder zu halten. Sie wurden sesshaft und bauten feste Dörfer und Städte. In diesen Gemeinschaften konnte mancher bald besser ein Haus bauen als auf die Jagd gehen, besser Felle gerben als Waffen oder Werkzeuge herstellen.

Die Arbeitsteilung führte dazu, dass die Bauern und die Hirten sich nur noch teilweise, der Bergmann und der Handwerker überhaupt nicht mehr selbst versorgten. Sie lebten vom Tauschhandel. Das war natürlich sehr umständlich. Manchmal kam es vor, dass ein Fischer sehr viele Fische fing. Er konnte sie nicht alle loswerden und sie verdarben. Oder der Bauer hatte eine besonders gute Ernte, konnte aber nicht alles Getreide gegen Waren, die er brauchte, tauschen. Es eignete sich also nicht alles gleich gut zum Tauschen.

In der Altsteinzeit benötigten die Menschen noch kein Geld. Warum?

Man hatte von dem einen zu wenig, von dem anderen zu viel. Man musste also nach einem Tauschobjekt suchen, das nicht verderben konnte und das allgemein anerkannt wurde. Bei den alten Hirten- und Bauernvölkern wurde Vieh und Getreide als Tausch- und Zahlungsmittel benutzt. Vieh war für jedermann wertvoll, eine Kuh gab Milch und Fleisch, einen Ochsen konnte man vor den Pflug spannen und schlachten. Bei den Griechen war ein Ochse die beliebteste Werteinheit. Jetzt bestand der Tauschhandel schon aus drei Stufen, denn das Vieh war ein Zwischengut, dessen Wert jedermann anerkannte. Aber das Vieh war als Zahlungsmittel unpraktisch. Reisende Kaufleute waren es, die am dringendsten ein leichteres, handlicheres und wertbeständigeres Zahlungsmittel brauchten. In Ägypten, Ur und Babylon kam man schon vor 5000 Jahren auf die Idee, Metalle wie Gold, Silber oder Kupfer in Klumpen oder Barren zu gießen. Sie sollten einen echten Gegenwert zur Ware bilden und waren immer noch recht schwer und unhandlich. Bei jedem Geschäft wurden sie von denen, die sie in Zahlung nahmen, an Ort und Stelle gewogen, um das genaue Gewicht festzustellen. So entstand das Geld. Die ältesten Münzen aus Elektron, einer in der Natur vorkommenden Mischung aus Gold und Silber, wur-

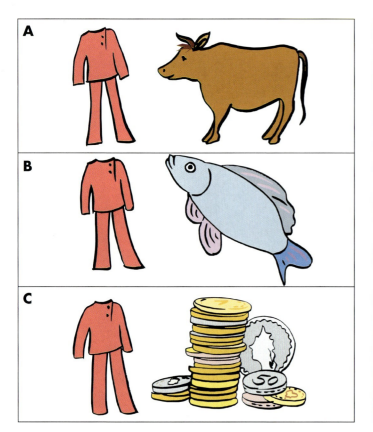

den im 7. Jahrhundert vor Christus in Lydien an der Westküste der heutigen Türkei geprägt. Die Könige ordneten an, dass niemand ohne staatliche Genehmigung Münzen prägen durfte. So wurde das „Münzrecht", das Recht, Münzen zu prägen, Sache des Staates. Die kleinen Münzen der Lyder erleichterten zum ersten Mal in der Geschichte den Kauf und Verkauf von Waren spürbar. Der Handel blühte auf wie nie zuvor.

Nach wie vor war das Reisen für Kaufleute beschwerlich: Häufig wurden sie wegen der mitgeführten Münzen Opfer von Raubüberfällen, auch hatten Geldmünzen damals ein ziemlich hohes Gewicht, waren also schwierig zu transportieren. Deswegen kamen die Kaufleute auf die Idee, ihr Bargeld zu Hause zu lassen und ihrem Handelspartner einen Gutschein über den Kaufpreis auszustellen. Dieser konnte mit dem Gutschein Waren bei einem Kaufmann in seinem Ort einkaufen. Der Kaufmann tauschte dann wiederum den Gutschein beim ersten Händler gegen Münzen ein. Daraus entwickelte sich nach und nach das Papiergeld. In den vergangenen Jahrzehnten hat der Umfang des Warenhandels so stark zugenommen, dass der größte Teil der Geldgeschäfte heute nicht mehr bar abgewickelt wird. Das bedeutet, dass Waren mit Überweisungen oder Kreditkarte bezahlt werden. Seit dem 1. Januar 2002 haben die Menschen in Europa erstmals in der Geschichte eine gemeinsame Währung – den Euro. Mit ihm kann man in vielen Staaten Europas bezahlen.

(Text S. 155 bis S. 156, 1. Abs. nach: Renate Klingma: Münzen und Geld, Tessloff Verlag, Nürnberg 1985, S. 4ff.)

1. Auf sechs Bildern sind sechs Stationen der Entwicklung des Geldes dargestellt. Mithilfe des Textes könnt ihr sie in die richtige Reihenfolge bringen. Verfasst zu jedem Bild eine kurze Erklärung.
   Tipp: Geht arbeitsteilig vor. Jeder Schüler beschreibt eine Station. Welche Vorzüge gegenüber dem bisherigen Zustand, welche Nachteile hatten die Tauschmittel jeweils?
2. Warum blühte nach der Erfindung des Geldes der Handel auf?

Euro, Euro, du musst wandern …

Mit dem Euro haben sich die Europäer eine gemeinsame Währung geschaffen. Sie haben auch eine gemeinsame Bank eingerichtet, die auf den Euro „aufpasst". Das ist die Europäische Zentralbank in Frankfurt. Jetzt kann der Euro viel schneller und viel problemloser über Grenzen hin und her wandern als zu der Zeit, als noch jedes Land seine eigene Währung hatte. Auf dieser Seite lernt ihr – in vereinfachter Form – einige mögliche Stationen kennen, die ein Schein durchlaufen kann. Für die vielen Stationen, die ein Euro durchwandern kann, verwendet man der Einfachheit halber die Oberbegriffe Haushalt, Unternehmen, Banken und Staat.

> Lest die Texte nach und nach und notiert, von wo nach wo die Euros wandern.

Private Haushalte

Jede Familie lebt in einem Haushalt. So zum Beispiel auch Familie Reinecke. Frau und Herr Reinecke arbeiten beide in einem Unternehmen. Dafür bekommen sie Lohn. Dieser Lohn wird normalerweise nicht bar ausbezahlt, sondern an eine Bank überwiesen. So wandern die Euros vom Unternehmen zur Bank. Wann Frau oder Herr Reinecke Geld benötigen, gehen sie einfach zur Bank und heben von ihrem Geld einen Betrag ab. Jetzt wandert der Euro von der Bank zum Haushalt. Wenn die Reineckes Möbel oder Kleidung irgendwo in Europa einkaufen, wandern die Euros vom Haushalt zum Unternehmen.

Unternehmen sind Firmen, in denen Menschen arbeiten. Frau und Herr Reinecke arbeiten in einem Unternehmen, das Autos herstellt. Dafür, dass sie arbeiten, zahlt die Firma Lohn oder Gehalt. Das Geld für den Lohn von Frau und Herrn Reinecke bekommt das Unternehmen dadurch, dass es Autos an Kunden verkauft. Diese zahlen für den Erhalt des Autos wiederum Geld an das Unternehmen. Viele Unternehmen verkaufen allerdings keine Waren, sondern bieten ihre Dienste an: Ein Hotel vermietet zum Beispiel Zimmer, ein Friseur schneidet Haare. Das nennt man Dienstleistungen.

Unternehmen

Banken sind Spezialisten für alle Geschäfte, die mit Geld zu tun haben. Die Reineckes haben ein Konto auf der Bank. Ihre Bank bewahrt das eingezahlte Geld für sie auf und verwaltet es. Dafür zahlt die Bank den Reineckes Guthabenzinsen. So fließt der Euro von der Bank zum Haushalt Reinecke. Wenn die Reineckes zum Beispiel ein neues Auto kaufen möchten und sie dafür nicht genügend Geld auf dem Konto haben, können sie Geld bei der Bank leihen. Man sagt dazu „einen Kredit aufnehmen". Dafür, dass ihnen die Bank das Geld ausleiht, müssen sie Kreditzinsen bezahlen. So wandern die Euros hin und her.

Herr und Frau Reinecke können ihren Lohn nicht ganz für sich behalten. Sie müssen davon an den Staat Steuern bezahlen. Mit den Einnahmen aus den Steuern kann der Staat dann zum Beispiel Schulen und Krankenhäuser bauen oder Kindergeld an Familien bezahlen. Auch das Unternehmen, in dem Reineckes arbeiten, zahlt Steuern an den Staat. Euros wandern also vom Haushalt und vom Unternehmen an den Staat. Mit einem neuen Zweck versehen, zum Beispiel als Kindergeld, wandern sie wieder zurück.

Bankensystem

Staat

Wir veranschaulichen den Geldkreislauf in einem Schaubild

Geld- und Warenströme könnt ihr in einem Schaubild darstellen. Übertragt dazu das Schema in euer Heft. Lest dann die Situationen 1–10 und zeichnet für jeden Fall mit Pfeilen Geld- und Warenströme ein. Wenn ihr unterschiedliche Farben für Geld- und Warenpfeile verwendet, wird euer Schaubild übersichtlicher. Denkt daran, dass jedem Geldpfeil eine Gegenleistung entsprechen muss. Das können Waren oder Dienstleistungen oder – wie bei den Banken – auch Geld sein.

Beispiel:
Kerstin Reinecke kauft eine neue Jeans.

1. Frau Reinecke kauft ein neues Auto.
2. Herr Reinecke lässt sich beim Frisör die Haare schneiden.
3. Julian (12) eröffnet bei der Bank ein Konto und zahlt darauf 50 Euro ein.
4. Kerstin (14) trägt am Wochenende Zeitungen aus.
5. Familie Reinecke kauft ein Haus und muss sich dafür Geld leihen.
6. Die Stadt baut einen Spielplatz in der Straße, in der Reineckes wohnen.
7. Frau Reinecke verkauft am Samstag auf dem Wochenmarkt Gemüse aus ihrem Garten.
8. Familie Reinecke bekommt jeden Monat Kindergeld für ihre zwei Kinder.
9. Die Schule kauft für das neue Schuljahr Geschichtsbücher.
10. Die Stadt erneuert den Teerbelag auf der Zufahrtsstraße zu dem Unternehmen, in dem Frau Reinecke arbeitet.

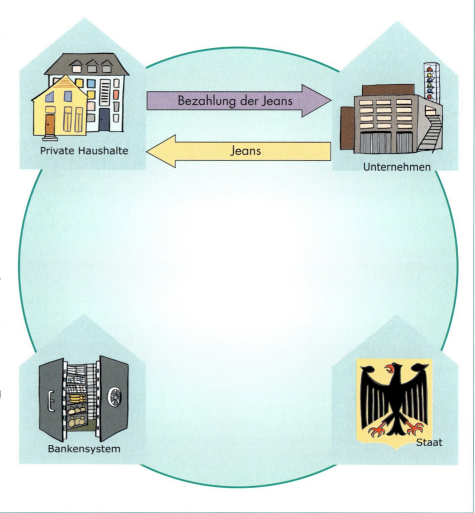

Geld verdienen – ein hartes Stück Arbeit?

Die meisten Menschen arbeiten um das Geld zu verdienen, das sie zum Leben benötigen. Wie viel etwas wert ist, kann man auch daran sehen, wie lange man dafür arbeiten muss. Das Schaubild stellt dar, wie lange Menschen im Durchschnitt für einzelne Dinge des täglichen Lebens arbeiten müssen.

Tipp: Schaut euch zunächst die senkrechten Spalten von 1970 und 2000 einzeln an. Erst dann empfiehlt es sich, das Schaubild waagerecht zu lesen und die beiden Spalten miteinander zu vergleichen. Ein Beispiel: 1970 musste man für zehn Eier 22 Minuten arbeiten, im Jahr 2000 acht Minuten.

> Was konnte sich ein Arbeitnehmer im Jahr 2000 nach einer Stunde Arbeit kaufen? Kommt euch das viel oder wenig vor? Tauscht euch darüber in der Klasse aus.

Kaufkraft der Lohnstunde

Für diese Lebensmittel mussten Arbeitnehmer so viele Minuten arbeiten

1970		2000
96	1 kg Schweinekotelett	34
72	1 kg Rindfleisch zum Kochen	32
16	1 kg dunkles Mischbrot	12
22	10 Eier	8
22	250 g Butter	5
6	1 kg Kartoffeln	4
9	1 l Milch	3

159

Wie sieht der Arbeitsalltag aus?

Wenn Erwachsene arbeiten gehen, so können sie in ganz unterschiedlichen Berufen tätig sein: In Deutschland gibt es zurzeit über 1100 Berufe. In den folgenden Texten lernt ihr drei Berufe kennen. Für jeden Beruf braucht man ganz spezielle Fähigkeiten.

Heinz Küpper ist Tierpfleger

Seine Berufswahl begründet der Tierpfleger Heinz Küpper folgendermaßen: „Ich mochte Tiere schon immer und hatte bereits als Kind Hunde und Katzen." Der 29-Jährige arbeitet im Bonner Albert-Schweitzer-Tierheim. Dort ist er für cirka 100 Hunde zuständig. „Ich arbeite jeden Tag von 8 bis 17 Uhr mit einer Stunde Mittagspause. Einmal im Monat bin ich auch am Wochenende im Tierheim." Hunde mit Futter und Wasser zu versorgen, gehört zur Routine eines Arbeitseinsatzes. „Ich schaue jeden Tag, ob mit den Tieren auch wirklich alles in Ordnung ist", sagt Heinz. „Es freut mich dann, wenn es ihnen gut geht und sie mich freudig begrüßen." Die Arbeit als Tierpfleger verlangt eine gute Beobachtungsgabe, die durch Erfahrungen noch weiter geschult wird. „Manchmal muss man blitzschnell reagieren, um zu verhindern, dass etwas Schlimmes passiert, denn zu uns kommen auch Hunde, die wild gelebt haben und irgendwo aufgegriffen worden sind."
Zu den Aufgaben eines Tierpflegers gehört es, seine Schützlinge regelmäßig dem Tierarzt vorzuführen. Der anstrengendste Teil seiner täglichen Arbeit ist die Reinigung der Zwinger. „Für diese Arbeit darf man nicht zimperlich sein. Wir müssen auch strenge Gerüche aushalten können … Neben der Nähe zu den Tieren gefällt mir vor allem der Kundenkontakt. Es kommen immer Leute vorbei, denen ich meine Hunde vorführe. Die Tiere zu vermitteln ist aber oft gar nicht so leicht", bedauert Heinz.

(Nach: Simone Janson, aus: abi 3/2001, S. 36f.)

---

1. Bildet drei Gruppen und lest dann die Texte durch. Jede Gruppe bekommt einen Beobachtungsauftrag:
   Welche Fähigkeiten werden in welchem Beruf verlangt?
   Gruppe 1 sucht nach körperlichen Fähigkeiten (Hand).
   Gruppe 2 sucht nach geistigen Fähigkeiten (Kopf).
   Gruppe 3 sucht nach Fähigkeiten im Umgang mit anderen Menschen (Herz).
   Legt anschließend eine Tabelle nach dem abgebildeten Muster an.
2. Welchen Beruf findet ihr am interessantesten? Begründet eure Wahl.
3. Sicherlich kennt ihr in eurer Nachbarschaft, im Verwandten- oder Bekanntenkreis jemanden, der einen besonders interessanten Beruf hat. Wenn ihr wissen wollt, wie der Berufsalltag dieser Person aussieht, könnt ihr ein Interview führen. Hinweise dazu findet ihr auf der Methodenkarte 7, S. 163.

Fähigkeiten einer Hotelfachfrau

Kopf	Herz	Hand
Sprachen beherrschen	Kontaktfreude	auch spätabend fit sein

Daniela ist Operationstechnische Assistentin (OTA)

Es ist Dienstagmorgen, 6 Uhr 30. Daniela und Stefan bereiten sich auf die für heute geplanten Operationen vor. Auf dem Programm stehen eine Bauchoperation, ein komplizierter Knochenbruch, eine Gallenoperation und ein Leistenbruch.
„Als OTA assistiere ich dem Chirurgen im OP", fasst Daniela kurz zusammen. Doch dahinter verbirgt sich eine Fülle von Aufgaben: OTA betreuen die Patienten während ihres OP-Aufenthalts. Sie organisieren Arbeitsabläufe im OP, sind verantwortlich für die Hygiene, sie pflegen und warten Instrumente sowie technische Geräte.

Daniela kennt die medizinischen Fachbegriffe und weiß, welche Instrumente bei den einzelnen Eingriffen nötig sind, wie man sie zusammenbaut und wie man sie korrekt bedient und wartet.
Der Chirurg beginnt mit seiner Arbeit. Jetzt ist Daniela wieder an der Reihe. Ihre Aufgabe ist es, die Instrumente richtig zuzureichen, „Instrumentiertätigkeit" nennt man das. Zunächst sieht alles nach einem Routineeingriff aus und Daniela reicht ungefragt die Instrumente zu. Doch dann treten Schwierigkeiten auf, volle Konzentration ist jetzt gefordert. „Ich muss mitdenken, vorausschauend arbeiten und stets den Überblick bewahren", sagt Daniela. Bevor der Arzt die Wunde vernäht, zählt Daniela zweimal nach, ob alle Instrumente vollständig sind. Fehlt ein Teil, wird so lange gesucht, bis es gefunden ist. Dann geht es an das Entsorgen und Warten der Instrumente. Schließlich wird die nächste Operation vorbereitet. „Vor allem der Umgang mit der Technik ist reizvoll", äußert sich Danielas Kollege Stefan. Diese steht nämlich im Mittelpunkt ihrer Arbeit – wer glaubt, OTA hätten es in erster Linie mit Patienten zu tun, irrt. „Unsere Patienten sehen wir erst im OP, und meistens sind sie schon narkotisiert", meint Stefan.

(Nach: Andrea Melcher, aus: abi 5/99, S. 34)

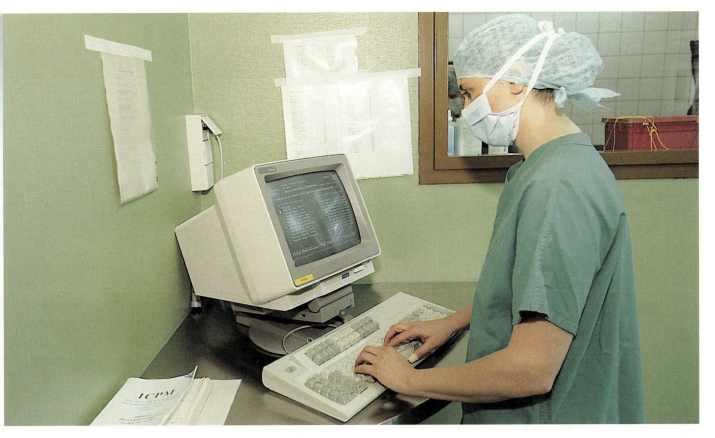

Christiane Sigloch ist Hotelfachfrau

Christiane Sigloch war bereits in vier europäischen Ländern tätig. Dass man häufig den Arbeitsplatz wechselt und dabei auch ins Ausland geht, ist in dem Beruf üblich. Am Empfang (Rezeption) arbeitete die Hotelfachfrau in England. „Diese Tätigkeit besteht nicht nur darin, den Gästen mit einem Lächeln den Zimmerschlüssel auszuhändigen. Man ist Ansprechpartner für alle Wünsche und Fragen der Kunden. Sprachen lernen, das gehört zu meinem Beruf", betont Christiane Sigloch, die auch noch Französisch und Italienisch spricht.

„Ohne Englisch kommt man nicht weit. Es ist selbstverständlich, dass man diese Sprache einwandfrei beherrscht." In den großen Hotels arbeiten internationale Teams. Die junge Deutsche wurde an jedem Arbeitsplatz gut aufgenommen.

Wenn Christiane Sigloch an ihre Ausbildung zurückdenkt, dann nimmt sie kein Blatt vor den Mund: „Anfangs muss man auch Arbeiten erledigen, die einem nicht so gefallen." Da ist zum Beispiel das Housekeeping, auf Deutsch: Reinigung der Hotelzimmer. „Ich könnte nicht sagen, dass mir das Putzen und die anderen Aufgaben eines Zimmermädchens wie das Bettenmachen unbedingt Spaß gemacht hätten."

Abendschichten und Wochenenddienste sind im Hotelfach ganz normal. Hotelfachleute müssen belastbar sein und in stressigen Situationen freundlich bleiben. Das ist für Christiane kein Problem: „Ich bin mit meinem Beruf auch deshalb so zufrieden, weil ich eine sehr kontaktfreudige Person bin. Bei meiner Tätigkeit lerne ich immer interessante Leute kennen."

Heute ist die 28-Jährige Verkaufsleiterin in einem Düsseldorfer Hotel. „Eine meiner wichtigsten Aufgaben ist die Stammkunden zu betreuen. Darüber hinaus versuche ich, neue Kunden zu gewinnen." Sie unternimmt regelmäßig Dienstreisen zu den großen Touristikmessen. „Wir laden auch mögliche Kunden, wie zum Beispiel Unternehmen, ins Hotel ein, damit sie das Haus nicht nur durch den Prospekt kennen lernen. Diesen Gästen zeige ich dann die Zimmer und alle Einrichtungen unseres Hotels."

(Nach: Bettina Furchheim, aus: abi, 2/2000, S. 8)

Ein Interview durchführen

Thema: Berufsalltag

Interview: Was ist das?

Ein Interview ist ein Gespräch, bei dem eine Person oder eine Gruppe Fragen zu einem Thema stellt, die der Gesprächspartner beantwortet. Interviews werden gemacht, um nach dem Gespräch veröffentlicht zu werden, zum Beispiel im Fernsehen oder in einer Zeitschrift. Eine Tonbandaufnahme, die in der Klasse vorgespielt wird, ist auch eine Form der Veröffentlichung. Ein Interview ist immer ein vorbereitetes Gespräch.

Wie macht man das?

1. Schritt: Vorbereitung

Überlegt zunächst, was ihr wissen wollt. Interviews haben ein Gesprächsthema. Überlegt dann, wen ihr befragen wollt. Nehmt Kontakt mit der Person auf um zu erfahren, ob sie bereit ist, euch das Interview zu geben. Sagt auch, wer in der Schule das Interview hören oder lesen wird, damit die oder der Interviewte weiß, was mit den Äußerungen passiert.
Stellt nun einen Fragenkatalog zusammen. Denkt euch dazu mehrere Fragen zum Thema des Gesprächs aus. Überlegt auch, in

welcher Reihenfolge ihr diese Fragen stellen wollt. Achtet darauf, dass es möglicherweise Fragen gibt, auf die euer Gesprächspartner nicht antworten möchte. Zum Beispiel: Wie viel verdienen Sie im Monat?

2. Schritt: Durchführung der Interviews

Sorgt dafür, dass ihr das Gespräch an einem ruhigen Ort und ohne Zeitdruck führen könnt. Überlegt, wie ihr das Gespräch aufzeichnen wollt. Ihr könnt die Antworten mitschreiben oder auch einen Kassettenrekorder einsetzen. Dazu müsst ihr zuvor die Einwilligung eures Gesprächspartners haben. Ebenso, wenn ihr ein Foto machen wollt.

3. Schritt: Nachbereitung

Geht gleich nach dem Ende des Gesprächs an die Ausarbeitung des Interviews. Dann habt ihr das Gespräch noch frisch im Gedächtnis. Vergleicht eure Mitschriften oder hört die Tonbandaufnahme ab.
Fasst die Antworten auf eure Fragen in kurzen Texten zusammen und formuliert das Interview schriftlich aus.
Bevor ihr das Interview in der Klasse präsentiert, könnt ihr den Text eurem Gesprächspartner zur Durchsicht vorlegen. Fragt ihn, ob ihr seine Aussage korrekt wiedergegeben habt.
Ihr habt mehrere Möglichkeiten, die Ergebnisse eurer Klasse zu präsentieren: Ihr könnt eure Interviews vorlesen, als Kopien verteilen oder auch an eine Pinnwand heften, damit eure Mitschüler die Texte lesen können. Redet anschließend über eure Eindrücke: Was war neu für euch, überraschend, besonders interessant?

3. Wer wirtschaftet, muss planen können

Wir erstellen einen Einkaufsplan

Welche Möglichkeiten kennst du, um an solch eine leckere Pizza zu kommen? Welches ist die bequemste, billigste, arbeitsintensivste?

War das ein Schock für Simone (14) und Oliver (12)! Als sie aus der Schule kamen, stand der Krankenwagen vor der Tür. „Die kommen bestimmt wegen Mama", rief Oliver voller Schreck. Oliver sollte Recht behalten. Seine Mutter hatte schon seit einigen Tagen über Bauchschmerzen geklagt. Es war der Blinddarm – und der musste raus. Der Vater war auch schon da und fuhr mit ins Krankenhaus. Abends sprach Herr Winter mit seinen Kindern. „Es ist alles noch einmal gut gegangen. Gefährlich ist es nicht, aber Mama muss mindestens fünf Tage im Krankenhaus bleiben. Ich könnte Tante Andrea bitten zu uns zu kommen und für euch zu sorgen." „Also, was denkst du denn, Papi! Wir sind doch schließlich alt genug um uns ein paar Tage lang selbst zu versorgen." „Also gut. Dann müsst ihr einkaufen gehen und euch etwas zu essen machen, denn ich gehe abends nach der Arbeit zu Mama und komme erst nach Hause, wenn die Geschäfte schon zu sind."

Am nächsten Tag haben Simone und Oliver keine Lust zum Kochen. Sie gehen in eine Pizzeria und bestellen sich eine Pizza. Simone trinkt einen Orangensaft, Oliver eine große Cola. Zum Nachtisch essen beide noch ein Eis. Dafür müssen sie 22,60 € hinlegen. Auf dem Weg zum Krankenhaus gehen sie noch schnell in den Supermarkt und kaufen sich ein paar Süßigkeiten für 1,80 € und einen Blumenstrauß (8,00 €) für ihre Mutter.

Am Abend bittet Simone ihren Vater um Geld. „Ich habe dir doch gestern erst 35 € gegeben", ruft Herr Winter entsetzt, „die können doch unmöglich schon weg sein. Und der Kühlschrank ist auch leer, für mich ist nichts zu essen da." Herr Winter ist stocksauer. Nun setzen sich die drei zusammen und beschließen, in Zukunft wirtschaftlich vernünftiger zu handeln. Dazu gehört, dass genau geplant wird, was gekauft wird. Simone und Oliver bekommen 50 €. Damit müssen sie jetzt die drei Tage bis zum Wochenende auskommen. Sie setzen sich hin und machen einen Plan.

> Wer plant, bereitet sich auf eine Situation vor, überlegt, welche Mittel ihm zur Verfügung stehen, und trifft dann eine Entscheidung. Ihr könnt Simone und Oliver beim Aufstellen ihres Einkaufsplans helfen.
>
> 1. Stellt mithilfe der Preisliste auf der folgenden Seite jeweils drei Mahlzeiten für drei Tage zusammen. Zum Frühstück und zum Abendessen ist auch Herr Winter da, mittags sind Simone und Oliver alleine. Probiert verschiedene Möglichkeiten aus. Einzige Bedingung: Das Haushaltsgeld von 50 € muss für drei Tage reichen.
> 2. Geht in einen Supermarkt. Schreibt dort die Preise für euer Lieblingsessen auf. Vergleicht sie mit Angeboten aus anderen Geschäften und den Preisen auf der Tabelle. Was stellt ihr fest?
>
> **Tipp:** Diese Aufgabe könnt ihr auch in Partner- oder Gruppenarbeit erledigen.

Was brauchen wir?	Das kostet ungefähr	Was braucht eine Person pro Mahlzeit?
Milch	80 Cent (Liter)	0,5 l
Butter	1 € 30 Cent (250 g)	40 g
Zucker	1 € (1 kg)	20 g
Apfelsaft	1 € (Liter)	0,5 l
Mineralwasser (12 Flaschen)	4 €	0,5 l
Tee	2 € (20 Teebeutel)	1 Teebeutel
Roggenbrot	3 € (1 kg)	150 g
Brötchen	30 Cent	2
Marmelade	2 € (450 g)	45 g
Honig	5 € (500 g)	50 g
Jogurt	50 Cent	150 g
Eier	20 Cent (Stück)	2
Cornflakes	3 € (750 g)	75 g
Äpfel	2 € (kg)	200 g
Bananen	2 € (kg)	200 g
Orangen	1 € 50 Cent (kg)	200 g
Nudeln	2 € (500 g)	125 g
Kartoffeln	1 € (kg)	250 g
Reis	1 € (4 Port.)	1 Portion
Kartoffelpüree	2 € (4 Port.)	1 Portion
Hackfleisch	6 € (kg)	200 g
Putenschnitzel	10 € (kg)	150 g
Hähnchenkeule	7 € (kg)	250 g
Fischstäbchen	2 € 50 Cent (12 Stück)	6
Aufschnitt	1 € 50 Cent (100 g)	50 g
Käse	1 € 50 Cent (100 g)	50 g
Kopfsalat	1 € (Stück)	0,5
Tomaten	2 € (kg)	200 g
Gurke	1 € (Stück)	0,5
Karotten	2 € (kg)	200 g
Brokkoli	2 € (kg)	200 g

STICHWORT
Wirtschaften

1. Angenommen, ihr wollt auf dem Markt Äpfel kaufen. Was müsst ihr dabei beachten, wenn ihr vernünftig wirtschaften wollt?
2. Mithilfe des Textes könnt ihr Merkmale vernünftigen wirtschaftlichen Handelns herausfinden und notieren.

Warum müssen wir wirtschaften?

Vielleicht kennt ihr die Geschichte vom Schlaraffenland: Dort ist alles, was die Menschen zum Leben brauchen, im Überfluss vorhanden. Man braucht sich nur zu bedienen. Wenn wir durch einen Supermarkt oder ein Kaufhaus schlendern, könnte man ebenfalls auf die Idee kommen, dass wir im Schlaraffenland leben. Die Regale quellen über, alle Waren sind in Hülle und Fülle vorhanden. Es gibt aber einen Unterschied zum Schlaraffenland: Wir müssen die Waren bezahlen. Dazu benötigen wir Geld. Und Geld steht uns nicht unbegrenzt zur Verfügung. Deshalb müssen wir uns gut überlegen, wofür wir unser Geld ausgeben – wir müssen mit unserem Geld haushalten. Wirtschaften ist also eine Tätigkeit, bei der man versucht, mit den zur Verfügung stehenden Mitteln gut auszukommen. Man muss wissen, dass man nicht alle Bedürfnisse, die wir mit Geld befriedigen können, auch tatsächlich befriedigen kann. Daher teilt man sich das Geld so ein, dass die Bedürfnisse zuerst erfüllt werden, die in der Wichtigkeit an oberster Stelle stehen.

Wie kann man vernünftig wirtschaften?

Dies ist der Fall, wenn wir versuchen, eine bestimmte Ware so preiswert wie möglich zu kaufen. Wenn ihr zum Beispiel einen neuen Fahrradhelm kaufen wollt, ist es sinnvoll, vor dem Einkaufen die Preise zu vergleichen, um herauszufinden, wo euer Wunschmodell am billigsten angeboten wird.

Die zweite Möglichkeit besteht darin, beim Einkaufen auf eine möglichst gute Qualität der Ware zu achten. Wenn ihr also feststellt, dass mehrere Fahrradhelme zum gleichen Preis angeboten werden, ist es sinnvoll, das Modell mit der besten Qualität zu wählen. In beiden Fällen habt ihr mit eurem Geld gut gewirtschaftet. Man kann dazu auch sagen, ihr habt nach dem ökonomischen Prinzip gehandelt. Das Wort „Ökonomie" kommt aus dem Griechischen und leitet sich von „Oikos" ab. Das bedeutet übersetzt „Haushalt".
Eine hohe Gegenleistung für euer Geld bekommt ihr auch, wenn ihr Waren kauft, die umweltbewusst hergestellt werden. Man bezeichnet diese Art des Wirtschaftens als ökologisches Wirtschaften. Dieses Wort leitet sich ebenfalls von „Oikos" ab; nur ist in diesem Zusammenhang der Haushalt der Natur gemeint. Das bedeutet, dass bei der Produktion von Waren die Natur so gut wie möglich geschont wird. Wegen der höheren Herstellungskosten sind die Preise für ökologisch hergestellte Produkte meist etwas höher als für andere Waren. Gutes Wirtschaften hat viel damit zu tun, dass man sein Handeln plant und seinen Verstand einsetzt.

Wir treffen eine Kaufentscheidung

Die Stiftung Warentest ist eine unabhängige Einrichtung, die die Qualität von Waren und Dienstleistungen testet und veröffentlicht, damit sich die Leute vor ihrer Entscheidung zum Kauf informieren können. Auch Kinder-Fahrradhelme wurden im Jahr 2000 getestet. Das Testergebnis für Helme für größere Kinder findet ihr auf dieser Seite. Angenommen, ihr benötigt einen neuen Fahrradhelm: Für welches Modell würdet ihr euch entscheiden? Trefft eine wirtschaftlich sinnvolle Entscheidung und begründet diese.

(Aus: Stiftung Warentest 5/2000, S. 66f.)

AGU Creation
60 Mark

GUT (1,7)

Spitzenmodell für größere Kinder. Rundum gelungener Helm zum moderaten Preis.

Casco Follow Me
59 Mark

GUT (1,7)

Spitzenmodell für größere Kinder. Rundum gelungener Helm zum moderaten Preis.

KED Swingo
79 Mark

GUT (1,8)

Einer der besten Helme für Größere. Lässt sich gut einstellen.

Abus Galaxis Zoom
80 Mark

GUT (1,9)

Rundum guter Helm ohne schwache Stellen.

Bell Bellimo Class Pro
70 Mark

GUT (1,9)

Rundum gelungener Helm mit besonders guten stoßdämpfenden Eigenschaften.

S-Helmet Fever
89 Mark

GUT (2,0)

Gelungener Helm mit besonders guten stoßdämpfenden Eigenschaften. Nicht ganz so sommertauglich, da Belüftung nicht optimal.

Louis Garneau Terrible
85 Mark

GUT (2,3)

Kann nicht ganz mit den anderen Modellen mithalten. Schwächen in der Belüftung.

Giro Wheelie
100 Mark

GUT (2,4)

Teuerster Helm für größere Kinder und Schlusslicht in der Qualität. Schwächste Stoßdämpfung der Gruppe.

Memorystationen

Menschen müssen wirtschaften – aber wie?

STATION 1 — Sind unsere Bedürfnisse grenzenlos?

Vielleicht habt ihr schon einmal von Robinson Crusoe gehört, der in einem Roman von Daniel Defoe die Hauptrolle spielt. Er landete als Schiffbrüchiger auf einer einsamen Insel. Zunächst war er glücklich, mit dem Leben davongekommen zu sein – doch er hatte nichts retten können außer seiner Kleidung, die er auf dem Leib trug. Erst nach 28 Jahren auf dieser Insel wurde er gerettet.

Beschreibt in einem kurzen Text, welche Bedürfnisse er in dieser Situation hatte. Wofür musste Robinson zunächst sorgen? Welche Bedürfnisse konnte er auf der Insel wahrscheinlich befriedigen, welche nicht?

STATION 2 — Welche Rolle spielt das Geld?

Nanu, da stimmt doch was nicht?
Wie muss es richtig heißen?

Frau Reinecke freut sich: Heute ist der 1. Oktober. Endlich hat der Staat ihr den Lohn für ihre Arbeit in der Autofabrik überwiesen. Schnell fährt sie zum Rathaus und will dort ihr Geld abheben. Doch sie ärgert sich: Schon wieder musste sie der Gemeinde so hohe Guthabenzinsen bezahlen. Ach ja, von diesem Gehalt muss sie ja auch noch Steuern an die Autofabrik überweisen. Aber das macht sie gerne: Schließlich hat das Unternehmen ja erst letztes Jahr eine neue Schule in ihrem Wohnort gebaut. Nach seiner Arbeit kauft Herr Reinecke in der Bank Lebensmittel für die Familie ein. Wie gut, dass ihm die Bank erst kürzlich Zinsen für seinen Kredit bezahlt hat.

STATION 3 — Wer wirtschaftet, muss planen können

Jan hat zum Geburtstag von seinen Großeltern einen 50-Euro-Geldschein geschenkt bekommen. Gerne würde er sich das Video „Herr der Meere" und eine neue Jeans kaufen. Er überlegt:
- Soll er das Video kaufen, das ganz neu auf dem Markt ist und 22,95 € kostet?
- Soll er das Video in einer Videothek für 4 € leihen und einige Monate später kaufen, wenn es möglicherweise billiger ist?
- Soll er die Markenjeans „Beggar" für 70 € kaufen? Er müsste also 20 € von seinem Ersparten drauflegen.
- Soll er eine markenlose Jeans kaufen? Dann hätte er wahrscheinlich noch einige Euro übrig.
- Soll er das ganze Geld zur Bank bringen und auf einen Computer sparen? Dort bekommt er zusätzlich noch Zinsen.

Wie könnte Jan sein Geld wirtschaftlich sinnvoll ausgeben? Formuliert dazu eine Möglichkeit und begründet euren Vorschlag.

Politik in der Gemeinde – „Wir reden mit!"

In dem folgenden Kapitel geht es um das Verhältnis von Kindern eures Alters zur Politik. Wir untersuchen das am überschaubaren Bereich des Zusammenlebens in der Gemeinde. Damit sind Dörfer und Städte gemeint. Dieses Thema hat viel mit Politik zu tun, denn das griechische Wort Politik heißt übersetzt „Gemeinde" oder „Gemeinschaft". In allen größeren Gemeinden kann man ein Rathaus entdecken. Habt ihr euch schon einmal überlegt, was in einem solchen Rathaus passiert? Könnt ihr den Schülern, die vor dem Rathaus der Stadt Paderborn stehen, helfen?

Detektivaufgabe für das ganze Kapitel:
Was ist das KiJuPa? Wo findet man es?

Können Kinder mitmachen in der Politik?
Wir üben unsere Interessen zu vertreten

Ein Beispiel aus der Stadt Meschede

Jugendliche helfen der Stadt und den Kindern bei der Renovierung eines Spielplatzes.

Unter fachmännischer Anleitung werden die Spielgeräte repariert.

Der Kinderspielplatz in der Goethestraße befand sich in einem traurigen Zustand. Alle Spielgeräte waren reparaturbedürftig. Schon lange war der Sand nicht mehr ausgetauscht worden. Die Kinder aus dem Wohngebiet beließen es nicht beim Schimpfen. Sie beschlossen in eigener Sache aktiv zu werden und setzten sich mit dem Jugendamt der Stadt in Verbindung. Dort trugen sie ihr Anliegen vor und baten um Hilfe. Die Stadt Meschede zeigte Verständnis für die Forderungen der Kinder, wies aber auch darauf hin, dass die Sanierung von Spielplätzen eine kostspielige Angelegenheit sei, für welche die Stadt im Moment leider kein Geld zur Verfügung habe. Das zuständige Dezernat sah dennoch einen Ausweg. Man erinnerte sich daran, dass die DaimlerChrysler AG regelmäßig soziale Aktionen unterstützt und bei der Finanzierung hilft. Die Stadtverwaltung nahm Kontakt zur Firmenleitung in Düsseldorf auf. Hier hörte man sich die Sache an und beschloss, das Problem Kinderspielplatz in der Goethestraße zu einem Lehrgangsprojekt für die eigenen Auszubildenden zu machen. Zweimal während ihrer Ausbildungszeit nehmen Azubis der Firma an sozialpädagogischen Lehrgängen teil. Nach Auskunft der Ausbildungsleitung soll dadurch erreicht werden, dass die Auszubildenden wichtige Schlüsselqualifikationen erwerben, zum Beispiel Verantwortung zu übernehmen, im Team zu arbeiten, die Initiative zu ergreifen. In Gesprächssituationen sollen sie üben sich geschickt und angemessen auszudrücken.

In Teamarbeit wird hier ein neues Klettergerüst installiert.

Bevor die Arbeit begann, setzten sich die Lehrgangsteilnehmer mit Vertretern der Stadt Meschede zusammen. Hier wurden auch die Kinder gehört und konnten ihre Wünsche für die Sanierung des Spielplatzes vortragen. Am 2. Juli 2001 war es dann so weit. Eine Gruppe von 16 Auszubildenden reiste mit zwei Ausbildungsmeistern an und nahm die Sache in die Hand. Fünf Tage lang wurde unter fachmännischer Anleitung repariert und neu eingerichtet. Eine Woche später stand den Kindern in der Goethestraße wieder ein schöner Spielplatz zur Verfügung. Aber nicht nur das: Die DaimlerChrysler AG stiftete zusätzlich einen von den Azubis selbst angefertigten Basketballkorb sowie eine Torwand. Diese Geräte wurden im Schul- und Sportzentrum in Freienohl aufgestellt und erfreuen sich dort bei den Kindern großer Beliebtheit.

1. Warum kann das Engagement der Kinder aus Meschede als Erfolg verbucht werden?
2. Die Auszubildenden sollen wichtige Schlüsselqualifikationen und Fähigkeiten in den Lehrgängen erwerben. Sammelt sie und überlegt, ob diese Fähigkeiten auch für euch wichtig sind?
3. Gibt es in eurer Heimatgemeinde Dinge, die ihr gerne ändern würdet? Könnte es sich lohnen aktiv zu werden?

Kinder kämpfen hartnäckig für ihre Wünsche und Ziele

Im Jahr 2001 startete die Stadt Dortmund die Aktion DO-Forum. Damit wollte man den Kindern in der Stadt Mut machen zur Mitwirkung in der Politik. „Mitreden, Mitbestimmen – Eure Meinung zählt!", so hieß das Motto der Aktion. Der folgende Zeitungsbericht informiert über eine Sitzung, auf der Kinder und Jugendliche gegenüber Politikerinnen und Politikern der Stadt ihre Forderungen vortrugen.

> 1. Findet ihr das nachahmenswert? Sprecht darüber.

Selbstbewusst sitzen die Kinder neben den Erwachsenen und tragen ihre Sorgen und Probleme vor.

Die Füße reichten teilweise noch nicht vom Stuhl bis auf den Boden des Westfalia-Saals im Rathaus. Doch die jungen Besucher standen in ihrer Hartnäckigkeit den Erwachsenen, die sich ihre Sorgen anhörten, in Nichts nach. Im „Do-Forum" konnten Kinder und Jugendliche zwischen sechs und 16 Jahren unter den Motto „Mitreden, Mitbestimmen – Eure Meinung zählt!" gestern ihre Anliegen dem Kinder- und Jugendausschuss der Stadt vortragen. Mit Vertröstungen und Sätzen wie „Mal sehen, wer dafür zuständig ist" gaben sich die Kinder nicht zufrieden. Besonders die ganz Kleinen hakten immer wieder nach: Der achtjährige Melvin beklagte Scherben auf dem Sportplatz in Hörde und wünschte sich einen Spielplatz. Wie bei vielen Anliegen mussten die Ausschussmitglieder den Jungen vertrösten, da in den nächsten Jahren auf keinen Fall ein neuer Spielplatz gebaut wird. Melvin aber ließ sich nicht entmutigen und zählte unbekümmert weitere Sorgen auf. Die zuständigen Mitglieder des Fachausschusses versprachen, sich um eine Verbesserung der Freizeitmöglichkeiten zu bemühen.

Fehlende Treffpunkte für Jugendliche waren ein großes Thema im Forum. Auch wenn nicht alle Wünsche erfüllt werden können, versprachen die Ausschussmitglieder, allen Anliegen nachzugehen. Und sie können sich darauf einstellen, dass sie nach Ergebnissen gefragt werden. Hartnäckig.

(Aus: Westdeutsche Allgemeine Zeitung vom 22.02.2001)

> 2. Wahrscheinlich fallen euch auch Themen und Probleme ein, die ihr gerne gegenüber den erwachsenen Politikerinnen und Politikern vorbringen möchtet, zum Beispiel über Spielmöglichkeiten, sichere Schulwege, Freizeitaktivitäten in eurer Stadt. Sammelt sie in der Klasse.
> 3. Sucht euch einzelne Beispiele heraus und formuliert die Forderungen, die ihr an die Politikerinnen und Politiker habt.
>
> **Tipp:** Informiert euch mithilfe der Homepage eurer Gemeinde oder mit einem Anruf beim Presse- und Informationsamt über die Möglichkeiten der Mitwirkung von Kindern in der Politik in eurer Gemeinde.

Ein Kinderparlament stellt sich vor

Das KiJuPa wurde 1992 vom damaligen Herner Oberbürgermeister Willi Pohlmann gegründet und ist als jugendpolitisches Forum der „offizielle" Ansprechpartner der Stadt Herne für die Interessen der Kinder und Jugendlichen.

> Die nordrhein-westfälische Stadt Herne gehört zu den Städten in Deutschland, in denen es ein Kinderparlament gibt. Mit dem folgenden Text stellt sich das KiJuPa im Internet vor. Formuliert Antworten auf die drei Fragen und diskutiert dann die Meinungen der drei Kinder auf dieser Seite.
> 1. Was sind die Ziele des Herner Kinderparlaments?
> 2. Welche Art von Aktionen führt es durch?
> 3. Wie wird es gewählt; wie arbeitet es?

"Das ist eine prima Einrichtung. Da würde ich auch gerne mitmachen."

Kinder und Jugendliche sollen ihre Ideen in das öffentliche Leben der Stadt einbringen können. Wer sich etwa über fehlende Freizeitmöglichkeiten, dreckige Spielplätze oder Schulhöfe ärgert, hat durch dieses „Gremium" die Möglichkeit und das ausdrückliche Recht bei kommunalpolitischen Planungen und Entscheidungen aktiv mitzubestimmen. Bei uns bekommen die Herner Kinder die Chance, ihre Vorstellungen und Verbesserungsvorschläge vorzubringen und diese in die Tat umzusetzen. Überall da also, wo eure Interessen und Belange betroffen sind, soll das KiJuPa angehört und beteiligt werden, so z.B. beim Bau oder der Umgestaltung von Schulhöfen, Straßen, Spiel- und Sportplätzen, Freizeitstätten, der Ausrichtung von Veranstaltungen und bei vielem anderen mehr […]

Mitglieder des KiJuPa werden in den 59 Herner Schulen gewählt. Die Schüler jeder Schule bestimmen ihren Delegierten und dessen Stellvertreter für die Dauer eines Schuljahres. Gewählt werden können alle, die die 4. bis 12. Klasse besuchen. Weil nicht alle Herner Schulen einen Delegierten stellen, werden die freien Plätze interessierten Jugendlichen zur freiwilligen Weiterarbeit angeboten. Derzeit umfasst das KiJuPa 125 Mitglieder.

"Ich würde zwar selbst nicht mitarbeiten, aber ich finde es gut, dass es Kinderparlamente gibt."

Das KiJuPa gliedert sich in vier Arbeitskreise (Ak's) […] Ein- bis zweimal im Monat finden Sitzungen der AK's statt, in denen die Delegierten gemeinsam Verbesserungsvorschläge für ihre Schulen, ihren Stadtteil und ihr Wohnumfeld diskutieren. Die Vorschläge sprechen die Kinder und Jugendlichen dann bei Verwaltungsstellen der Stadt und anderen Organisationen an. Außerdem planen sie eigenständig verschiedene Aktionen, durch die sie ihre Ideen selbst umsetzen und Missstände beheben wollen. […]

"Ehrlich gesagt: Für die Mitarbeit in einem Kinderparlament ist mir meine Freizeit zu schade."

Zweimal im Jahr treffen sich alle Parlamentarier zu einer öffentlichen Parlamentssitzung, bei der jeder Interessierte willkommen ist. Dort sind auch die Presse, der Oberbürgermeister und Vertreter der Stadtverwaltung anwesend, um Stellung zu den Problemen und Verbesserungswünschen der Kinder zu nehmen. In diesem Plenum werden die Projekte der letzten Monate vorgestellt und es wird über geplante Projekte abgestimmt.

(Aus der Internetpräsentation des Kinderparlamentes der Stadt Herne; www.herne.de. Stand: Januar 2002)

Welche Rechte haben Kinder?

Kind ist man bis zum Alter von 14 Jahren. Man hat in dieser Zeit noch keine direkten Mitbestimmungsrechte in der großen Politik. Das bedeutet aber nicht, dass man nicht mitreden oder nicht mitentscheiden kann. Es gibt viele Beispiele dafür, wie Kinder in ihrer Stadt oder in ihrem Dorf aktiv an der Politik teilgenommen haben und dabei durchaus erfolgreich gewesen sind.

Die allgemeinen Rechte eines Kindes beginnen mit seiner Geburt und nehmen im Laufe seiner Entwicklung zu. Von weltweiter Bedeutung ist das „Übereinkommen über die Rechte des Kindes", das 1989 von den Vereinten Nationen beschlossen wurde. Über 190 Nationen auf der Erde haben sich verpflichtet, für die darin formulierten Rechte der Kinder zu sorgen.
Den Originaltext hat die Autorin Christa Baisch in eine kinderfreundliche Sprache übersetzt. Hier einige Auszüge aus dem Buch.

Meine drei wichtigsten Rechte sind: ...

Artikel 2
Alle Kinder sind gleich, es gibt keine gleicheren. Das Übereinkommen soll alle Kinder auf der Welt vor Benachteiligung schützen.
[…]

Artikel 6
Jeder Mensch hat das Recht zu leben, auch jedes Kind.

Artikel 7
Wenn ein Kind geboren ist, muss es einen Namen bekommen: Abel oder Sorin, Bernadette oder Sirpa.

Artikel 8
Ein Kind soll mit keinem anderen verwechselt werden können. Sein Name, seine Zugehörigkeit zu einer Familie und zu einem Staat zeigen ihm, dass es ein ganz eigener Mensch ist.
[…]

Artikel 12
Jeder Mensch hat das Recht seine eigene Meinung zu sagen, auch das Kind.

Artikel 13
Will man sich eine eigene Meinung bilden, muss man sich auch informieren.
Man muss Bescheid wissen, was in der Welt geschieht, was andere Menschen sagen und meinen.

Kinder dürfen sich über alles informieren, was wichtig für sie ist.
Sie haben das Recht Bücher, Zeitschriften und Zeitungen zu lesen.
[…]

Artikel 28
Kinder haben ein Recht darauf, alles zu lernen, was sie lernen wollen und was sie lernen können. Deshalb muss jedes Kind die Möglichkeit haben eine Schule zu besuchen. Und damit ein Kind durch nichts daran gehindert werden kann, sagt das Übereinkommen sogar: Es besteht eine Schulpflicht.
Alle Kinder müssen die Schule besuchen und der Besuch der Schule darf nichts kosten.

(Aus: Eichholz; Baisch; Wittkamp: Die Rechte des Kindes, hrsg. vom Kinderbeauftragten der Landesregierung beim Ministerium für Arbeit, Gesundheit und Soziales des Landes NRW, Reinhold Eichholz, Recklinghausen, Verlag C. Bitter, ²1991)

---

1. Verständigt euch mit eurer Tischnachbarin oder eurem Tischnachbarn: Welche drei Rechte haltet ihr für die wichtigsten?
2. Entscheidet: Ist „Lernen" für euch ein Recht oder eine Pflicht?

Trainingsplatz

Mitreden in der Politik
Wir üben uns darin, unseren Standpunkt zu vertreten

Stellt euch einmal die folgende Situation vor:

Auf eurem Schulhof ist endlich die Basketball-Anlage installiert worden, die sich viele Kinder und Jugendliche schon lange gewünscht haben. Nun können sie sich auch nachmittags auf dem Schulhof treffen. Doch nur wenige Wochen später gibt es großen Ärger. Viele Erwachsene fordern, dass die Anlage umgehend wieder entfernt wird. Die Kinder können den Ärger der Erwachsenen nicht verstehen. Sie sind der Meinung, dass Spielen auf dem Schulhof am Nachmittag niemanden stört, weil die nächsten Wohnhäuser ziemlich weit entfernt sind. Außerdem sind die Kinder hier vor Autoverkehr gesichert und die Erwachsenen sollen froh sein, dass die Kinder und die Jugendlichen ein vernünftiges Freizeitangebot haben.

Drei Erwachsene nehmen an der Diskussionsrunde teil:

Herr Meierling, Anwohner: „Das Aufknallen der Bälle und die Schreierei der Kinder sind jetzt nachmittags so laut, dass mich das in meiner Wohnung unglaublich stört. Die Kinder sollen woanders spielen."

Der Hausmeister der Schule: „Ich bin froh, wenn die Anlage wieder wegkommt. Jedes Mal nach dem Spielen sieht der Schulhof wie ein Schweinestall aus."

Die Schulleitung der Schule: „Eigentlich sind wir ja froh über die Anlage. Aber wenn das Spielen nachmittags so störend ist, dann muss sie wieder entfernt werden."

Das sollt ihr tun:

1. Ihr sollt den Standpunkt der Kinder und Jugendlichen in einer Diskussionsrunde mit Erwachsenen vertreten und dafür sorgen, dass die Basketballanlage erhalten bleibt.

2. Bereitet euch auf eine Diskussionsrunde in der Zusammensetzung „Drei gegen Zwei" vor. Drei Schüler übernehmen die Rolle der Erwachsenen. Zwei Sprecher übernehmen es, die Forderungen der Kinder zu vertreten.

3. Während der Diskussionsrunde übernimmt die Klasse die Rolle der Jury. Sie entscheidet danach: Haben die Sprecher der Kinder und Jugendlichen deren Interessen gut vertreten?

Haltet euch an die folgenden drei Regeln, wenn ihr den Standpunkt der Kinder überzeugend vertreten wollt:

- Ihr müsst in der Vorbereitung nach guten Begründungen für euren Standpunkt suchen.

- Ihr müsst in der Diskussion auf die Teilnehmer eingehen und deren Sorgen entkräften.

- Ihr müsst höflich bleiben, auch wenn es schwer fällt.

2. Politik in der Gemeinde – „Was hab ich damit zu tun?"

Wir erkunden die Arbeit in einem Rathaus

Kerstins Einstellung ändert sich

Bis kurz vor ihrem 12. Geburtstag hatte sich Kerstin mit dem, was politisch in ihrem Heimatort Hermeskeil passierte, noch nicht beschäftigt. Das änderte sich schlagartig, als sie am 9. März 2001 die örtliche Zeitung aufschlug. „Stadtrat beschließt Schließung des Freibades" war da zu lesen. Kerstin wollte das nicht glauben. Das schöne Freibad, das gehörte im Sommer für sie und ihre Freundinnen einfach zum Leben dazu. Das durfte doch nicht geschlossen werden!

Am nächsten Tag war die Freibadschließung großes Thema in Kerstins Klasse. Alle Schülerinnen und Schüler waren empört darüber. „Das können die doch nicht machen!", war die übereinstimmende Meinung aller.
Im Geschichtsunterricht hatten sie den Schulleiter als Lehrer und der war auch Mitglied des Stadtrates. Er nahm sich Zeit und erklärte den Schülern: „Die Unterhaltung des Freibades ist in den letzten Jahren immer teurer geworden. Würde die Stadt es weiter betreiben, hätte sie kein Geld mehr für andere wichtige Dinge. Die Mehrheit im Stadtrat ist der Meinung, dass es noch wichtigere Aufgaben für die 16 300 Bürger in unserer Stadt zu bewältigen gibt als die Betreibung eines Stadtbades. Aber: Ihr könnt euch ja im Rathaus selbst über die Lage informieren. Wendet euch dort an das Presse- und Informationsbüro."

„Was kann für unsere Stadt noch wichtiger sein als ein geöffnetes Freibad im Sommer?", dachten Kerstin, Peggy und Daniel. Sie beschlossen, sich im Rathaus genauer zu informieren.
Im zweiten Stock fanden sie das Presse- und Informationsbüro und dort versorgte sie eine freundliche Dame mit genaueren Informationen: "Das Freibad wurde in einer Zeit gebaut, als die Wasser- und Energiekosten noch gering waren. Jetzt ist das alles sehr viel teurer geworden. Nach jedem Winter muss die Stadt etwa 50 000 Euro für Reparaturen ausgeben. Jeden Tag, an dem das Freibad geöffnet hat, ist ein Zuschuss von etwa 1000 Euro zu den Eintrittsgeldern notwendig, damit die Kosten gedeckt werden. In diesem Jahr müsste die Stadt so etwa 150 000 Euro aus dem knappen Haushaltsgeld fürs Freibad ausgeben. Gleichzeitig muss aber die städtische Feuerwehr neue Geräte erhalten, der Verfall unserer schönen Burganlage muss gestoppt werden, sonst kommen immer weniger Touristen. Maßnahmen für alte Menschen, für Rollstuhlfahrer, für Eltern mit Kindern müssen finanziert werden. Freibad öffnen oder andere dringende Probleme lösen: In der Gemeindepolitik muss man entscheiden, wofür das Geld ausgegeben wird."

Nachdenklich verlassen die drei das Rathaus. Doch sie hatten noch einmal Glück. Das Freibad von Hermeskeil wurde im Sommer doch geöffnet. In einem Bürgerentscheid wurden alle Bürger der Stadt dazu aufgerufen abzustimmen und zwar für oder gegen die Freibadöffnung. Die Mehrheit entschied für die Öffnung und überstimmte damit den Stadtrat. Andere städtische Maßnahmen wurden gestrichen oder auf einen späteren Zeitpunkt verschoben.

(Vom Autor berichtet nach den tatsächlichen Fakten)

1. Schließung oder Öffnung des Freibades: Wie hättet ihr in diesem Fall entschieden?
2. Die Gemeinde könnte die Zuschüsse einstellen und das Freibad an eine private Firma vermieten oder verkaufen. Dann müssten sich die Eintrittspreise (Zurzeit für Kinder 1.50 Euro, Familiensaisonkarte 60 Euro) mindestens verdoppeln. Wäre das eine vertretbare Lösung?
3. Haben Kinder und Jugendliche etwas mit Gemeindepolitik zu tun oder nicht? Begründet eure Meinung.

METHODEN-KARTE 8

Eine Erkundung starten

Thema: Das örtliche Rathaus

Erkundung: Was ist das?

Erkunden heißt etwas auskundschaften, was bis dahin ziemlich unbekannt war. Man kann einen Betrieb erkunden, ein Naturschutzgebiet, eine Forschungseinrichtung und anderes mehr. Hier könnt ihr euch euer örtliches Rathaus für eine Erkundung vornehmen. Die Erkundung findet außerhalb der Schule statt. Sie kann auch außerhalb der Unterrichtszeit durchgeführt werden. Ihr sollt dabei möglichst viel über die Arbeit in einem Rathaus erfahren. Ihr müsst euch also die Dinge vor Ort anschauen und versuchen mit den Menschen ins Gespräch zu kommen. Bei einer Erkundung lernt ihr die Wirklichkeit aus eigener Anschauung kennen.

Wie macht man das?

1. Schritt: Klarheit über die Ziele der Erkundung verschaffen

Dazu solltet ihr euch zusammensetzen und überlegen, was ihr wissen wollt. Formuliert Fragen wie zum Beispiel: Wie viele Menschen arbeiten im Rathaus? Was wird dort speziell für Kinder und Jugendliche getan? Um gezielt fragen zu können, sollte man sich Vorkenntnisse verschaffen. Arbeitet dazu vor der Erkundung den Text auf der nächsten Doppelseite durch.

2. Schritt: Die Erkundung vorbereiten

Wenn ihr euch einfach so ins Rathaus begebt, werdet ihr wahrscheinlich enttäuscht wieder herauskommen. Ruft vorher an, sagt, was ihr vorhabt, vereinbart einen Termin, bittet darum, dass euch jemand für eure Fragen zur Verfügung steht und euch vielleicht durch das Haus führt.

3. Schritt: Die Erkundungsaufgaben untereinander aufteilen

Ihr solltet die Erkundung mit mehreren Klassenkameradinnen und Klassenkameraden durchführen und vorher festlegen, wer was fragt, wer eventuell Fotos macht und wer was notiert.

4. Schritt: Medien zum Festhalten der Erkundungsergebnisse besorgen

Es wäre schade, wenn ihr bei eurer Erkundung keine Möglichkeit hättet, die Beobachtungen und Gesprächsergebnisse festzuhalten. Besorgt euch Notizblöcke, Kassettenrekorder, Fotoapparat, eventuell eine Videokamera.

5. Schritt: Überlegen, wie das Erkundungsergebnis den anderen präsentiert werden soll

Wenn nur ein Teil eurer Klasse die Erkundung aktiv durchführt, solltet ihr eine wirkungsvolle Präsentation für die Ergebnisse überlegen. Hier könnt ihr euch wieder die Arbeit aufteilen und eine Teampräsentation vorbereiten. (Wer nicht am Besuch im Rathaus teilnimmt, kann das Rathaus auch über die Homepage der Stadt im Internet erkunden.)

Worauf solltet ihr besonders achten?

Wahrscheinlich seid ihr ein wenig aufgeregt, wenn ihr ein Rathaus betretet und dort mit Menschen sprechen wollt. Ihr braucht aber keine Angst zu haben, denn die Mitarbeiter werden es für gut und wichtig halten, dass sich Schülerinnen und Schüler aus der Stadt für das eigene Rathaus interessieren. Wichtig ist, dass ihr höflich seid, euch angemessen vorstellt, die getroffenen Vereinbarungen einhaltet und genau sagt, was ihr wollt.

Was geschieht in einem Rathaus?

Rathaus in Bonn

Bevor ihr diesen Text lest, solltet ihr eine Tabelle anlegen mit den Überschriften:		
Rat der Stadt	Bürgermeister	Verwaltung

Tragt dann in die jeweils passende Spalte die wichtigsten Informationen in Stichworten ein.

Der Stadtrat

In jeder selbstständigen Gemeinde gibt es ein Rathaus. Es heißt so, weil dort der Rat der Stadt seine Sitzungen abhält. Der Rat einer Stadt, auch Stadtrat oder Gemeinderat genannt, trifft die Entscheidungen, die für die Gemeinde wichtig sind. Da geht es zum Beispiel um die Anschaffung von neuen Stadtbussen, um die Einrichtung eines Spielplatzes oder Stadtparks, den Umbau des städtischen Krankenhauses, Kindergartens oder Altersheims und um vieles andere mehr.

In der Stadt ist es wie überall in der Politik. Die meisten Maßnahmen kosten Geld und das Geld ist knapp. Weil es so knapp ist, wird oft darüber gestritten, wofür es ausgegeben werden kann und wofür nicht. Die Entscheidungen werden durch Abstimmung getroffen, wobei die Mehrheit entscheidet.

Die Stadt erhält ihr Haushaltsgeld aus drei Quellen:
- aus Steuern
- aus Gebühren (zum Beispiel für die Müllabfuhr oder für das Ausstellen von Pässen)
- und aus weiteren Zuschüssen vom Bundesland oder aus Berlin.

Stadträte oder Gemeinderäte werden in den Kommunalwahlen von den wahlberechtigten Bürgern der Gemeinde gewählt (in Nordrhein-Westfalen alle fünf Jahre). Dabei haben die Wählerinnen und Wähler die Auswahl zwischen zahlreichen Kandidaten, die wiederum verschiedenen Parteien und Wählergemeinschaften angehören können. Mit der Größe einer Stadt nimmt auch die Zahl der Mitglieder in einem Stadtrat zu. In einer Stadt mit 10 000 Einwohnern sind es zum Beispiel 32 Mitglieder, bei 150 000 Einwohnern sind es bereits 58. Die Ratsmitglieder werden Ratsfrauen oder Ratsherren genannt. Sie üben weiterhin ihren Beruf aus und erhalten für ihre Tätigkeit im Rat eine kleine finanzielle Entschädigung. Man nennt so etwas „ein Ehrenamt ausfüllen".

Wegweiser in einem Rathaus

Bärbel Dieckmann, Oberbürgermeisterin der Stadt Bonn

Die Bürgermeisterin/ Der Bürgermeister

Im Rathaus hat auch der Bürgermeister, in großen Städten Oberbürgermeister genannt, sein Büro. In der Bürgermeisterwahl wird er von den wahlberechtigten Bürgern der Gemeinde aus mehreren Kandidaten gewählt. Im Unterschied zu den Ratsfrauen oder Ratsherren übt er sein Amt hauptberuflich aus. Ein Bürgermeister ist der oberste Repräsentant seiner Stadt. Er leitet die Sitzungen des Stadtrates. Er vertritt die Gemeinde in allen wichtigen Angelegenheiten, kümmert sich um die Ansiedlung von Firmen und anderen Einrichtungen, empfängt Gäste, hält Reden bei Eröffnungen und Einweihungen und anderes mehr. In großen Städten wird der Oberbürgermeister von mehreren Bürgermeistern unterstützt.

Die Verwaltung

Ratssaal und Bürgermeisterbüro bilden sozusagen die politische Abteilung in einem Rathaus, denn hier fallen die politischen Entscheidungen. Daneben ist das Rathaus auch noch der Sitz der Stadtverwaltung. Die Verwaltung einer Stadt hat dafür zu sorgen, dass alle amtlichen Angelegenheiten für die Menschen in der Stadt ordnungsgemäß erledigt werden. Diese Aufgaben sind auf zahlreiche Ämter verteilt. Es gibt das Einwohnermeldeamt, das Standesamt, das Jugendamt, das Sozialamt, das Amt für Umweltfragen und zahlreiche andere Ämter mehr. Oft sind sie aus Platzgründen auf Gebäude außerhalb des Rathauses verteilt. In den Bürgerämtern sind viele einzelne Ämter zusammengefasst worden, damit die Bürger viele Vorgänge – wie zum Beispiel die Änderung des Wohnsitzes nach einem Umzug, das Anmelden des neuen Autos, die Ausstellung eines neuen Personalausweises – an einem Schreibtisch mit einem städtischen Angestellten erledigen können. Viele Vorgänge können auch schon von zu Hause aus über das Internet erledigt werden.

Stadtrat, Bürgermeister und Verwaltung arbeiten eng zusammen. Der Bürgermeister ist in der Regel auch der Chef der Verwaltung. Die Verwaltung sorgt dafür, dass die Dinge ordentlich ausgeführt werden, die der Stadtrat beschlossen hat. Wurde zum Beispiel die Einrichtung eines neuen Spielplatzes vom Stadtrat beschlossen, so füllen nicht die Ratsmitglieder selbst den Sand in den Sandkasten. Solche und andere Aufgaben organisiert die Verwaltung.

Die Fotos zeigen verschiedene Szenen aus dem Alltag eines Oberbürgermeisters (Joachim Erwin in Düsseldorf), unten: Bürger auf dem Weg zum Rathaus in Leverkusen

1. Entscheidungen in einem Stadtrat sind oft schwierig herbeizuführen. Erkläre, warum das so ist.
2. Bürgermeister = oberster Repräsentant der Stadt: Was gehört dazu? (Betrachte dazu auch die Bilder.)
3. Bereite dich auf einen mündlichen Vortrag vor zum Thema: Was geschieht in einem Rathaus? Mache dir dazu einen Stichwortzettel. Du kannst auch eine Skizze vom Inneren eines Rathauses anfertigen, die alle wichtigen Abteilungen verdeutlicht.

Trainingsplatz A

www.unsere-Gemeinde.de
Wir erkunden unsere Stadt (oder unser Dorf) im Internet

„Was geht in unserem Rathaus vor?" Diese und andere Fragen über eure Heimatgemeinde könnt ihr auch mithilfe des Internets untersuchen. Fast alle Gemeinden in Deutschland, egal ob groß oder klein, sind nämlich mit einer Homepage im Internet vertreten. Ihr werdet dort eine Menge aktueller und interessanter Informationen finden. Keine Angst, die Arbeit mit dem Internet ist in diesem Fall ganz einfach. Haltet euch bei der Vorgehensweise an die folgenden drei Schritte.

1. Das ist euer Auftrag

Ihr sollt nach Informationen über eure Stadt oder euer Dorf suchen. Ihr sollt sie durcharbeiten und dann in einem kleinen Vortrag vor der Klasse vorstellen. Das kann auch gut in Partnerarbeit oder in einer Gruppe gemacht werden.

Das sollt ihr herausfinden

- Die Einwohnerzahl eurer Gemeinde
  (und weitere interessante Zahlen)
- Der Bürgermeister, die Bürgermeisterin
  (Name, Partei, seit wann im Amt, weitere Infos …)
- Der Gemeinderat bzw. Stadtrat
  (Zahl der Mitglieder, Zusammensetzung nach Parteien)
- Wichtige Ämter im Rathaus
  (Was bekommt man wo?)
- Einrichtungen und Aktivitäten für Kinder und Jugendliche
  (Gibt es ein Kinderbüro, einen Kinderbeauftragten? Werden Freizeitaktivitäten angeboten?)
- Weitere interessante Informationen aus dem Internet über eure Stadt

2. So könnt ihr vorgehen

Ihr gebt einfach den Namen eurer Heimatgemeinde in die Adressenspalte ein und setzt www. davor und .de dahinter, z.B. www.koeln.de. Es erscheint nun mit hoher Wahrscheinlichkeit die Homepage des gewählten Ortes. Nun klickt ihr die Links Rathaus, Stadtrat, Stadtverwaltung, Bürgermeister an. Nach und nach könnt ihr zu den Themen auf dem Stichwortzettel Informationen einsammeln.
Vielleicht müsst ihr ein wenig suchen. Fündig werdet ihr bestimmt.

3. Darauf solltet ihr achten

Bei der Informationssuche im Internet kann es leicht passieren, dass man sich ablenken lässt. Konzentriert euch daher auf euren Auftrag. Druckt nur solche Materialien aus, die ihr wirklich für euren Vortrag verwenden könnt.

Trainingsplatz B

Welche Vorhaben kann unsere Stadt sich leisten?

Wir sind der Stadtrat von Schönstadt und treffen Entscheidungen

Stellt euch die folgende Situation vor:
Die Verwaltung der Stadt Schönstadt hat eine Liste erstellt, auf denen alle die Vorhaben stehen, die im nächsten Haushaltsjahr von der Gemeinde durchgeführt werden sollen. Diese Liste liegt nun dem Stadtrat vor. Er soll entscheiden, was davon verwirklicht werden soll und was nicht. Das Problem ist: Die Verwirklichung aller Maßnahmen würde acht Millionen Euro kosten. Der Stadt stehen aber nur vier Millionen Euro für diese Ausgaben zur Verfügung. Es muss also gespart werden.
Ihr seid der Stadtrat von Schönstadt und sollt über die drei nebenstehenden Fragen entscheiden.

Setzt euch zunächst in Gruppen zusammen. Ihr seid dann die so genannten Ausschüsse, welche die Stadtratssitzung vorbereiten. Erarbeitet Vorschläge und berechnet sie so, dass sie insgesamt nicht mehr als vier Millionen Euro kosten. Nach der Gruppenarbeit stellen die einzelnen Gruppen ihre Vorschläge in der Klasse vor. Die Klasse ist dann der Stadtrat von Schönstadt. Jede Gruppe muss versuchen, den Stadtrat, also die gesamte Klasse, von ihren Vorschlägen zu überzeugen. Denkt euch in den Gruppen gute Begründungen aus. Die Klasse kann dann per Abstimmung über die einzelnen Punkte entscheiden und eine endgültige Liste verabschieden.

(A) Auf welches Vorhaben soll ganz verzichtet werden?

(B) Welches Vorhaben soll auf jeden Fall verwirklicht werden?

(C) Welches Vorhaben soll zu einem späteren Zeitpunkt verwirklicht werden?

Wunschliste	Kosten in Euro
1. Um das Wohngebiet Schleemannstraße müsste eine Lärmschutzmauer gebaut werden.	1 500 000 Euro
2. Das viel zu klein gewordene Fremdenverkehrsamt für die Besucher der Stadt müsste erweitert werden.	250 000 Euro
3. Der städtische Kindergarten müsste um zwei Gruppenräume erweitert werden.	500 000 Euro
4. Ein neues Industriegebiet müsste mit Strom, Gas, Wasser und Abwasserleitungen versehen werden, damit sich neue Betriebe in Schönstadt ansiedeln können.	2 000 000 Euro
5. Alte Stadtbusse sollten durch drei neue Busse für die Beförderung von Schülerinnen und Schülern ersetzt werden.	400 000 Euro
6. Im städtischen Gymnasium ist das Dach undicht. Es müsste erneuert werden.	600 000 Euro
7. Das Seniorenheim in der Stadtgartenstraße soll vergrößert werden.	300 000 Euro
8. Die historische Rathausfassade müsste restauriert werden, da an einigen Stellen der Putz abzubröckeln droht.	300 000 Euro
9. Die städtische Musikschule müsste mit neuen Instrumenten ausgestattet werden.	100 000 Euro
10. Ein Haus soll angekauft werden, damit die Stadt ein Jugendzentrum einrichten kann.	1 000 000 Euro
11. Für mehrere Spielplätze in der Stadt müssten neue Spielgeräte angeschafft werden.	200 000 Euro
12. Die schon lange geplante Skater- und Schlittschuhbahn im Stadtpark sollte gebaut werden.	850 000 Euro
	zusammen: 8 Millionen

3. Park oder Kino?
Was soll mit dem Grundstück der Stadt geschehen?
Wir führen ein Planspiel durch

In den Schulen der kleinen Stadt Schönstadt finden zurzeit heftige Diskussionen statt. Dabei geht es nicht um die Schule oder um Ärger mit den Lehrern. Es sind die Zustände in der Innenstadt von Schönstadt, welche die Kinder und die Jugendlichen in zwei gegnerische Lager spalten. Welches Ereignis in einer Stadt kann zu solch heftigem Streit unter Jugendlichen führen?

Der Grund liegt in der Schönstädter Fußgängerzone. Hier gibt es noch ein großes unbebautes Grundstück, das sich im Besitz der Stadt befindet. Ursprünglich befand sich hier einmal das städtische Arbeitsamt, das aber vor vielen Jahren abgerissen werden musste und in einen größeren Bau an anderer Stelle umzog. Die Stadt ließ dann auf dem freien Grundstück eine Grünanlage einrichten mit Blumenbeeten, einer Wiese und einem Spielplatz für Kinder. Der besondere Clou: Vor drei Jahren hat die Stadt die Einrichtung einer Skateranlage innerhalb dieser Fläche genehmigt, die von einer Sportartikelfirma finanziell gesponsert wurde. Diese Anlage mit Plattform, Coping-Ramp, Fun-Ramp und Fly-Ramp erfreut sich nun bei den 10 bis 16-Jährigen großer Beliebtheit. Die Kinder und Jugendlichen können hier ihrem Hobby nachgehen ohne jemanden zu stören. So hat sich der kleine Park am Rande der Fußgängerzone zum beliebtesten Freizeittreff der Schönstädter Kids entwickelt. Und damit soll jetzt Schluss sein.

Das Kinounternehmen **Kinomax** hat der Stadt das Angebot gemacht, das Grundstück zu kaufen, um dort ein modernes Großkino zu bauen. Zwar existiert in Schönstadt eine Kinoanlage mit mehreren Sälen, sie liegt aber außerhalb des Stadtzentrums. Die Firma Kinomax plant die Einrichtung von sechs supermodernen Kinosälen und einer Tiefgarage für 300 Autos unterhalb der Anlage. Und genau dieser Plan ist der Grund für den Streit unter den Schönstädter Jugendlichen.
Eine Gruppe, die sich **Skaterkids** nennt, ist empört. Sie will erreichen, dass ihr Park und ihre Skateranlage auf jeden Fall erhalten bleibt. Diese Jugendlichen fordern von der Stadt, dass sie das Grundstück unter keinen Umständen verkauft.
Demgegenüber steht aber eine Gruppe von Jugendlichen, die sich **Filmfreaks** nennt. Diese Gruppe wäre froh, wenn Schönstadt eine zentral gelegene Kinoanlage bekäme. Ihre Sprecher haben den Bürgermeister und die Stadt in einem Zeitungsartikel dazu aufgefordert, das Grundstück für ein guten Preis zu verkaufen.

Beide Jugendgruppen haben Verbündete unter den Erwachsenen. Die Gruppe der Skaterkids wird von zahlreichen Eltern unterstützt, die sich in der Bürgerinitiative **Rettet unseren Park** zusammengeschlossen haben. Sie wollen kein Großkino mit riesiger Tiefgarage. Sie wollen auch nicht auf die letzte grüne Lunge in der Innenstadt von Schönstadt verzichten.
Die jugendlichen Filmfreaks werden kräftig von der Firma Kinomax unterstützt. Kinomax wirbt mit dem Argument, dass ein modernes Kinozentrum heutzutage zum Bild eines attraktiven Stadtzentrums gehört.
Der **Stadtrat von Schönstadt** muss entscheiden. Soll der Park entfernt und das Grundstück verkauft werden oder nicht?
Einerseits bringt der Verkauf eine willkommene Summe Geld in die ziemlich leere Stadtkasse von Schönstadt. Andererseits nehmen Bürgermeister und Ratsmitglieder die Sorgen der Kinder, Jugendlichen und Eltern ernst, die für den Erhalt des Parks kämpfen.
Was ist zu tun? Auf diese Frage sollt ihr in einem Planspiel eine Lösung finden.

Das sind eure Rollen im Planspiel

Für die Durchführung müsst ihr euch auf fünf Gruppen aufteilen.

Stadtrat von Schönstadt

Ihr müsst zusammentragen, welche Gründe für den Erhalt des Parks sprechen und welche für den Bau des Großkinos. In einer Versammlung mit allen Gruppen werdet ihr am Anfang eure Überlegungen vortragen, dann die verschiedenen Gruppen anhören und am Ende eine Entscheidung treffen. Ihr müsst mit allen Beteiligten höflich umgehen, weil ihr ja wiedergewählt werden wollt. Im Stadtrat müssen nicht alle einer Meinung sein, sondern ihr könnt nach der Mehrheit entscheiden.

Pro Kino

Geschäftsleitung der Firma Kinomax

Ihr wollt die Kinoanlage unbedingt bauen. Für euch kommt nur ein Standort im Zentrum infrage. Ihr bietet der Stadt für das Grundstück einen Preis von drei Millionen Euro. Ihr würdet die Stadt auch an den Einnahmen aus dem Parkhaus beteiligen. Versucht, die anderen Jugendlichen und die Eltern von den Vorzügen eines modernen Kinos zu überzeugen.

Jugendgruppe Filmfreaks

Ihr müsst möglichst viele gute Begründungen für den Bau eines modernen Großkinos zusammentragen. Ihr müsst versuchen, die gegnerischen Jugendlichen davon zu überzeugen, dass auch sie Vorteile von einem Kinoneubau haben. Die Einwände der Eltern und des Stadtrates gegen ein Kino müsst ihr mit guten Argumenten entkräften.

Kontra Kino

Bürgerinitiative „Rettet unseren Park"

Ihr seid Eltern von kleinen und großen Kindern, die auf keinen Fall auf Park und Freizeittreff in der Innenstadt verzichten wollen. Ihr seid der Meinung, dass es beim geplanten Kino wieder einmal nur um das Geld und gegen die Umwelt geht. Ihr müsst die Versammlung davon überzeugen, dass die letzte grüne Lunge im Zentrum der Stadt für alle Bewohner unbedingt erhalten werden muss.

Jugendgruppe Skaterkids

Ihr müsst mit vielen guten Begründungen verhindern, dass euer Park und eure Skateranlage zerstört wird. Ihr seid zwar keine Kinogegner, meint aber, dass ein neues Kino nicht an der Stelle des Parks gebaut werden darf. Erklärt den übrigen Teilnehmern auch, warum ein Park umweltfreundlicher ist als ein Kino mit Tiefgarage.

Streit in Schönstadt

So oder **so?**

Blick auf Innenstadt, Park und Fußgängerzone; der rot umrandete Bereich müsste für Kino und Tiefgarage geopfert werden.

So verläuft das Planspiel:

Gruppe: ....
Unser Ziel:
....
....
Unsere Argumente:
1 ....
....
2 ....
....
3 ....
....

Erste Phase: Vorbereitung der gemeinsamen Versammlung

1. Bildet in der Klasse die fünf beteiligten Gruppen.
2. Schreibt in jeder Gruppe auf, wie eurer Meinung nach die Lösung in diesem Streit aussehen soll.
3. Sucht nach möglichst vielen Argumenten, mit denen ihr in der Versammlung den Stadtrat und die übrigen Teilnehmer überzeugen wollt und notiert sie.
4. Nehmt mit anderen Gruppen per Brief Kontakt auf, mit denen ihr euch vielleicht verbünden könnt oder denen ihr einen Vorschlag zu machen habt.
5. Einigt euch auf euer Vorgehen in der Versammlung und überlegt, wer welche Argumente vortragen wird.

Zweite Phase: Durchführung der Versammlung

1. Die Diskussionsleiterin bzw. der Diskussionsleiter eröffnet die Sitzung und begrüßt die Teilnehmer.
2. Der Stadtrat informiert die Versammlung über den Stand der Überlegungen.
3. Alle weiteren Gruppen tragen der Reihe nach ihre Ansichten vor.
4. Die Versammlung diskutiert.
5. Der Stadtrat zieht sich zur Beratung zurück.
6. Der Stadtrat teilt der Versammlung den Beschluss des Rates mit und begründet die Entscheidung.

Brief
Mitteilung an
Gruppe: ....

von: ....

Vorschlag:
....
....

Termin für ein Gespräch:
....

Politik in der Gemeinde

 Können Kinder mitmachen in der Politik?

Hier sind wichtige Kinderrechte durcheinander geraten.
Könnt ihr Ordnung schaffen?

„Alle Kinder es gibt keine sind gleich, gleicheren."

„ein Recht, was sie lernen lernen alles zu haben Kinder wollen und können."

„Kinder informieren, für sie über alles sich dürfen ist was wichtig."

„zu sagen, das Recht jeder Mensch hat auch Meinung seine eigene das Kind."

STATION 2 Politik in der Gemeinde

Warum kann Gemeindepolitik heute so nicht funktionieren?

In Dermold, einer Kleinstadt in Deutschland, bittet der alte Bürgermeister seinen einzigen Sohn mit Namen Alfons an sein Krankenbett. „Mein Sohn", sagt er, „ich war 20 Jahre Bürgermeister dieser Stadt. Du sollst mein Nachfolger werden. Ich übergebe dir hiermit das Amt."
Alfons freut sich. Nun ist er der Bürgermeister. Ab heute darf er alles bestimmen, was in dieser Stadt geschieht.
Schon bald nach seinem Amtsantritt beruft Alfons den Stadtrat zur ersten Sitzung ein. Er besteht aus wohlhabenden Bürgerinnen und Bürgern, die Alfons für dieses Amt ausgewählt hat. Mit dem folgenden Beschluss eröffnet er die Sitzung: „Schon morgen werden wir alle Bürger in unserer Stadt dazu aufrufen, einen Teil ihres Einkommens als freiwillige Spende im Rathaus abzuliefern. Städte verfügen ja bisher leider über keinerlei eigene Einnahmen."

- Was muss falsch sein an diesem Bericht?
- Erklärt, worin die vier dicken Fehler bestehen.

 Was soll mit dem Grundstück der Stadt geschehen?

Zwei Vorteile – Zwei Nachteile

Angenommen dass …

In deiner Stadt hätte der Stadtrat zu entscheiden, ob ein im Zentrum gelegenes städtisches Grundstück an eine große Firma verkauft werden soll oder nicht. Die Firma will dort einen Betrieb errichten. Bisher gab es auf diesem Grundstück nur Spazierwege, Bäume und Wiesen.

A Welche zwei Vorteile hätte die Stadt vom Verkauf des Grundstücks?

B Welche zwei Nachteile müsste die Stadt dafür in Kauf nehmen?

10 Kinder in aller Welt – Wie viele müssen in Armut und Not leben?

Ich möchte, dass auf der ganzen Welt Frieden ist!
Rolf 11 Jahre

Ich möchte nicht mehr so arm sein.
Jawah 12 Jahre

Ich möchte immer genug zu trinken und zu essen haben.
Modiba 9 Jahre

Ich möchte in die Schule gehen.
Rodriguez 9 Jahre

Dieses Plakat haben der zwölfjährige Jawah aus Indien, die neunjährige Modiba aus Afrika, der elfjährige Rolf aus Deutschland und der neunjährige Rodriguez aus Süd-Amerika gemeinsam gemalt. Als Überschrift haben sie dazu geschrieben: Bitte helft, dass die Welt schöner wird!

TIPPS: Was ist dein größter Wunsch für die Kinder auf der ganzen Welt? Jede(r) in der Klasse schreibt auf einen Zettel, was er oder sie sich für die Zukunft der Kinder auf der Welt am meisten wünscht. Danach erstellt ihr gemeinsam eine Rangliste: „Die Wünsche unserer Klasse, damit die Welt für die Kinder schöner wird."

Detektivaufgabe für das ganze Kapitel: Wer findet zuerst heraus, in welcher Stadt und in welchem Land die elfjährige Maite bis zu acht Stunden täglich arbeitet, um das Schulgeld für ihre Geschwister zu verdienen?

187

Wie leben Kinder in den Armutsländern dieser Erde?
Wir diskutieren über Kinderarbeit und treffen Entscheidungen

Foto: End/Misereor

Auf den folgenden Seiten werden drei Kinder aus verschiedenen Ländern vorgestellt. Es sind die zehnjährige Selina aus dem afrikanischen Land Zimbabwe, die elfjährige Margarete aus Brasilien und der acht- oder vielleicht neunjährige Vijay aus Indien. Wenn ihr die Beispiele durcharbeitet, werdet ihr herausfinden, warum Selina noch spät am Abend Hausaufgaben machen muss, warum Margarete nur zwei Stunden Zeit am Tag übrig bleiben und warum Vijay den Namen seines Heimatdorfes vergessen hat.
Ihr könnt die Geschichten nacheinander lesen und gemeinsam die Fragen in den Überschriften beantworten.
Ihr könnt euch aber auch die Arbeit aufteilen, sodass jeder von euch ein Beispiel bearbeitet.
Dann solltet ihr euch gegenseitig die bearbeiteten Fälle vorstellen und folgende Fragen für jedes Beispiel beantworten:

1. Was erfährst du über das Leben dieses Kindes?
2. Was könnten seine Hoffnungen und Wünsche sein?
3. Was würdest du am Leben dieser Kinder ändern, wenn du die Möglichkeit dazu hättest?

Beispiel 1: Selina aus Zimbabwe: Warum haben es die Babys gut in Afrika?

Fotos: End/Misereor

Selina Moyo ist zehn Jahre alt und hat noch drei Geschwister. Ihre Eltern betreiben einen Elektroladen in der Stadt Masvingo in Zimbabwe. Selina besucht die 4. Klasse der „St. Pauls Primary School". Sie erzählt über ihr Land, ihre Schule und besonders gerne über ihren kleinen Neffen Rufaro:

Selina in ihrer Schulklasse: Warum muss sie besonders schnell lernen?

„Unser Land liegt im südlichen Afrika. Die Hauptstadt heißt Harare. In Zimbabwe leben mehr als elf Millionen Menschen. Die meisten gehören zu den Völkern der Shona oder der Ndebele. Früher hieß unser Land Rhodesien. Es war eine britische Kolonie. Das heißt, die Königin von Großbritannien und ihre Regierung bestimmten über uns. Die afrikanischen Völker wehrten sich gegen die weißen Eindringlinge. Es dauerte über 100 Jahre, bis die schwarzen Menschen in unserem Land die Herrschaft der Weißen ablösen konnten. 1980 gab es endlich freie Wahlen, bei denen Robert Mugabe zum ersten schwarzen Präsidenten des Landes gewählt wurde. Das Wort „Zimbabwe" kommt von ‚dzimba dza mabwe', das bedeutet: ‚Häuser aus Stein'.

Damit sich alle Bewohner miteinander verständigen können, ist unsere offizielle Sprache Englisch. Englisch lernen wir in der Schule. Zu Hause sprechen wir natürlich unsere Muttersprache. Ich spreche Shona, wie die meisten. Doch wenn du auf dem Schulhof mit Kindern spielen willst, die miteinander in einer anderen Sprache reden, dann bleibt dir gar nichts anderes übrig, als schnell zu lernen."

Selinas große Schwester Ayanda hat ein Baby. Selina ist stolz, dass sie schon Tante ist. Nach der Schule passt sie oft auf den kleinen Rufaro auf.
Babys haben es gut in Afrika. Sie werden nicht allein gelassen, sondern schaukeln im Tragetuch auf dem Rücken der Mutter oder dem eines größeren Mädchens. „Der Rücken der Mutter ist der Spielplatz des Kindes", sagt ein afrikanisches Sprichwort.

Auch Selina bindet sich Rufaro mit einem Tuch auf den Rücken. So kann sie ihn mitnehmen, wenn sie sich mit ihren Freundinnen trifft oder für ihre Mutter einkaufen geht. Meistens schläft Rufaro dann ein. Wenn er Hunger hat, bringt ihn Selina schnell zu Ayanda, damit er an ihrer Brust trinken kann. Rufaro ist ein richtig „knuddeliges" Baby und alle mögen ihn.
Doch vor einer Woche war es schwer mit ihm. Rufaro war erkältet, Ayanda ging es auch nicht gut, und Selina musste das Baby den ganzen Nachmittag herumtragen. Nur wenn er auf ihrem Rücken schaukelte, war er zufrieden und ruhig. Sobald sie sich hinsetzte, wurde er wach und schrie. Ihre Hausaufgaben konnte sie erst ganz spät, vor dem Schlafengehen, machen. An diesem Nachmittag war Selina sauer auf Rufaro, auf Ayanda, auf ihre Mutter, auf ihre Freundinnen, die draußen auf der Straße spielten, auf die ganze Welt. Aber sie war nun mal für den kranken Rufaro verantwortlich.

(Text zusammengestellt nach Regina Riepe: Selina und Tawenda aus Zimbabwe, hrsg. von Misereor, Materialien für die Schule Nr. 24, ©1998 Misereor Vertriebsgesellschaft)

Beispiel 2: Margarete aus Brasilien: Wie viel Verantwortung muss sie übernehmen?

Das Beispiel der elfjährigen Margarete aus der nordbrasilianischen Millionenstadt Recife steht für viele Mädchen dieser Welt. Im Alter von acht Jahren verließ sie die Schule. Die Tore eine Textilfabrik hatten sich für ihren Vater geschlossen. Die Eltern begannen fortan als Straßenhändler und verkauften Gemüse. Margaretes Schwester arbeitet seitdem in einem fremden Haushalt, und Margarete selbst versorgt die Kleinsten und das Haus.

Margarete bei ihrer täglichen Arbeit. Was kann dieses Mädchen vom Leben erwarten?

„Um fünf Uhr stehe ich auf, wasche mich, koche Kaffee, decke den Tisch. Meine Mutter steht auch um fünf auf, weil sie früh arbeiten muss. Ich decke den Tisch für die Kinder, dann wecke ich sie, damit sie sich waschen, Kaffee trinken und zur Schule gehen. Es sind drei, die zur Schule gehen. Gestern bin ich später aufgestanden, ich habe verschlafen, weil ich zu spät ins Bett gekommen bin. Es gab keine Zeit, den Kaffee zu machen. Ich habe schnell einen Saft gemacht, damit sie schnell zur Schule konnten. Sie gehen um sieben, danach räume ich ab, wasche das Geschirr, räume das Haus auf, mache Brei für den Kleinsten hier und Saft für die andere Kleine. Ich wasche sie, und dann lege ich beide wieder zum Schlafen hin. Ich räume wieder auf, wasche die Kleidung und mache das Essen. Wenn mein Vater vom Markt zurückkommt, ist alles fertig. Er steht sehr früh auf, um Früchte zu verkaufen. Dann geht er aber wieder. Er ist Wächter an einem Haus. Um drei Uhr am Nachmittag bin ich fertig mit der Arbeit. Ja, und um fünf beginne ich von neuem, mache Kaffee für die anderen. Die Kinder gehen früh ins Bett. Nur ich bleibe bis zehn Uhr wach und mache noch etwas für die Kleinen. Der Kleinste bekommt um zehn etwas und nachts um zwei, wenn er aufwacht. Und morgens um halb sechs wieder."

Anmerkung:
Studien in Nepal, Bangladesh, Indonesien, Brasilien und vielen anderen Ländern haben bewiesen, dass Mädchen (ab fünf Jahren) weitaus mehr als ihre Brüder leisten. Nicht selten aber wird ihre Arbeit gering geschätzt oder vollkommen ignoriert. Mancherorts ist es gang und gäbe, dass ihnen im Haushalt sogar weniger und schlechteres Essen zugestanden wird als den Jungen. Was viele Mädchen früh zu Hause lernen, das müssen sie auch bald außer Haus anwenden …

(Aus: Uwe Pollmann: Zum Beispiel Kinderarbeit, Lamuv Taschenbuch 262, Göttingen 1999, S. 55f.)

Beispiel 3: Vijay aus Indien: Was geschieht, wenn der Zauberer kommt?

Fünfhundert indische Rupien, das entspricht etwa dreißig Mark. Ohne Umstände, bar auf die Hand! So viel Geld können die armen Leute in Indien als Preis für den Verkauf eines Kindes erhalten. So viel Geld kann man hierzulande nicht einmal in Monaten verdienen. Obendrein erhalten die Eltern noch die Zusicherung, dass ihr Kind im Handwerk der Teppichknüpfer ausgebildet wird.
Wer könnte in diesem elenden Gebiet des Uttar Pradesh zu solch einem Angebot Nein sagen? Welcher „Unberührbare" könnte es sich leisten, weiterhin einen Esser in der Familie zu ernähren, wenn ein „Zauberer" mit Geld daherkommt und das Glück verheißt?
Vijay ist ein solcher Junge, der als Sklave verkauft wurde. Er ist acht Jahre alt, vielleicht schon neun. Er weiß es nicht. Fünf Jahre zählte er, als ein Mann kam und ihn kaufte. Heute erinnert er sich an nichts. Er hat vergessen, wie sein Dorf heißt, wie die Stimme seines Vaters klang. Er arbeitet nur noch. Ein Gefangener, stumm, knüpft Faden um Faden die Wolle für zukünftigen Luxus.
In der Werkstatt sitzt Vijay Tag und Nacht nur noch vor einem Knüpferrahmen, den er nicht mehr verlassen wird. Zusammen mit anderen Kindern arbeitet er dicht gedrängt, die Augen auf die Mustervorlage geheftet. Zu essen bekommen sie schlechtes Fleisch und eine Schale Linsen. Sie schlafen auch in der Werkstatt, zusammengerollt, mit Säcken zugedeckt, eingesperrt. Und sie knüpfen, bis sie vor Erschöpfung einschlafen.

(Nach: Marie Dorigny, Sorj Chalamdon: Kinder in Ketten, Ariston Verlag Genf/München in Zusammenarbeit mit dem Internationalen Arbeitsamt in Genf, 1993, S. 40ff., Übersetzerin: Ulla Schuler)

4. Selina, Margarete oder Vijay: Welches dieser Kinder hat das schwerste Leben zu ertragen?
5. Versucht einmal, euch in diese Kinder hineinzuversetzen. Setzt euch dazu zu dritt zusammen. Jeder wählt ein Kinderschicksal aus und erzählt aus der Sicht dieses Kindes: „Ich bin Selina. Ich erzähle euch aus meinem Leben …" Dann ist die oder der Nächste dran: „Ich bin Margarete …" „Ich bin Vijay …" So werden nach und nach die Geschichten aller Kinder erzählt.

STICHWORT *Kinderarbeit*

Auf mindestens drei Fragen solltet ihr Antworten finden.

1. Wie groß ist weltweit die Zahl der arbeitenden Kinder?
2. Warum müssen so viele Kinder schwere Arbeit leisten?
3. Kinderarbeit: schädlich oder nicht? Welche Expertenmeinungen zu dieser Frage schildert der Text?

In vielen Ländern der Erde müssen Kinder tagaus tagein schwere Arbeit leisten. Am häufigsten gibt es Kinderarbeit in den armen Ländern dieser Erde, die auch als Entwicklungsländer bezeichnet werden. In Indien zum Beispiel geht etwa jedes zweite Kind einer täglichen Arbeit nach. Diese Kinder haben in der Regel keine Chance eine Schule zu besuchen. Auch in Deutschland und in anderen eher reichen Ländern gibt es Kinderarbeit, allerdings weniger häufig.

Wahrscheinlich hast du auch schon gearbeitet; zum Beispiel indem du deinen Eltern bei der Hausarbeit geholfen hast, bei einem Umzug, bei der Gartenarbeit, der Autowäsche, bei vielem anderen mehr. Vielleicht hast du sogar feste Verpflichtungen, die du immer zu erledigen hast und die du als Arbeit empfindest. Die meisten Experten aus den Kinderschutzorganisationen vertreten die Ansicht, dass es nicht immer schädlich sein muss, wenn ein Kind arbeitet. Man kann anderen Leuten helfen, man lernt dabei vielleicht wichtige Dinge. Man kann sich auch einen Vorteil verschaffen, indem man zum Beispiel sein Taschengeld aufbessert. Ihrer Ansicht nach wird Kinderarbeit schädlich, wenn Kinder ausgebeutet werden, wenn die Arbeit ihre geistige und körperliche Gesundheit zerstört, wenn sie eigentlich zu schwer für ein Kind ist und wenn die Kinder wegen der Arbeit keine Chance haben eine Schule zu besuchen. Zahlreiche Kinder müssen unter solchen Bedingungen wie Sklaven schuften: in Bergwerken, in dunklen Teppichwerkstätten, auf Kaffeeplantagen usw., manchmal zwischen zehn und vierzehn Stunden am Tag und oft, wenn sie erst fünf oder sechs Jahre alt sind.

Zahlen über Kinderarbeit lassen sich nur schwer ermitteln. In der Organisation der Vereinten Nationen schätzt man, dass 140 Millionen Kinder auf der Welt sklavenähnliche Arbeit verrichten und dass insgesamt 300 Millionen Kinder schwere Arbeit leisten müssen. Wenn du dir vorstellst, dass Deutschland insgesamt 80 Millionen Einwohner hat, dann kannst du dir vielleicht ein Bild von dieser ungeheuren Zahl machen.

Fast überall auf der Welt ist Kinderarbeit per Gesetz verboten und dennoch gibt es sie. Der Grund ist meist die blanke Not der Menschen. Die Kinder arbeiten, weil ihre Familien sonst nicht überleben können. Entweder verdienen die Eltern zu wenig Geld oder sie haben überhaupt keine Arbeit oder die Kinder sind auf sich alleine gestellt und müssen selbst dafür sorgen, dass sie überleben können. Auch da, wo Kinderarbeit verboten ist, drücken die Behörden oft beide Augen zu. Wenn in einem Land Armut herrscht und Arbeitsplätze für Erwachsene fehlen, sehen die Politiker oft keine andere Möglichkeit als die Kinderarbeit zu dulden. 1999 haben sich weltweit 174 Staaten der Erde vertraglich dazu verpflichtet, ausbeuterische und schädliche Kinderarbeit zu verbieten. Verstöße gegen diese Regelungen wollen sie in Zukunft besser verfolgen.

Wichtige Organisationen haben sich zum Ziel gesetzt, Schritte gegen ausbeuterische Kinderarbeit zu unternehmen. Dazu gehören zum Beispiel das Weltkinderhilfswerk der Vereinten Nationen mit dem Namen UNICEF, die Kinderhilfsorganisation terre des hommes, die Kirchen mit den Aktionen von Misereor und Brot für die Welt. Sie – und viele andere – arbeiten daran, den Not leidenden Kindern eine Chance zu bieten und sind dabei auf die Unterstützung von uns allen angewiesen.

In Deutschland ist Kinderarbeit bis zum Alter von 14 Jahren per Gesetz verboten. Allerdings enthält das Jugendarbeitsschutzgesetz zu diesem Verbot einige Ausnahmen. Leichte Tätigkeiten wie zum Beispiel das Austragen von Zeitungen sind ab 13 für zwei Stunden am Tag erlaubt. Ab 6 Jahren dürfen Kinder bei Theateraufführungen, in Film und Fernsehen auftreten.

Trainingsplatz

Wir treffen Entscheidungen

Fälle von Kinderarbeit: Erlauben oder verbieten?

A Sandra ist 13 Jahre alt und besucht eine Realschule in Berlin. Zweimal in der Woche trägt sie nachmittags für zwei bis drei Stunden Zeitungen aus. 25 Euro verdient Sandra so durchschnittlich pro Woche. Das verdiente Geld spart sie, um sich ein Saxophon kaufen zu können.

B Markus ist 14 und geht nach der Schule nie direkt nach Hause. Er jobbt täglich bis zu fünf Stunden in einem Baumarkt, wo er Bretter aufschichtet, schwere Kisten stapelt usw. Das Geld benutzt er, um sich teure Klamotten zu kaufen. Manchmal gibt er zu Hause etwas ab. Seine Eltern sind seit knapp einem Jahr arbeitslos. Oft kommt Markus zu spät und völlig übermüdet zur Schule. Seine Leistungen werden immer schlechter.

C Die elfjährige Maite lebt in Managua, der Hauptstadt Nicaraguas. Ihre Mutter betreibt dort einen kleinen Marktstand mit Schuhen und Pantoffeln, an dem Maite regelmäßig hilft. Sie hilft gerne, aber die Arbeit dauert ihr oft zu lange, nämlich bis zu acht Stunden am Tag. Maite hat noch sechs Geschwister. Drei davon und sie gehen in die Schule. Mit ihrer Mutter zusammen verdient Maite das monatliche Schulgeld für alle und darauf ist sie stolz. Sie wäre aber froh, wenn die Regierung das Schulgeld abschaffen würde.

D Mindestens neun Stunden zwischen Juli und Oktober müssen die Kinder armer Eltern in den ägyptischen Dörfern im Nildelta durcharbeiten. Sie ernten Jasminblüten, die nur nachts geerntet werden, weil dann die Duftessenz besser haltbar ist. Die Kinder arbeiten ohne Pausen. Sie frieren und sind vom Tau der Pflanzen völlig durchnässt. Ihre kleinen Hände pflücken tausende und abertausende winziger Blüten. Wenn sie einmal zu langsam sind, schreit der Aufseher sie an oder er schlägt sie. Ihm kommt es auf Tempo an, denn er bekommt den zehnten Teil vom Verkauf der Blüten.

E Südindien. In den Hallen der vielen Fabriken, die Zündhölzer herstellen, ist es stickig und über vierzig Grad. Kinder zwischen fünf und 14 Jahren, meistens Mädchen, kleben Zündholzschachteln und tränken Hölzer in heißem Wachs und Schwefel. Nichts schützt sie vor dem Gestank und den giftigen Dämpfen. Viele Kinder werden schon in jungen Jahren krank und sterben früh. Bis zu 12 Stunden am Tag müssen sie arbeiten, sieben Tage in der Woche. Ab vier Uhr morgens werden sie aus entfernt gelegenen Dörfern in die Stadt transportiert.

„Kinder sollen zur Schule gehen und in ihrer Freizeit spielen. Kinderarbeit sollte generell verboten sein." Diese Meinung wird von vielen Menschen vertreten. Schaut man sich die Situation etwas genauer an, so stellt man fest, dass ein generelles Verbot von Kinderarbeit neue große Probleme mit sich bringen kann. Viele arbeitende Kinder, nicht nur in den Entwicklungsländern, sind durchaus stolz auf ihre Arbeit. Viele Familien überall auf der Welt sind auf die Mitarbeit ihrer Kinder angewiesen um zu überleben. Andererseits besteht weitgehend Einigung darüber, dass es schädlich für die Entwicklung eines Kindes ist, wenn es zu dauerhafter Arbeit gezwungen wird, nicht zur Schule geht und dadurch in seiner Entwicklung behindert wird. Kinderarbeit erlauben oder verbieten? Das könnt ihr hier an einzelnen Fällen entscheiden.

- Trefft für alle Beispiele eine Entscheidung: Soll die Arbeit erlaubt bleiben oder verboten werden?
- Stellt eure Entscheidungen vor der Klasse vor und begründet sie.
- Macht für alle Fälle per Handzeichen in der Klasse eine Abstimmung.

Tipp: Wenn ihr euch nicht eindeutig für oder gegen ein Verbot entscheiden könnt, überlegt, ob den Kindern anders zu helfen ist.

Kannst du dich in die Lage eines Straßenkindes in einer großen Stadt in Südamerika versetzen?

Wir verfassen eine Theaterszene

Stell dir einmal vor …

Dein Name ist Pancho. Als du 10 Jahre alt warst, hast du mit deinen Eltern und den vier jüngeren Geschwistern in einem Dorf im Hochland von Peru gelebt. Das Leben im Dorf war schön.

Deine Eltern sind Bauern. Sie pflanzen Kartoffeln und Bohnen an. Du, deine Mutter und die Geschwister weben Ponchos aus der Wolle eurer beiden Lamas. Für ein wenig Geld

werden die Ponchos an einen Händler verkauft.
Doch dann werden in dem kleinen Dorfladen alle Waren, zum Beispiel Zucker, Salz oder Seife, immer teurer. Gleichzeitig zahlt der Händler für die gewebten Ponchos immer weniger Geld.

Die Mahlzeiten werden kärglich. Die Familie muss Schulden machen um zu überleben.
Eines Tages kommt der Schuldeneintreiber. Da deine Eltern die Schulden nicht zurückzahlen können, nimmt er die beiden Lamas mit und vertreibt euch vom Hof.

Nun bist du allein in der großen Stadt Cusco in Peru. Du suchst Arbeit, weil du deine Familie unterstützen musst. Seitdem dein Vater euch verlassen hat um Arbeit in den Goldminen am Amazonas zu suchen, habt ihr nichts mehr von ihm gehört. Nachts schläfst du auf der Straße, weil du dir eine Fahrt mit dem Bus in die Vorstadt, wo deine Mutter und die Geschwister in einer Wellblechhütte wohnen, nicht leisten kannst.
Jetzt sitzt du auf den Steinstufen am Marktplatz im Stadtzentrum, wo es viele ausländische Touristen gibt. Du besitzt ein paar Soles (peruanisches Geld), die du von den Touristen erbettelt hast. Davon könntest du eine Dose Schuhcreme kaufen.

1. Beschreibe, wie du dich fühlen würdest und was in deinem Kopf vorginge.
2. Notiere, was du tun würdest.

Und so geht die Geschichte weiter …

Panchos Versuch als Schuhputzer zu arbeiten endet kläglich. „Das hier ist unser Revier!", sagen ihm zwei Jungen mit drohender Stimme. Es wird Abend …

Ist Pancho ein Dieb?

Um das, was Pancho vorhatte, in die Tat umzusetzen, musste er noch etwas warten. Am Abend würde die günstigste Zeit sein. Da war es dunkel und viele Touristen schlenderten über den Platz. Etwas aufgeregt war Pancho schon …

Dann war es so weit. In den Häusern rings um den großen Platz gingen die Lichter an. Die Straßen bevölkerten sich. Pancho hielt sich in der Nähe eines Restaurants auf. Da sah er einen Mann und eine Frau langsam die Straße herunterkommen. Die Frau hatte ein braunes Ledertäschchen an ihrer rechten Schulter hängen. Die beiden blieben vor einem Restaurant stehen und studierten die Speisekarte. Jetzt, dachte Pancho. Oder besser nicht? Aber wie sollte er sonst etwas zu essen für seine Geschwister kaufen? Hatte er überhaupt eine Wahl? Pancho gab sich einen Stoß. Dann ging alles ganz schnell. Er sprang von hinten auf die Frau zu und riss ihr die Tasche von der Schulter. Die Frau fuhr herum und stieß einen hohen Schrei aus. Pancho zerrte am Riemen der Tasche. Doch die Frau hielt ihn fest. Der Mann machte einen Satz auf ihn zu. Dann spürte Pancho, wie sich eine Hand fest auf seinen Arm legte. Er zappelte und versuchte um sich zu schlagen und zu treten. Doch es half nicht. „Was ist hier los?" Die Stimme stammte von einem Polizisten, der in den Kreis getreten war. Aufgeregt berichtete der Mann von dem Vorfall. „Der war es!", zischte er und schüttelte Pancho.

Der Polizist sah Pancho verächtlich an. „Wieder so eine kleine Ratte. Jetzt komm schon mit! Ab ins Gefängnis. Da sitzen schon eine Reihe von deiner Sorte."

Wer ist Julia?

Es war stockfinster, als sich die Tür hinter Pancho schloss. Er hörte noch, wie sich die Schritte des Polizisten entfernten. Dann war alles ganz still.

„Wer bist du?", fragt nach einiger Zeit eine Stimme neben ihm. „Ich heiße Pancho. Und du?" „Manuel. Weswegen bist du hier?" „Seitdem mein Vater fort ist, muss ich Geld verdienen", sagte Pancho nach einigem Zögern. „Aber ich kann keine Arbeit finden. Da habe ich versucht den Touristen etwas abzunehmen."

„So oder ähnlich geht's den meisten, die hier sind", antwortete Manuel mit einer ausladenden Handbewegung. Nun konnte Pancho verschiedene Kinder erkennen, die in Decken gehüllt auf dem Boden lagen. „Und wie lange sperren sie einen hier ein?", wollte Pancho wissen.

„Ist unterschiedlich. Aber ich hoffe, dass Julia mich schnell wieder herausholt."

„Wer ist Julia?" Pancho war neugierig geworden.

„Julia ist eben Julia. Hast du noch nie etwas von den kleinen Menschen gehört?"

Pancho schüttelte mit dem Kopf. Manuels Stimme bekam nun einen gewichtigen Ton. „Also, wir sind alles Kinder. Etwa so alt wie du und ich. Wir können Postkarten und anderes günstig verkaufen. Was, das entscheiden wir selbst. Aber das Wichtigste habe ich noch nicht erzählt. Wir haben ein Haus. Da sind Spiele, Farben und Sachen zum Basteln. Und diejenigen, die abends nicht nach Hause können, schlafen dort auch. Und Julia hilft uns. Sie ist eben immer für uns da."

Pancho fielen die Augen zu. Dann träumte er von Julia und dem Haus für kleine Menschen. Er wollte dazugehören …

Auf dem Foto könnt ihr Pancho sehen. Es gibt ihn wirklich. So wie ihm ergeht es Tausenden von Kindern auf der Welt.

Pancho hat Glück

Manuel und Pancho werden am nächsten Morgen geweckt, als der schwere Riegel an der Tür der Gefängniszelle aufgeschoben wird. Begleitet von zwei Polizisten tritt eine etwa vierzigjährige Frau mit kurzen, schwarzen Haaren in die Zelle. Es ist Julia. Sie ist die gute Seele des Hauses der kleinen Menschen, denn sie hilft den Kindern, wo sie nur kann. Julia schafft es, die beiden Polizisten zu überreden, Manuel und Pancho freizulassen. Sie nimmt die beiden mit in das Haus der kleinen Menschen. In einer Versammlung, in der die Kinder selbst beschließen, was sie tun wollen, wird entschieden, dass Pancho in das Haus der kleinen Menschen aufgenommen wird.

Das ist die Gruppe der kleinen Menschen. Sie sind zwischen fünf und vierzehn Jahre alt. Die meisten von ihnen sind Jungen. Das Foto haben sie auf einem Ausflug in die Berge gemacht.
Sie haben ihr Schicksal selbst in die Hand genommen. An ausländische Touristen verkaufen sie Postkarten und Bastelarbeiten, die sie in ihrem eigenen Haus herstellen können. Sie essen und trinken gemeinsam und diejenigen, die abends nicht mehr nach Hause können, haben im Haus der kleinen Menschen einen Platz zum Schlafen.

Welcher Meinung bist du?

A „Ich finde es toll, dass Pancho in das Haus der kleinen Menschen aufgenommen wird."

B „Es wäre besser, wenn Pancho bei seinen Eltern leben könnte."

C „Es müsste noch viel mehr solcher Häuser für Kinder geben."

D „Man sollte die Eltern der Kinder unterstützen, damit diese Häuser nicht nötig sind."

Ihr könnt eine oder mehrere Meinungen auswählen und den Mitschülern vorstellen. Bildet eine Redekette. Wer dran war, nimmt die Nächste oder den Nächsten dran.

Panchos Geschichte könnt ihr in mehreren Theaterszenen nachspielen.
Bildet dazu sechs Gruppen.
Jede Szene wird von zwei Gruppen vorbereitet und vorgeführt.
1. Panchos Leben im Dorf und die Vertreibung
2. Panchos misslungener Diebstahl
3. Im Gefängnis und Rettung durch Julia

Eine weitere Gruppe kann versuchen einen Tag im Haus der kleinen Menschen darzustellen. Dazu findet ihr auf der folgenden Seite mehrere Fotos. Beschreibt genau, was zu sehen ist, und stellt dann einen Tagesablauf im Spiel dar.

(Die Geschichte Panchos wurde von Hans-Martin Große-Oetringhaus aufgeschrieben und von Monika Huber fotografiert. Herausgegeben ist sie von terre des hommes Deutschland e.V., Postfach 4126, 49031 Osnabrück. terre des hommes hat sich zur Aufgabe gemacht, mithilfe von Spenden Kindern zu helfen. Für weitere Informationen könnt ihr euch an diese Adresse wenden.)

Wie verläuft ein Tag im Haus der kleinen Menschen in Cusco?

1

An jedem Nachmittag füllt sich das Haus der kleinen Menschen. Die Kinder erzählen sich, was sie am Tag erlebt haben. Sie holen die Postkarten ab, die sie abends in den Straßen verkaufen werden. Heute hat Juan die Kartenausgabe übernommen.

2

Jetzt zahlen die Kinder einen Teil des am Vortag verdienten Geldes auf ein Sparbuch ein. Dazu haben sie ein eigenes „Büro". Rechnen lernen die Kinder schnell, weil es für sie lebenswichtig ist.

3

Von einem Teil des verdienten Geldes haben die Kinder Milch und Brot gekauft. Gemeinsam essen und trinken sie. Dann halten sie ihre Versammlung ab. Sie beraten, ob Pancho in ihre Gemeinschaft aufgenommen werden kann. Einige sind dagegen, weil Pancho versucht hat zu stehlen. Doch sie werden ihn aufnehmen.

4

Pancho fühlt sich wohl im Haus der kleinen Menschen. Hier zeichnet er alte Inka-Muster, die er auf einem gemeinsamen Ausflug in die Berge gesehen hat. Er will daraus ein Memory-Spiel zum Verkaufen anfertigen.

5

Die anderen Kinder sind begeistert von Panchos Idee. Sie basteln nun gemeinsam die Memory-Spielteile. Sie versprechen sich immer gegenseitig helfen zu wollen. Eine Lehre auch für uns?

Was man tun muss um in einer Gruppe eine Theaterszene vorzubereiten:
- Wir lesen das Material noch einmal aufmerksam durch.
- Wir schreiben auf, welche Rollen dargestellt werden.
- Wir verteilen die Rollen.
- Wir schreiben den Ablauf der Szene auf ein Blatt.
- Wir proben.
- Wir besprechen, was wir noch besser machen können.
- Wir überlegen, was wir für die Aufführung brauchen.

Arbeitsergebnisse wirkungsvoll präsentieren

Thema: Straßenkinder

gute Vorbereitung

guter Vortrag

Gut präsentieren: Warum soll man das lernen?

Die folgenden beiden Seiten enthalten Informationen zur Situation der Straßenkinder in der Welt. Ihr sollt das Material durcharbeiten und dann die Ergebnisse eurer Arbeit vor der Klasse präsentieren. Die Präsentation soll auf die vier Fragen in den Überschriften Antworten geben (S. 199/200). Ihr könnt euch auch in Gruppen darauf vorbereiten. Dann übernimmt zum Beispiel jeder in der Gruppe eine der Fragen. Ihr könnt euch auch zu zweit oder alleine auf die Präsentation vorbereiten. Präsentieren heißt: anderen Menschen etwas darbieten. Warum ist das wichtig?

Erstens: Man prägt sich Informationen gut und für lange Zeit ein, wenn man sie liest, bearbeitet zusammenfasst und vor einer Gruppe frei vorträgt.

Zweitens: Das freie Vortragen von Arbeitsergebnissen muss gelernt werden. Wer das gut übt, kann diese Fähigkeit immer wieder in anderen Fächern anwenden. Ihr lernt damit auch etwas, was euch im späteren Leben von großem Vorteil ist.

Wie macht man das?

Prägt euch dazu die folgenden fünf Regeln ein.

1. Gute Vorbereitung

Sie ist das Wichtigste bei einer Präsentation, denn jede(r), egal ob Lehrer oder Schüler, merkt sofort, ob die Personen, die vortragen, gut vorbereitet sind oder nicht. Arbeitet also das Material sorgfältig durch.

2. Notizzettel herstellen

Wenn man sich alles aufschreibt, was man vortragen will, besteht die Gefahr, dass man nur abliest und das Gelernte herunterleiert. Wenn man nichts aufschreibt, kann es passieren, dass man stecken bleibt und nicht mehr weiter weiß. Macht euch deshalb einen Notizzettel als Merkhilfe.

3. Für Aufmerksamkeit sorgen

Man beginnt nicht sofort, sondern wartet ab, bis Ruhe herrscht. Man setzt sich am Ende nicht wieder sofort auf seinen Platz, sondern wartet auch hier, ob es Fragen oder Anmerkungen gibt. Falls nötig, bittet man selbst um Ruhe und Aufmerksamkeit.

4. Frei sprechen

Die Zuhörenden können der Präsentation viel besser folgen, wenn die Vortragenden frei zu ihnen sprechen. Bemüht euch als Vortragende immer darum, das Publikum anzuschauen. Achtet darauf, dass ihr nicht nur die Lehrerin oder den Lehrer dabei anschaut, sondern die ganze Klasse.

5. Wichtige Informationen besonders herausstellen

Wer vorträgt, will, dass die Zuhörerinnen und Zuhörer sich die wichtigsten Informationen einprägen. Ihr solltet euch also in der Vorbereitung überlegen, welche Merkhilfen ihr verwenden könnt. Zum Beispiel könnt ihr etwas an die Tafel schreiben oder eine Folie vorbereiten.

Straßenkinder auf der Welt: Fakten und Hintergründe

Wie viele Straßenkinder gibt es?

1996 schätzte man die Zahl der Straßenkinder weltweit auf 80 Millionen. Im Zeitraum bis 2001 ist die Zahl auf 100 Millionen angestiegen. Jedes zweite Straßenkind auf der Welt lebt in einem Land in Südamerika. Allein in Brasilien sind es über sieben Millionen und ihre Zahl wird immer größer und größer. Es gibt sie aber auch in Afrika, in Asien und mit zunehmender Zahl in Osteuropa. Auch in Deutschland gibt es Straßenkinder. Ihre Zahl wird auf 7000 geschätzt (Stand 2002). Übrigens beruhen die Zahlenangaben alle auf Schätzungen, denn es ist sehr schwierig, genau zu ermitteln, wer ein Straßenkind ist und wer nicht. Echte Straßenkinder verbringen ihr ganzes Leben auf der Straße. Sie schlafen in Gruppen in Hauseingängen, auf verlassenen Grundstücken usw. Sie haben keinen Kontakt mehr zu ihren Familien und sind ganz auf sich alleine gestellt. Daneben gibt es noch die größere Gruppe der Kinder, die zwar den ganzen Tag unbeaufsichtigt auf den Straßen verbringt, aber nachts zu ihrer Familie zurückkehrt. Über eine Provinz in Brasilien mit Namen Pernambuco und der Hauptstadt Recife veröffentlichte Misereor 1999 unten stehende Zahlen.

(Nach: Misereor: Kinder, Materialien für die Schule Nr. 29 von Klaus Gouders u.a., Aachen 1999)

Straßenkinder am Rande einer afrikanischen Stadt: Hätte man verhindern können, dass sie Straßenkinder werden?

Was sind die Ursachen?

In den meisten Staaten, in denen die Zahl der Straßenkinder ansteigt, fehlt den Regierungen das Geld für gute Schulen und für weitere Hilfsmaßnahmen für die Familien. Die Länder befinden sich in wirtschaftlichen Schwierigkeiten. Es herrscht hohe Arbeitslosigkeit und die Steuereinnahmen des Staates gehen zurück. Die große Mehrheit der Bevölkerung ist arm. Für die Familien gibt es meist keine Versicherungen für den Fall, dass jemand krank wird, seine Arbeit verliert, einen Unfall hat oder stirbt. So gerät eine Familie sehr schnell in einer Notsituation. Viele ziehen dann vom Land in die Stadt, weil sie hoffen, dort eine Arbeit zu finden. Sie landen dann fast immer in den Elendsquartieren. In ihrer Not beginnen viele Menschen zu trinken, Ehemänner lassen die Familien im Stich, es herrscht Gewalt und neugeborene Kinder sind oft nicht erwünscht. Die Flucht aus der Familie erscheint vielen Kindern als der einzige Ausweg aus dieser traurigen Situation. Hilfsorganisationen gehen davon aus, dass vielen der verlassenen Straßenkinder hätte geholfen werden können, wenn die Hilfe früher angesetzt hätte.

(Autorentext nach einer Analyse von terre des hommes, veröffentlicht im Internet am 25.02.2001)

- Die Gesamtzahl der Kinder und Jugendlichen bis 17 Jahren in der Provinz Pernambuco beträgt **3,2 Millionen**.
- Davon ist jedes dritte Kind arm und Not leidend = **1,1 Millionen**
- Als „echte Straßenkinder", verlassen und völlig auf sich selbst gestellt, leben **25 000** (fast alle befinden sich in der Hauptstadt Recife)
- Unterstützung und Hilfe erhalten **5000**

Straßenkinder in Recife:
- Von zehn sind neun Jungen.
- Drei von Vieren arbeiten auf der Straße.
- Mehr als die Hälfte der Kinder ist zwischen 11 und 14 Jahren alt.
- Über die Hälfte hat bereits in der Grundschule die Schulzeit beendet.

Warum werden Straßenkinder verfolgt und getötet?

Straßenkinder, die oft zu Kleinkriminellen werden, um zu überleben, werden als „unerwünschte Elemente" angesehen. Örtliche Geschäftsleute und Ladenbesitzer, die die Straßenkinder als Störung der Geschäftsinteressen ansehen, unterstützen häufig „Todeskommandos", die „soziale Säuberungen" vornehmen. Es gibt Beweise dafür, dass sich diese Todeskommandos aus Mitgliedern der Polizei zusammensetzen. […]

Bei einem Vorfall im Juli 1993 eröffneten Bewaffnete – angeblich handelt es sich bei ihnen um Polizisten – das Feuer auf 50 Kinder, die in der Nähe der Candelaria Kirche in Rio de Janeiro auf der Straße schliefen. Fünf von ihnen wurden sofort getötet, zwei weitere wurden in der Nähe getötet, ein achtes Opfer erlag vier Tage später seinen Verletzungen. Ungewöhnlich an diesem Fall war, dass vier Menschen, einschließlich dreier Polizisten, für dieses Verbrechen unter Anklage gestellt wurden.

(Aus einem Bericht von amnesty international, veröffentlicht in Misereor: Kinder, Materialien für die Schule, M 30 von Klaus Gouders u.a. 1999)

Wie wird Straßenkindern geholfen?

In vielen Ländern Afrikas, Asiens und Lateinamerikas, aber auch in Osteuropa führt UNICEF, das Kinderhilfswerk der Vereinten Nationen, Hilfsprogramme für Straßenkinder durch. Alle Projekte haben ein Ziel gemeinsam: Lebensräume zu schaffen, in denen sich die Kinder entwickeln und entfalten können, wo sie Schutz und Geborgenheit finden. Das können ganz konkrete Orte sein, wo die Straßenkinder sicher übernachten, etwas zu essen und medizinische Betreuung erhalten. Zum Beispiel in privaten und öffentlichen Gemeindezentren. Das können Schulen und Lehrwerkstätten sein, wo sie einen Beruf erlernen. Daneben gibt es kirchliche und zahlreiche private Organisationen, die in vielen Ländern der Welt Hilfe für Straßenkinder anbieten. Sie helfen mit Spendengeldern, Personal, dem Ankauf von Gebäuden usw. Nach Angaben der Hilfsorganisation terre des hommes läuft die Hilfe oft in vier Phasen ab:

Phase 1: Sozialarbeiter bauen Kontakt auf und versuchen, das Vertrauen der Kinder zu gewinnen.

Phase 2: In einem Haus erhalten die Kinder zu essen, werden medizinisch versorgt und lernen, sich wieder in Räumen aufzuhalten.

Phase 3: Die Kinder erhalten Unterricht. Sie lernen den Abbau von Aggressivität und Misstrauen und Aufbau von Verantwortungsgefühl.

Phase 4: Sie erhalten eine Berufsausbildung und Unterstützung bei der Suche nach einem Arbeitsplatz und einer Wohnung. Nicht allen Straßenkindern kann so geholfen werden. Ein Teil von ihnen kehrt immer wieder in das gewohnte Leben auf der Straße zurück. Jeder Fall, in dem es gelingt, ein Straßenkind abzubringen von Elend, Kriminalität, Drogen und Prostitution zählt aber als großer Erfolg. Alle Hilfsorganisationen sind auf Spenden und andere Arten von Unterstützung angewiesen.

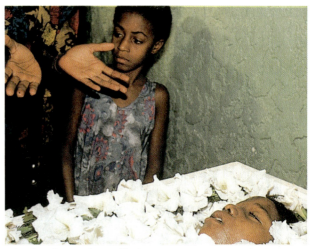

Abschied von dem elfjährigen Jungen „Pimpholo". Das Kind wurde von einer Polizeikugel tödlich getroffen.

Was sagt ihr zu diesen Ansichten?

- „Wer ein Straßenkind tötet, tut der Gesellschaft einen Gefallen." Silvio Cunha, Vorsitzender des Unternehmerverbandes in der brasilianischen Stadt Rio de Janeiro.
- „Die Leute denken, wir seien herrenlose Hunde. Aber wir sind Menschen wie jeder andere auch." Carlos, Straßenkind, 14 Jahre alt.
- „Ich bin sicher, spätere Generationen werden das, was man den Kindern dieser Erde antut, als das größte Verbrechen der Menschheitsgeschichte verurteilen." Carlos, Sozialarbeiter in Mexiko-City.

(Aus: Unicef: Straßenkinder Ausgabe 1/1992, Nr. 02905 F)

3. „Gegen die Not in der Welt kann man nichts tun." – Oder doch?

Wir entwickeln Vorschläge für sinnvolle Hilfsmaßnahmen

Ein Greis im Alter von fünf Jahren

Mühsam löffelt der Junge die kleine Portion Maisbrei aus seiner Holzschale. Er ist gerade erst fünf Jahre alt doch seine Gesichtszüge wirken bereits greisenhaft: Die Folge von Mangelernährung. In Simbabwe, dem früher wirtschaftlich so erfolgreichen Land, hat der Hunger Einzug gehalten. Das Leben vieler Kinder, vor allem in den Dörfern, ist ernsthaft bedroht. Dieses hungernde Kind ist das Opfer einer Dürrekatastrophe. Zum Zeitpunkt der Meldung hatte es drei Jahre lang nicht mehr geregnet in Simbabwe. Die Talsperren waren leer. Das Land hatte kein Geld um im Ausland die fehlenden Nahrungsmittel zu kaufen. Mittlerweile, sieben Jahre später, ist die Situation eher noch schlimmer geworden. Der Präsident Robert Mugabe regiert eigenmächtig das Land. Es kam zu gewaltsamen Auseinandersetzungen zwischen verschiedenen politischen Gruppen. Simbabwe geriet an den Rand eines Bürgerkrieges. Heute ist es eines der ärmsten Länder der Welt und immer mehr Kinder leiden an Unterernährung. Unter anderem versucht UNICEF, das Kinderhilfswerk der Vereinten Nationen, die Kinder und ihre Eltern in Simbabwe mit Nahrungsmitteln zu versorgen. Durch diese Hilfe standen diesem kleinen Jungen zehn Kilogramm Mais im Monat zur Verfügung. Das reichte gerade, um am Tag eine kleine Schale zu füllen.

Warum sind in Afrika so viele Menschen arm?

Afrika hat viele Gesichter. Es gibt dort Menschen, denen es wirtschaftlich gut geht. Aber in keinem anderen Kontinent der Erde ist die Armut so groß wie hier. Jeder dritte Mensch in Afrika ist ständig von Hunger bedroht. Warum ist das so?
Es ist gar nicht leicht, auf diese Frage eine Antwort zu finden. Erstens gibt es für die vielen Fälle von Armut viele verschiedene Ursachen. Zweitens gehen die Meinungen über die Ursachen stark auseinander. Das könnt ihr aus dem folgenden Streit entnehmen,

in dem wir einen Bewohner aus einem reichen Land auf der Nordhälfte der Erdkugel mit einem Bewohner aus dem südlichen Afrika über die Ursachen von Armut sprechen lassen.

Lest zunächst die beiden Stellungnahmen auf der folgenden Seite und beschäftigt euch anschließend mit folgenden Fragen:

1. Bei den beiden Ansichten handelt es sich um zwei extreme Meinungen in der Diskussion über die Ursachen der Armut. Stellt einander gegenüber:
   So begründet der Europäer seine Sicht der Armutsursachen: …
   So versucht der Afrikaner diese Sichtweise zu widerlegen: …

2. Könnt ihr das folgende Beispiel aus unserem Alltag auf das Streitgespräch über die Schuld am Hunger in Afrika übertragen?
   „Wenn ein Schüler immer schlechtere Leistungen in der Schule erbringt, kann er seinen Eltern und seinen Lehrern die Schuld dafür geben. Die Eltern und die Lehrer können sagen, nur der Schüler selbst sei schuld daran. Am besten wird es sein, wenn sich alle verantwortlich fühlen und etwas zur Verbesserung der Situation leisten."

Tipp: Den Armutsstreit könnt ihr vor der Klasse vorstellen. Nach einer gewissen Zeit kommt eine dritte Person hinzu mit der Aufgabe, den Streit zu schlichten und nach Auswegen aus der Not zu suchen.

So könnte ein Europäer die Ursachen sehen:

„Ihr Menschen in Afrika seid selbst schuld an eurer Armut!"

„In Afrika gab es einst viel Wald und fruchtbare Ackerböden. Ihr Afrikaner habt die Wälder gerodet um mehr Ackerland zu gewinnen. Danach konnte der Wind die fruchtbaren Bodenschichten wegwehen und es entstand unfruchtbarer Wüstenboden.

Ihr habt die Wälder abgeholzt um sie als billiges Brennholz zu benutzen. Jetzt gibt es keine Baumwurzeln mehr, welche die Feuchtigkeit im Boden halten.

Die Bauern haben stets nur eine Pflanzenart auf ihren Feldern angebaut, zum Beispiel immer nur Kaffee oder Tee oder Baumwolle. Anbau von Monokulturen nennt man das. Das laugt auf Dauer die Böden aus. Weil der Boden kaum noch Ernte hervorbrachte, gaben die Bauernfamilien ihr Land auf und zogen in die Städte, in der Hoffnung, dort Arbeit zu finden. Hier leben sie nun in Slums ohne Kanalisation. Sie verschmutzen die Flüsse, zerstören die Trinkwasserreserven und sorgen mit ihren Abfällen für eine immer größere Belastung der Umwelt.

Weil die Bevölkerung in euren Ländern immer mehr zunimmt, wächst auch das Ausmaß an Armut und Zerstörung der Umwelt. Das ist eine Bevölkerungsexplosion, welche die Armut vergrößert.

So wachsen auch die Streitigkeiten und die Konflikte. Immer häufiger führt ihr Krieg gegeneinander und vergrößert dadurch die Armut vieler Menschen.

Mit eurer Zerstörungsarbeit habt ihr euch selbst die Lebensgrundlage entzogen. Ihr Afrikaner habt Schuld an eurer Armut und müsst nun selbst versuchen, die Probleme in den Griff zu kriegen."

So könnte ein Afrikaner antworten:

„Ihr Reichen aus dem Norden seid die wahren Verursacher unserer Armut!"

„Wir geben euch Europäern Recht. Die ökologischen Schäden bei uns sind verheerend. Das Wasser ist häufig verseucht, die Böden sind zerstört oder ausgelaugt, die Wälder sind abgeholzt.

Doch daran sind nicht wir Afrikaner schuld, ihr Reichen aus dem Norden seid die wahren Verursacher unserer Armut. Ihr habt diesen Kontinent über Jahrhunderte hinweg in die Armut getrieben. Zunächst habt ihr Menschen aus Afrika zu Tausenden in die Sklaverei geführt und damit Not und Leid über uns Afrikaner gebracht.

Dann habt ihr unsere Länder als Kolonien in Besitz genommen und alle Schätze daraus entführt, die ihr für euren Wohlstand brauchen konntet. Ihr habt damit begonnen, die Wälder zu roden. Ihr habt das Holz für eure Möbel benutzt und uns gezwungen, nur die Produkte anzubauen, die für euch wichtig waren, zum Beispiel Kaffee, Tee und Baumwolle. So sind die Monokulturen entstanden, die unsere Böden unfruchtbar gemacht haben. So habt ihr die Armut auf unseren Kontinent gebracht.

Ihr werft uns vor, dass unsere Bevölkerung zu schnell wächst. Dabei leben in den meisten Ländern Afrikas viel weniger Menschen als bei euch in Europa. Und was sollen die armen Familien hier denn tun? Die einzige Chance der Alten liegt darin, dass ihre Kinder später für sie sorgen.

Wir wissen heute, dass wir selbst etwas gegen unsere Armut unternehmen müssen. Wir haben auch schon Erfolge erzielt, auf die wir stolz sein können. Aber wir entlassen euch Reiche im Norden nicht aus der Verantwortung. Ihr habt mitgeholfen bei der Entstehung der Armut, nun helft uns auch bei ihrer Bekämpfung."

Können wir helfen?

Hier hat der Zeichner Lothar Ursinus seine Gedanken zum Thema Hilfe gegen die Armut in einer Karikatur ausgedrückt. Karikatur bedeutet „Spottbild". Der Zeichner spottet über ein Problem und über das Verhalten von Menschen. Er macht sich lustig über etwas, das ihn ärgert. Dabei übertreibt er bewusst um unsere Aufmerksamkeit zu gewinnen und um uns zum Nachdenken anzuregen.

Auch Kinder in eurem Alter können viel tun, um die Situation von Menschen in den Armutszonen dieser Erde zu erleichtern. Das kann zum Beispiel eine kleine Taschengeldspende für ein Katastrophengebiet sein oder auch ein großes Projekt in der Schule. Hilfsorganisationen wie zum Beispiel terre des hommes und UNICEF, zu denen ihr über die Internetadressen Kontakt aufnehmen könnt, können euch dazu eine Menge Anregungen geben.

Auf den folgenden Seiten stellen wir drei Möglichkeiten hilfreichen Verhaltens vor. Bei der Bearbeitung des Materials könnt ihr überlegen, ob ihr diese Hilfen für nachahmenswert haltet. Die Beispiele können arbeitsteilig bearbeitet werden. Stellt euch dann die Inhalte gegenseitig vor, indem ihr die folgenden Fragen beantwortet:
- Worum geht es in diesem Beispiel?
  Welche Art von Hilfe kann es ermöglichen?
- Ist das Beispiel für uns nachahmenswert oder nicht?

„Drei-Fragen-Deutung" für Karikaturen

Betrachtet die Karikatur lange und prägt euch jede Einzelheit ein. Beantwortet dann die folgenden drei Fragen:

1. Was ist in der Karikatur dargestellt? (Beschreibt zunächst alles, was auffällt und wendet euch dann den Einzelheiten zu.)
2. Welche Einstellungen von Menschen werden in dieser Karikatur kritisiert?
3. Welche Gefühle und Gedanken (zum Thema „Helfen") löst die Karikatur in dir aus? Diese drei Fragen könnt ihr auf jede Karikatur anwenden.

Beispiel 1: Sportartikel – Hilfe durch Fußbälle?

Habt ihr beim Kauf eines Fußballes oder eines anderen Sportartikels schon einmal daran gedacht, dass man damit Hilfsprojekte gegen die Armut unterstützen kann? Informiert euch und stellt das Projekt vor.

... aus Kinderarbeit

In einem Sportartikelgeschäft entdeckte Philipp einen Fußball zum Preis von 16,50 Euro. Er wurde in Kinderarbeit in Pakistan hergestellt. Über die Herstellungsbedingungen erfuhr Philipp in einem Text des katholischen Entwicklungshilfedienstes Misereor: „Nach Schätzungen von Arbeits- und Menschenrechtsorganisationen arbeiten derzeit rund 7000 Kinder in Nähwerkstätten für Fußbälle. Diese illegal arbeitenden Kinder erwirtschaften durchschnittlich ein Viertel des Familieneinkommens bei einer Arbeitszeit, die einer Vollbeschäftigung von bis zu 10 Stunden täglich entspricht und so keinen Schulbesuch zulässt. Diejenigen Familien, in denen die Kinder durch ihre Arbeit zum Lebensunterhalt beitragen, gehören zu den ärmsten in Pakistan. Damit offenbart sich der Zusammenhang zwischen Armut und Kinderarbeit. Die Kinderschutzorganisation Save the Children Fund (SCF) fordert, dass die erwachsenen Arbeiterinnen und Arbeiter, die Fußbälle nähen, in Zukunft angemessen bezahlt werden müssen. Dadurch wären diese Familien nicht länger dazu gezwungen, ihre Kinder arbeiten zu lassen und diese könnten statt dessen eine Schule besuchen.

(Nach: Misereor: Kinder, Materialien für die Schule, Nr. 29, M 46, Aachen 1999)

... aus fairem Handel

Der Fußball in Philipps Händen wurde zu einem Preis von 19,50 Euro verkauft. Er ist ein Teil des Projektes „Fair Pay – Fair Play" der Organisation gepa. Die Hauptziele dieses Projektes sind: Produktion von Fußbällen ohne Kinderarbeit, Zahlung besserer Löhne, Schaffung und Erhaltung von Arbeit in den Dörfern, Sicherung sozialer Leistungen und Finanzierung von Dorfentwicklungsmaßnahmen.

Der Grundgedanke besteht darin, dass die Menschen in Pakistan, die Fußbälle herstellen, für ihre Arbeit besser entlohnt werden und insgesamt bessere Arbeitsbedingungen erhalten. Es werden kleine Nähbetriebe in den Dörfern geschaffen, in denen mindestens 10 offiziell registrierte Näherinnen arbeiten. Arbeitsgrundlage sind die von Fair Trade e.V. entwickelten Kriterien für fair gehandelte Fußbälle aus Pakistan, zu deren Einhaltung sich die Exporteure vertraglich verpflichten. Zu diesen Bedingungen gehört, dass Kinder unter 14 Jahren nicht beschäftigt werden dürfen.

Ab Mitte April 1998 bietet die gepa fair gehandelte Fußbälle aus Pakistan an. Alle Bälle entsprechen den FIFA- und DFB-Richtlinien.

Für die fair gehandelten Fußbälle zahlt die gepa einen Mehrpreis von je zwei US-Dollar für Trainingsbälle. Dieser Mehrpreis darf ausschließlich für die Verbesserung der Löhne und der sozialen Verhältnisse in der Fußballproduktion verwendet werden. Die erwachsenen Näher erhalten so eine Lohnerhöhung von etwa 35 Prozent sowie eine Versicherung für Krankheit, Unfall und Altersversorgung. Mit dieser Einkommenssteigerung und sozialen Absicherung kann eine Familie in Pakistan leben, ohne auf die Arbeit ihrer Kinder angewiesen zu sein.

(Zusammengestellt nach einem Informationsblatt des gepa Fair Handelshauses, 2/1998)

---

1. Eigentlich ist es wirtschaftlich unvernünftig, einen höheren Preis für ein Produkt zu bezahlen, wenn man es auch billiger haben kann. Versuche die Käufer von Fußbällen davon zu überzeugen, dass in diesem Fall der höhere Preis vernünftig sein kann?
2. Was ihr noch tun könnt. Produkte aus fairem Handel sind oft an einem aufgedruckten Zeichen zu erkennen. Informiert euch in einem Sportartikelgeschäft und auch in Warenhäusern, ob Bälle aus fairem Handel angeboten werden.

Beispiel 2: Einkaufen im Weltladen?

Mit den Mitarbeitern Kathrin Baumeister und Jan Schlieter eines Weltladens in der Stadt Trier führten wir das folgende Interview durch. Ihr könnt es mit verteilten Rollen lesen und dann eure Antwort auf die Themenfrage formulieren.

Was kann man in einem Weltladen kaufen?

Wir bieten Produkte aus Mittel- und Südamerika an, aus Afrika und Asien. Es sind vor allem Lebensmittel wie Kaffee, Tee und Schokolade, aber auch Fußbälle und landestypische Musikinstrumente.

Was unterscheidet einen Weltladen von einem normalen Geschäft?

Man kauft hier nicht nur ein, sondern erfährt auch etwas über die Menschen, welche die Produkte hergestellt haben. Diese Menschen verdienen in ihren Ländern normalerweise sehr wenig Geld für schwere Arbeit. Auch werden sie sehr schnell arbeitslos und erhalten dann keinerlei Unterstützung vom Staat oder von ihrer Regierung. Durch den Verkauf ihrer Waren bei uns und durch feste Abnahmeverträge, die Preisgarantien enthalten, bekommen viele eine feste Arbeit.

Werden die Menschen, deren Waren im Weltladen verkauft werden, dann reich?

Reich werden die Leute dadurch sicherlich nicht, aber sie erhalten eine feste Existenzgrundlage, die sie sonst nicht hätten. Außerdem erhält die Dorfgemeinschaft das Geld, weil sie insgesamt für den Verkauf verantwortlich ist. Einen Teil erhält jeder, der mitgearbeitet hat. Ein anderer Teil wird für den Bau von Gebäuden und für Anschaffungen verwendet, die der ganzen Dorfgemeinschaft nützen.

Haben die Kinder in den betreffenden Ländern auch etwas davon?

Wenn die Familien mehr Geld haben, müssen die Kinder nicht mehr so viel mitarbeiten und können morgens zur Schule gehen. Ein Teil des Verkaufspreises wird für die Förderung von Schulen verwendet. Je besser die Ausbildung ist, desto eher bekommen die Kinder später einen guten Beruf.

Wie sicher kann man als Käufer in einem Weltladen sein, dass das Geld wirklich so verwendet wird?

Es gibt einige große Handelsorganisationen, die es sich zur Aufgabe gemacht haben genau zu kontrollieren, ob die fairen Handelsbedingungen eingehalten werden. Die größte ist die gepa. Seit 1993 gibt es außerdem den Verein TransFair e.V. Er ist von 30 sozialen, kirchlichen und ent-

Kinder informieren sich in einem Weltladen. Was würde euch dort interessieren?

wicklungspolitischen Organisationen gegründet worden und vergibt das Transfair-Siegel für fair gehandelte Waren. Mit diesen Organisationen arbeiten wir zusammen. Daneben gibt es auch Weltläden, die kleine Kooperativen, die sie persönlich kennen, direkt unterstützen. Jeder, der in einem Weltladen einkauft, kann sich hier genau informieren, was mit den Einnahmen geschieht. Wir empfehlen: Kommt vorbei und fragt uns, was ihr wissen wollt. Hier gibt es immer viele ehrenamtliche Mitarbeiter, die Zeit für euch haben und in vielen Weltläden gibt es auch Bilder, Videos und Texte.

Außerdem: Die Waren aus unserem Weltladen haben hohe Qualität. Zum Beispiel gibt es in Weltläden bis zu 40 verschiedene Schokoladenartikel.

---

1. Was ist das Besondere an einem Weltladen? Informiert eure Mitschülerinnen und Mitschüler darüber.
2. Stellt Organisationen vor, die sich zur Aufgabe gemacht haben, den fairen Handel zu kontrollieren. Dazu könnt ihr das Internet benutzen, denn alle Organisationen präsentieren sich dort mit einer eigenen Homepage. Adressen findet ihr auf Seite 208.
3. **Tipp:** Nehmt selbst Kontakt mit einem Weltladen in eurer Umgebung auf und informiert euch vor Ort. Viele „normale" Supermärkte bieten mittlerweile ebenfalls Schokolade, Bananen, Orangensaft Kaffee, Tee, Honig und andere Waren aus fairem Handel an. Ihr könnt euch auch dort über das Angebot informieren.

Beispiel 3: Aktion Schülersolidarität

Als ein Beispiel, wie Kindern in der Welt geholfen werden kann, könnt ihr euren Mitschülern die Aktion Schülersolidarität von terre des hommes vorstellen.

„Es tut uns Leid, dass es den Kindern so schlecht geht und dass sie sogar stehlen müssen. Wir möchten ihnen gerne helfen. Sagen Sie uns bitte, wie wir das machen können." So schreibt eine sechste Klasse aus Unna. Solche Fragen erreichen terre des hommes immer wieder. Sie brachten die Kinderhilfsorganisation schließlich auf die Idee, die Aktion Schülersolidarität ins Leben zu rufen.

Habt ihr Lust, solche Kinder zu unterstützen? Mit der Klasse? Oder mit der gesamten Schule? Wenn ja, macht mit bei der Aktion Schülersolidarität. Ihr könnt euch aus den verschiedenen Projekten eines aussuchen und ihm einmalig oder regelmäßig einen Betrag zukommen lassen.

Damit ihr euch im Unterricht über das Projekt, das ihr unterstützen wollt, und das Land, in dem es liegt, genau informieren könnt, sind zu den jeweiligen Projekten Materialien und Medien angegeben, die ihr bei terre des hommes bestellen könnt.

(Aus der Broschüre „Aktion Schülersolidarität" von terre des hommes)

Kinderseiten auf der Homepage von terre des hommes www.tdh.de Reinschauen lohnt sich!

Hier könnt ihr euch über alle einzelnen Kinderhilfsprojekte Informationen beschaffen.

Welchen Kindern wird geholfen?

Mit den Projekten wird Kindern geholfen,
… weil sie keinen Menschen haben, der sich um sie kümmert.
… weil sie auf der Straße leben und kein richtiges Zuhause haben.
… weil sie arbeiten müssen und nicht zur Schule gehen.
… weil sie schreckliche Dinge im Krieg erlebten.
… weil sie von Erwachsenen, die es nicht gut meinen, einfach benutzt werden.
… weil sie nicht allein die Kraft haben, sich gegen Unrecht zur Wehr zu setzen.

Diesem Jungen, der im Kriegsland Kambodscha beide Eltern und sein rechtes Bein verlor, versucht terre des hommes mit Spendengeldern zu helfen. Insgesamt fördert die Organisation 300 Projekte in 25 Ländern.

Was können Kinder tun?

Bilder malen

Eine Malgruppe in Heilbronn hatte sich mit dem Leid von Kindern in den Ländern beschäftigt, in denen Krieg herrscht. Sie malten eine Reihe von Bildern, in denen das Leid der Kinder in Kriegsgebieten zum Ausdruck kommt. Von ihren Zeichnungen konnten die Kinder Plakate herstellen lassen, die sie in der Schule, aber auch in Bäckereien, Apotheken und anderen Geschäften für fünf Euro verkauften. Mit dem Erlös unterstützten sie terre des hommes.

Sponsorenlauf

Das machten zum Beispiel die Schülerinnen und Schüler der Kaiser-Lothar-Realschule in Prüm. Verwandte und Bekannte sponserten einzelne Schülerinnen und Schüler mit einer gewissen Summe pro gewandertem oder mit dem Fahrrad zurückgelegten Kilometer. Am Ende dieser Aktion hatten die Schülerinnen und Schüler einen überwältigenden Betrag eingenommen, mit dem sie ein Projekt in Afrika unterstützten.

Bunter Markt mit Action

Schülerinnen und Schüler des Gymnasiums in Krötzingen organisierten einen Basar mit Cafeteria, einem Flohmarkt, Buchverkauf, Basketball- und Blechdosenwerfen. Einige priesen lautstark selbst gebackene Plätzchen und Toast Hawai als „Südseeinsel-Rarität" an. Besonders beliebt war das „Lehrer-Handschriften-Raten".

Trainingsplatz

Kleine Hilfe, große Wirkung?

Wir planen ein Hilfsprogramm

Was kann man damit tun?	Was kostet das?
• Paket mit 10 Bleistiften für eine Schule	40 Cent
• Impfstoff gegen die folgenden sechs Krankheiten, die bei Kindern am häufigsten zum Tod führen: Diphtherie, Masern, Keuchhusten, Kinderlähmung, Wundstarrkrampf und Tuberkulose	pro Kind 50 Cent
• Paket Salatsamen für einen Schulgemüsegarten	30 Cent
• Paket Schreibhefte für 30 Kinder	3 Euro
• Paket mit 30 Stück Seife für ein Gesundheitszentrum	3 Euro
• Paket mit hochwirksamen Vitamin-A-Kapseln, mit denen hundert Kleinkinder ein Jahr lang vor Blindheit geschützt werden können, die durch Mangelernährung verursacht wird	3 Euro, 50 Cent
• Spaten für einen Schulgemüsegarten	8 Euro
• 60 Jungfische für einen Fischteich, der dann die Bevölkerung eines Dorfes in Afrika mit Fischnahrung versorgen kann	9 Euro
• Grundausstattung für ein Kind, das die Schule besuchen soll (Hefte, Stifte, Spitzer, Radiergummi, Lineal usw.)	1 Euro, 20 Cent
• Ein Erste-Hilfe-Kasten inklusive Anleitung	13 Euro, 50 Cent
• Ein Wassertestgerät, mit dem sich prüfen lässt, ob die ländlichen Wasservorräte trinkbar sind oder ob sie Krankheitserreger enthalten	25 Euro
• Grundausstattung für eine Gemeindeschwester, mit der diese die häufigsten Krankheiten bei Säuglingen, Kindern und Müttern behandeln kann	65 Euro

Die Preise entsprechen den Angaben von UNICEF. So viel muss das Weltkinderhilfswerk bezahlen um die Dinge zu besorgen.

Nehmt einmal an, eine Sammlung in eurer Schule für die Not leidenden Kinder in den Entwicklungsländern hätte 300 Euro erbracht. Ihr überlegt nun, wie das Geld verwendet werden soll. Was kauft ihr ein? Welche Hilfslieferung versendet ihr? Stellt aus den folgenden Möglichkeiten euer eigenes Hilfsprogramm zusammen.

So könnt ihr bei eurer Planung vorgehen:

- Haltet euch an die Vorgabe von 300 Euro und probiert verschiedene Möglichkeiten aus.
- Teilt dann die Vorschläge ein: Was dient der Verbesserung der Bildung, der Ernährung, der Gesundheit und der Wasserversorgung?
- Schreibt euer Programm auf eine Folie für den Tageslichtprojektor (oder auf ein Plakat).

Sauberes Trinkwasser: kostbares und lebenswichtiges Gut

Welche Organisationen bieten Hilfe und Informationen an?

Es gibt eine große Zahl von Organisationen und Einrichtungen, die Informationsmaterial zum Thema „Kinder in aller Welt" anbieten. Darüber hinaus berichten sie über aktuelle Projekte und geben Tipps, wie man helfen kann. Oft rufen sie zu Spendenaktionen und zu Wettbewerben auf, an denen ihr teilnehmen könnt. Am einfachsten wird es sein, wenn ihr euch im Internet mithilfe der Homepages einen Überblick verschafft. Wie wäre es, wenn sich Einzelne von euch (oder Partner oder kleine Gruppen) um jeweils eine Organisationen kümmern, per Internet Kontakt aufnehmen und dann „ihre" Organisationen in der Klasse vorstellen? Dabei können die folgenden Fragen helfen:

1. Was stellt die Organisation auf ihrer Homepage vor?
3. Wie kann man Kontakt aufnehmen?
4. Welches Material aus dem Angebot der Homepage drucken, wir aus und stellen wir vor?

1. UNICEF Deutschland
Kinderhilfswerk der Vereinten Nationen
Höninger Weg 104
50969 Köln
Tel.: 0221/936500
www.unicef.de

2. terre des hommes
Bundesrepublik Deutschland e.V.
Postfach 4126
49031 Osnabrück
Tel.: 0541/71010
www.terredeshommes.de

3. Brot für die Welt
Diakonisches Werk der Evangelischen Kirche Deutschlands e.V.
Stafflenbergstraße 76
70184 Stuttgart
Tel.: 0711/21590
www.brotfuerdiewelt.de

4. Misereor
Bischöfliches Hilfswerk der Katholischen Kirche e.V.
Mozartstraße 9
52064 Aachen
Tel.: 0241/4420
www.misereor.de

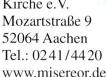

5. Kindernothilfe e.V.
Postfach 281143
47241 Duisburg
Tel.: 0203/77890
www.kindernothilfe.de

6. Bundesministerium
für wirtschaftliche Zusammenarbeit und Entwicklung
Friedrich-Ebert-Allee 40
53113 Bonn
Tel.: 0228/535-3772
www.bmz.de

7. EED:
Evangelischer Entwicklungsdienst e.V. (EED)
Ulrich-von-Hassell-Str. 76
53123 Bonn
Tel.: 0228/81010
www.eed.de

8. Transfair
Verein zur Förderung des fairen Handels mit der Dritten Welt e.V.
Remigiusstraße 21
50937 Köln
www.transfair.org

Der Verein vergibt sein Warensiegel „Transfair" für Produkte, die den Kriterien fairen Handels entsprechen.

9. Rugmark
Initiative gegen illegale Kinderarbeit in der Teppichproduktion. (gleiche Postadresse wie Transfair)
www.rugmark.de

2001 wurden in Deutschland über 2 Millionen Teppiche mit Rugmark-Siegel verkauft.

10. gepa
Fair Handelshaus Gesellschaft zur Förderung der Partnerschaft mit der Dritten Welt bietet ihre Waren seit 1993 auch in Supermärkten an.

Methodenkarte 10

Ein Projekt planen

Thema: Kinder in aller Welt

Projekt, was ist das?

Im Projektunterricht läuft Schule einmal ganz anders. Man nimmt sich einen ganzen Tag (oder mehrere Tage) für ein Vorhaben Zeit. Es werden verschiedene Projektthemen angeboten und die Schülerinnen und Schüler haben die Möglichkeit, sich für die Mitarbeit in einem Projekt zu entscheiden. Am Ende der Arbeit steht oft eine Projektpräsentation, zum Beispiel im Rahmen eines Schulfestes oder eines „Tages der offenen Tür", zu dem Eltern und andere interessierte Personen eingeladen werden.
Wichtig ist, dass man gute Ideen für sinnvolle Projekte entwickelt. Wie wäre es daher, wenn eure Klasse interessante Vorschläge für ein Projekt „Kinder in aller Welt" überlegen würde?

Was könnt ihr tun?

– Ihr könnt eine Theaterszene einstudieren und am Projekttag aufführen, zum Beispiel die Geschichte von Pancho und den kleinen Menschen (S. 173 bis 176).

– Ihr könnt eine Ausstellung über die Situation von Kindern in den armen Ländern vorbereiten und dazu Plakate anfertigen. Dabei könnt ihr Einzelschicksale vorstellen, zum Beispiel Selina, Maragete und Vijay von den Seiten 168 bis 170 im Buch. Plakate und Wandzeitungen können über das Ausmaß der Kinderarbeit in der Welt informieren, über die Situation von Straßenkindern und über andere Themen und Probleme, mit denen ihr euch im Unterricht beschäftigt habt, zum Beispiel: Wie wird man ein Straßenkind? Wie viele Straßenkinder gibt es auf der Welt? Wie kann Straßenkindern geholfen werden und anderes mehr.

– Bei den Hilfsorganisationen könnt ihr euch zu euren Themengebieten weitere Materialien besorgen und dazu das Internet benutzen.

– Am Präsentationstag könnt ihr eine Sammlung veranstalten und das eingenommene Geld einer Hilfsorganisation spenden, die damit etwas Sinnvolles für Kinder in unterentwickelten Ländern finanziert. Dazu könnt ihr auch selbst gemalte Postkarten oder Bastelarbeiten herstellen und verkaufen, kochen oder backen wie in anderen Ländern, einen Flohmarkt veranstalten und vieles andere mehr.

– Zusammen mit der SV könnt ihr überlegen, ob ihr eine dauerhafte Projektpartnerschaft mit einer Schule in einem armen Land eingehen wollt.

An welche Regeln muss man sich im Projektunterricht halten?

Ein Projekt kann nur gelingen, wenn jeder Einzelne bereit ist Verantwortung zu übernehmen. Wenn eine Schülerin oder ein Schüler oder eine Gruppe die Aufgabe übernommen hat, ein Ausstellungsplakat zum Thema Kinderarbeit herzustellen, so müssen sich die anderen absolut darauf verlassen können, dass diese Aufgabe zum vereinbarten Zeitpunkt erledigt ist. Vor Beginn des Projekts sollten sich Lehrer und Schüler über die Regeln verständigen.

Meine Beiträge zum Gelingen eines Projektes können sein:

Kinder in aller Welt

 Wie leben Kinder in den Armutsländern dieser Erde?

„Köpfe-auf-den-Tisch-Übung"

Wir verschränken die Arme auf dem Tisch, legen unsere Köpfe darauf und sind ganz, ganz still. Dann erinnern wir uns an die Kinder, die wir in der ersten Einheit kennen gelernt haben: Selina aus Afrika, Margarete aus Brasilien, Vijay aus Indien. Wir lassen noch einmal das, was wir über sie erfahren haben, an uns vorüberziehen.

Dann berichten wir über eines der Kinder:
- Wie lebt dieses Kind?
- Was könnte sein größter Wunsch sein?
- Was wünsche ich diesem Kind und seiner Familie?

STATION 2 **Kannst du dich in die Lage eines Straßenkindes versetzen?**

Übertragt die folgende Übersicht auf ein Blatt oder in euer Heft und vervollständigt sie mit den Angaben, die ihr gelernt habt.

 Gegen die Not in der Welt kann man nichts tun. – Oder doch?

In der dritten Kapiteleinheit habt ihr erfahren, was eine Karikatur ist und wie man sie mithilfe der **„Drei-Fragen-Deutung"** erklären kann.

– Erläutert die nebenstehende Karikatur mithilfe der drei Fragen.

– Stellt dann eine Maßnahme vor, mit der wir Kindern, denen es anderswo in der Welt nicht gut geht, sinnvoll helfen können.

Ein **GLOSSAR** ist eine Sammlung wichtiger Grundbegriffe. Es enthält kurze Begriffserklärungen, damit jeder die Begriffe verstehen und anwenden kann.

„Leider" sind hier die Namen der Begriffe und die Erklärungen noch nicht zugeordnet. Ihr könnt helfen, indem ihr zu den Begriffen die jeweils passende Erklärung sucht. Ihr könnt so ein Glossar für dieses Buch in eurem Heft erstellen. Das kann man sich als langfristige Hausaufgabe vorstellen, zum Beispiel: „Ich notiere mir jede Woche zwei Begriffe und zwei Erklärungen und schaffe alles bis zu einem vereinbarten Termin."

Demokratie

Emanzipation

Entwicklungsländer

Familie

Gesetze

Internet

Kommunalpolitik

Kompromiss

Konflikt

Massenmedien

Politik

Schülervertretung

Staat

Steuern

Umweltschutz

Wirtschaft

1 Darunter versteht man die aufgeschriebenen Regeln, an die die Menschen in einem Staat sich halten müssen. Dazu zählen zum Beispiel die Regeln, die im Straßenverkehr gelten, und das Verbot gegenüber anderen Menschen Gewalt anzuwenden. Damit die Regeln eingehalten werden, gibt es Strafen für die Nichtbeachtung. Sie werden von den gewählten Parlamenten verabschiedet und im Konfliktfall von den unabhängigen Gerichten angewendet.

2 Man kann es sich wie ein riesiges Spinnennetz vorstellen. Die einzelnen Verbindungspunkte sind die Computer. Die Fäden dazwischen sind die Leitungen, die alle Computer miteinander verbinden. Insgesamt ist mit diesem Begriff das weltweit größte Netz von Computern gemeint, die alle miteinander vernetzt sind. Wer sich einen Computer zulegt, hat automatisch Zugang zum weltweiten Netz und kann weltweit Informationen aussenden und Informationen empfangen.

3 In dieser Form werden oft Entscheidungen getroffen zwischen Menschen und Gruppen, die miteinander zu tun haben, aber unterschiedlicher Meinung sind: also zwischen Lehrern und Schülern über das Maß der Hausaufgaben, zwischen Vertretern verschiedener Parteien in der Politik. Das lateinische Wort bedeutet „Ausgleich" und „Übereinkunft" und gilt dann, wenn alle Interessen berücksichtigt sind, als eine faire und demokratische Art der Entscheidung.

4 Dieses Ziel ist eine der wichtigsten Aufgaben für die Menscheit. Gemeint sind damit alle Maßnahmen, die dem Schutz des Bodens, des Wassers und der Luft dienen. Der Staat arbeitet an dieser Aufgabe, indem er schützende Gesetze beschließt. Fabriken müssen darauf achten, dass kein Dreck, keine Abgase und keine verschmutzten Abwässer in die Umwelt gelangen. Familien und einzelne Personen können ebenfalls ihren Beitrag dazu leisten, dass dieses wichtige Ziel erreicht wird.

Demokratie

Emanzipation

Entwicklungsländer

Familie

Gesetze

Internet

Kommunalpolitik

Kompromiss

Konflikt

Massenmedien

Politik

Schülervertretung

Staat

Steuern

Umweltschutz

Wirtschaft

5 Sie ist die erste und die wichtigste Gruppe, in die ein Mensch hineingeboren wird. Niemand kann sie sich aussuchen. Ihre Form kann sehr unterschiedlich sein. Oft verstehen wir darunter eine Gemeinschaft, die aus Eltern und einem oder mehreren Kindern besteht. Sie kann aber auch aus einer allein erziehenden Mutter oder einem Vater und den Kindern bestehen. Die häufigste Form in Deutschland ist gegenwärtig das Ehepaar ohne Kinder. In anderen Ländern sieht die Form dieser Gruppe oft ganz anders aus.

6 Das aus der lateinischen Sprache stammende Wort bedeutet ursprünglich, dass man sich als Sklave von seinen Fesseln befreit und in die Selbstständigkeit entlassen wird. In der modernen Zeit versteht man meist unter diesem Begriff den Kampf der Frauen um Gleichberechtigung bzw. um die Beseitigung vielfältiger Benachteiligungen gegenüber den Männern.

7 Durch sie wirken die Schüler an der Gestaltung des Schullebens mit. Sie hat die Aufgabe die Interessen der Schüler zu vertreten. Sie besteht aus den gewählten Sprechern der Klassen- und Jahrgangsstufen und dem Schülersprecher (plus Stellvertreter). Die zentrale Einrichtung zur Wahrnehmung der Mitwirkungsrechte ist der Schülerrat.

8 Presse, Rundfunk und Fernsehen gehören dazu sowie die als „Neue Medien" bezeichneten Computer, die in einem Netzwerk miteinander verbunden sind (zum Beispiel im Internet). Sie sind allesamt technische Verbreitungsmittel, mit denen man eine unbegrenzte Zahl von Menschen gleichzeitig erreichen kann. Sie prägen und verändern das Leben der meisten Menschen in den modernen Gesellschaften. Sie gelten als unverzichtbar und hilfreich, manchmal auch als gefährdend.

9 Mit diesem Sammelbegriff bezeichnet man die Summe der Länder auf der Welt, die als arm gelten. Fast acht von zehn Menschen auf der Erde leben in einem solchen Land. Einige Merkmale der Armut sind: Unterernährung, fehlende medizinische Versorgung, wenig Bildung für die Kinder, krasse Gegensätze zwischen Arm und Reich.

Demokratie

Emanzipation

Entwicklungsländer

Familie

Gesetze

Internet

Kommunalpolitik

Kompromiss

Konflikt

Massenmedien

Politik

Schülervertretung

Staat

Steuern

Umweltschutz

Wirtschaft

10 Dazu gehören alle Betriebe und Versorgungseinrichtungen, die uns mit den Dingen versorgen, die wir zum Leben benötigen. Sie hat die Aufgabe, unseren Bedarf an Gütern (zum Beispiel an Nahrungsmitteln, Kleidung, Autos, Computern usw.) und Dienstleistungen (zum Beispiel ärztliche Versorgung, Kinder-, Jugend- und Altenpflege usw.) zu decken. Auch das Geld und die Banken spielen in diesem System eine zentrale Rolle. Das Geld ist das Tauschmittel, mit dem wir uns die benötigten Dinge kaufen können. Der Begriff bezeichnet ein System und eine Tätigkeit, die nahezu jeder Mensch ausüben muss durch Arbeit, Planung und Einteilung seiner Mittel.

11 Hierin steckt das griechische Wort „Polis", das man mit „Gemeinschaft" übersetzen kann. Heute verstehen wir darunter alle die Aufgaben und Zukunftsprobleme, die gelöst werden müssen, damit die Menschen im Staat friedlich, frei und in Sicherheit miteinander leben können. Sie wird von Parteien, Bürgerinitiativen, Interessenverbänden und engagierten Erwachsenen (auch von Jugendlichen) gemacht. Die Vorstellungen und Interessen über die Lösung von Zukunftsaufgaben sind zwischen den beteiligten Menschen bzw. Gruppen oft sehr verschieden.

12 Das Wort bedeutet „Zusammenstoß". Es bezeichnet eine Auseinandersetzung, die entsteht, wenn Menschen oder Gruppen aufeinander treffen, die unterschiedliche Interessen vertreten. Die streitenden Parteien versuchen dann mit Argumenten und mit Macht den Streit siegreich zu beenden. Oft gelten diese Auseinandersetzungen als unvermeidlich, zum Beispiel, wenn alljährlich die Arbeitgeber und Arbeitnehmer in den Tarifverhandlungen über die Höhe der Löhne streiten. In der Demokratie gilt ein Streit, der auf Meinungsunterschieden oder Interessengegensätzen beruht, nicht als schlecht. Wichtig ist, dass man lernt fair zu streiten und Gewalt auf alle Fälle zu vermeiden.

13 Wörtlich übersetzt heißt das aus der griechischen Sprache stammende Wort „Herrschaft des Volkes". Für unsere moderne Zeit bedeutet das Wort, dass alle Herrschaft im Staat vom Volk ausgeht. Das Volk wählt seine Vertreter in die Gemeinderäte, die Landtage und den Bundestag. Der wichtigste Wert dieser Staatsform ist, dass die Menschen frei sind und gleiche Rechte haben.

Demokratie

Emanzipation

Entwicklungsländer

Familie

Gesetze

Internet

Kommunalpolitik

Kompromiss

Konflikt

Massenmedien

Politik

Schülervertretung

Staat

Steuern

Umweltschutz

Wirtschaft

14 Oft sagen die Erwachsenen, dass wir alle das sind. Wörtlich übersetzen kann man das Wort aus dem frühen Mittelalter mit „Lebensweise". Man versteht darunter die Organisation, die die Menschen in der Gesellschaft, zum Beispiel in Deutschland oder in Frankreich, sich gegeben haben, damit sie geregelt und friedlich miteinander leben können. Wer sich nicht an Gesetz und Recht hält, wird in seinem Auftrag bestraft. Er fordert von den Menschen, dass sie einen nicht unerheblichen Teil ihres Einkommens in Form von Steuern und Abgaben an ihn abtreten. Er verteilt dieses Geld dann wieder, zum Beispiel an Familien in Form von Kindergeld. Er gibt es aus zum Bau von Straßen, Schienen, Flugplätzen, Krankenhäusern, Schulen und für vieles mehr. Manchmal schimpfen die Leute auf ihn, weil er Geld für die Lösung seiner Aufgaben verlangt.

15 Darunter versteht man die Abgaben, die die Bürger an den Staat zahlen müssen. Wer sie nicht bezahlt, macht sich strafbar. Mit diesem Geld bestreitet der Staat seine Aufgaben. Diese Abgaben werden fällig, wenn man Lohn erhält, wenn man eine Erbschaft macht, wenn man Benzin tankt, wenn man etwas einkauft, wenn man in einem Restaurant etwas isst und bei vielen anderen Gelegenheiten noch. Viele schimpfen über diese Abgaben, aber alle wissen auch, dass ohne sie der Staat nicht funktionieren kann.

16 Das ist die Politik, die in den Gemeinden gemacht wird, also in den Stadt- und Landgemeinden. Kommunal heißt: die Gemeinde betreffend; eine Kommune ist eine Gemeinde. Alle wahlberechtigten Bürgerinnen und Bürger können mitbestimmen, was politisch in ihrer Gemeinde geschieht; zum Beispiel, indem sie an den Wahlen zur Gemeindeverwaltung teilnehmen oder sich als Kandidat aufstellen lassen. Kinder und Jugendliche haben auch Mitwirkungsmöglichkeiten – zum Beispiel durch Kinder- und Jugendparlamente.

Wenn ihr das Glossar bearbeitet habt, könnt ihr in Partnerarbeit folgende Übung machen. Eine(r) von euch beiden nimmt das Buch und fragt nach der Erklärung eines Begriffs. Der Partner versucht die Frage zu beantworten. Der Schüler mit dem Buch hört gut zu, lobt bei richtiger Beantwortung und ergänzt fehlende Informationen mithilfe des Textes. Dann nimmt der andere das Buch und erfragt einen Begriff. So geht es weiter, bis alle Begriffe erfragt sind.

Register

Aktion Schülersolidarität 206

Bedürfnisse 150ff.
Befragung 50f., 133
Behinderung 72ff.
Banken 157
Bürgerinitiative 182f.
Bürgermeister 179

Computer 119ff.

Diagramm (Säulen/Balken) 52
digitales Bild 111
Dosenpfand 143

Familie 87ff.
Fernsehen 113ff.
Fotos 110ff.
Freiheit der Person 67
Freizeit 46ff.
Freizeitaktivitäten, Charts der 52
Freizeitparks 56
Freizeitpolitik 63
Fremdenhass 78ff.

Geld 154ff.
Geldkreislauf 157f.
Gerechtigkeit 71
Gewalt 69
Gleichheit vor dem Gesetz 67
Gruppenarbeit 25

Hilfsorganisationen 208
Hilfsprogramm 207

Internet 122ff.
Internetrecherche 124f.
Interview 163

Kinderarbeit 192f.
Kinderparlament 173
Kinderrechte 174
Klassenregeln 14
Klassensprecherin/Klassensprecher 36ff.
Kommunalwahlen 178
Konflikte/Konfliktlösung 22
Kreislaufwirtschaft 142

Lernen 29ff.

Manipulation 117
Medien 107ff.
Müll 130ff.
Müllverbrennungsanlage 138/142
Multimedia 120

Nachrichtenagentur 114

Ökonomie 166
Ozonloch 145f.

Partnerinterview 13
Projektunterricht 209

Rathaus 177ff.
Recherche im Internet 124f.
Rechte/Pflichten 32
Recycling 128/142
Regeln 20

Schülerrechte und -pflichten 32
Schülervertretung (SV) 40ff.
Sitzkreis 11
Steckbrief 11
Steuern 178
Straßenkinder 198ff.
Suchmaschinen 125

Taschengeld 103ff.

Umwelt 129ff.
Umweltschutz 135ff.
Unternehmen 157

vermarktete Freizeit 57
Vereinte Nationen 174
Verwaltung 179
virtuelle Bilderwelt 111

Wahlen in der Schule 39
Weltladen 205
Wirtschaften 166

Bildquellen

A. D. A. M. Software, Atlanta: S. 120 r. – Anders, Gebhardt/STERN; © Camera Press (Niagara): S. 111 u.r. – Anthony/Nilson: S. 164 – Anthony/Usbeck: S. 168 – © Ariston Verlag, Kreuzlingen, 1992/aus: M. Dorigny, S. Chalandon KINDER IN KETTEN: S. 188 r., 191 – VCL/Bavaria: S. 151 – Bavaria Bildagentur, Gauting: S. 129, 145 – Bezirksamt Neukölln von Berlin, Fb 1 – Jugendförderung –, Neuköllner Kinderbüro: S. 63 – © Peter Bialobrzeski/laif: S. 58 m. + r. – aus: Eichholz, Baich, Wittkamp: Die Rechte des Kindes, hrsg. vom Kinderbeauftragten der Landesregierung beim Ministerium für Arbeit, Gesundheit und Soziales des Landes NRW, Reinhold Eichholz, Verlag C. Bitter, Recklinghausen 1991: 174 (alle) – Bongarts/Mark Sandten: S. 150 o.l. – Stadtverwaltung Bonn: S. 180 – Martin Brockhoff: S. 87 – Peer Brocke, Bundesvereinigung Lebenshilfe für Menschen mit geistiger Behinderung e. V.: S. 74 (alle) – Bundesministerium für Familie/akiju/Jennifer Schobig, Nürnberg: S. 85 – Bundesministerium für wirtschaftliche Zusammenarbeit: S. 208 m.u. – © Burkhard Bütow: S. 64 l. – Peter Butschkow: S. 45 – © Caro-Fotoagentur/A. Bastian: S. 28 – DaimlerChrysler AG: S. 170/171 (alle) – Damm/laenderpress: S. 144 m. – dpa, Frankfurt: S. 111 o.r., 144 (Weltkugel), 150 m. – dpa/Agence France: S. 201 – dpa, Frankfurt/Escher: S. 207 – dpa, Fuehler: S. 166 – dpa-Bildarchiv/Matheisl: S. 143 – dpa-Fotoreport/NASA: S. 146 – dpa-Fotoreport/Bernd Weissbrod: S. 56 o. – dpa/ZB-Fotoreport: S. 139 o.l. – Duales System Deutschland AG: S. 142 – EED: S. 208 o.r. – Entsorgungsverband Saar: S. 141 o. – Stadtverwaltung Essen: S. 180 – Evangelische Kirche von Westfalen: S. 86 u. – © Frank Faßmer, Karlsruhe: S. 65 – 3 gestalten/Hans-Jürgen Feldhaus: S. 206 o. – Hans Firzlaff/CCC, www.c5.net: S. 138 – Gepa: S. 208 (2 Bilder u.r.) – © Gabi Gerster, Frankfurt: S. 101 – Getty Images/stone, Peter Correz: S. 91 – Getty Images/stone, Penny Gentieu: S. 94 – © Greenpeace, Hamburg: S. 144 u.l. – © Greenpeace/Midgley: S. 144 o.r. – Oliver Hartmann/Studio für grafisches Design, Münster: S. 55 u. – Wilhelm Heermann, terre des hommes: S. 206 u. – Stadt Hermeskeil: S. 176 – Schulhaus Rebacker, Herrliberg: S. 71 o. – Andreas Herzau: S. 81 – Hessischer Rundfunk: S. 75 – Keystone: S. 90 – Foto: M. Korte: S. 128 o. – © Bernd Krug: S. 136 (Dosenberg), 162 – Ingo Lammert, Düsseldorf: S. 178 u.l., 179 r. (4 Bilder) – Foto: Lamuv Verlag: S. 188 o.l., 190 – Stadt Leverkusen: S. 179 r.u. – Kerstin Löbbert/Esther Braun: S. 84 – © Marie Marcks: S. 64 r. – Medien@gentur Paderborn: S. 107 – Stadtverwaltung Meschede: S. 180 – Gerhard Mester/CCC, www.c5.net: S. 128 u. – Thomas Meyer/action press: S. 117 – Norbert Michalke: S. 121 (2 Bilder) – Microsoft Encarta: S. 120 l. – © Middelhauve Verlags GmbH, München für Postreiter Verlag © Grisewood & Dempsey Ltd.: S. 148 u. – End/Misereor: S. 188 u.l., 189 (alle) – Misereor: S. 208 m. – Bettina Mücke/Foto: Goggi Strauß: S. 73 – Nintendo: S. 119 o.r. – Plakataktion des FC Bayern zusammen mit der Firma Opel: S. 78 – © Stadt Paderborn. Stadtvermessungsamt: S. 139 o.r. – Stadtverwaltung Paderborn: S. 180 – Phantasialand, Brühl: S. 55 o. – Friedrich Rauch/Interfoto: S. 136 u.l. – © Dieter Rebmann: S. 161 – Reuters: S. 113 – © Sachsse: S. 179 o.l. – © Oliver Schmauch: S. 160 – © I. Schmitt-Menzel/WWF Lizenzhaus Köln GmbH. Die Sendung mit der Maus® WDR. Lizenz: BAVARIA SONOR, Bavariafilmplatz 8, 82031 Geiselgasteig: S. 10 u. – Walter Schmitz, Bilderberg: S. 121 u.r. – Schulweb: S. 124 r. – © Reinhard Schulz-Schaeffer: S. 121 o.r. – Wolfgang Schwarz: S. 76, 77 – M. Sondermann/Presseamt Stadt Bonn: S. 178 o.l. – aus: Stiftung Warentest, 5/2000, S. 66f.: S. 167 – Südwestrundfunk: S. 124 o.l. – © Südwestrundfunk 2001: S. 79, 80 – © terre des hommes, Osnabrück: S. 124 u.l., 195, 196, 197 (alle) – aus: Was ist Was. Band 1. Unsere Erde, Tessloff Verlag, Nürnberg 1998, S. 21, Illustration von Gerd Ohnesorge, Halle/S.: S. 147 – aus: Was ist Was. Band 78. Münzen und Geld, Tessloff Verlag, Nürnberg 1985, S. 4: S. 155 – aus: Gratis ist nur der Nervenkitzel, in test, Nr. 4, 2001, S. 66: S. 56 u. – Time International/Saba Press: S. 200 – Tomicek/CCC, www.c5.net: S. 210 – TransFair: S. 204 u., 208 – Hans Traxler: S. 67 – TSR Recycling: S. 141 u. – © Günay Ulutuncok/laif: S. 199 – © Unicef Köln: S. 187, 203 u. – Lothar Ursinus/CCC, www.c5.net: S. 203 o. – Betriebsgesellschaft Abfallverwertungsanlage Velsen mbH: S. 139 u. – Verlagsarchiv F. Schöningh/Thang Dang: S. 82 – Verlagsarchiv F. Schöningh/Volker Kipp: S. 88 – Verlagsarchiv F. Schöningh/Sonja Kramer: S. 72 – Verlagsarchiv F. Schöningh/Wolfgang Mattes: S. 10 (3 Bilder), 11 o.r., 119 o.l., 204 – Verlagsarchiv F. Schöningh/Andreas Müller: S. 112 (alle), 130/131 (alle), 132, 134 (alle), 136, 148 o.l. – Verlagsarchiv F. Schöningh/Sören Pollmann: S. 178 r. – Verlagsarchiv F. Schöningh/D. Pototzki: S. 48 – Verlagsarchiv F. Schöningh/Günter Schlottmann, Paderborn: S. 13, 25, 27, 29 (alle), 30, 31, 86 o., 89, 98 (alle), 99 (alle), 133, 148 r., 149, 150 o.r.+u.l., 163, 165 (alle) – Verlagsarchiv F. Schöningh/G. Schlottmann/W. Thaidigsmann; Bearbeitung: Foto Henke: S. 111 o. (4 Bilder) – Verlagsarchiv F. Schöningh/Edwin Stiller: S. 108/109 (alle) – Verlagsarchiv F. Schöningh/Andrea Temme: S. 9, 46 (alle), 51 (alle), 54 (alle), 58 l., 62 (alle), 83, 110 (alle) – WDV/Michael Völler: S. 150 m.r. – Werbegruppe Lütke Fahle Seifert AGD: S. 60 – © Klaus Werner, Taunusstein: S. 12, 26 o.l. – aus: Westdeutsche Allgemeine Zeitung vom 22.2.2001/Foto: Horst Müller: S. 172 – Atelier Wilinski, Mainz: S. 135 – © ZB-Fotoreport/Kalaene Jens: S. 71 u. – © ZDF 2002: S. 115/116 (alle) – weitere: Verlagsarchiv F. Schöningh

Sollte trotz aller Bemühungen um korrekte Urheberangaben ein Irrtum unterlaufen sein, bitten wir darum, sich mit dem Verlag in Verbindung zu setzen, damit wir eventuell notwendige Korrekturen vornehmen können.